이 시대 **법조인 36인**이 말하는

법과 오늘

초판 1쇄 발행 2017년 11월 03일

지은이 김주미
발행인 이향준
발행처 (주)법률저널
등록일자 2008년 09월 26일
등록번호 제15-605호
주소 151-862 서울 관악구 복은4길 50 (서림동 120-32)
대표전화 02)874-1144
팩스 02)876-4312
홈페이지 www.lec.co.kr
ISBN 978-89-6336-311-0

정가 19,000원

추천사와 축하의 말

■ **이시윤** 법무법인 대륙아주 고문변호사(前 감사원장, 헌법재판관)

구슬이 서 말이어도 꿰어야 보배라는 말이 있다. 빅데이터로 인한 생산성 혁신의 이 시대상에 걸맞게, 인터뷰 대담자로 만난 김주미 기자에게 지금까지의 것을 모아 책자화할 것을 권한 바 있다. 이제 출간의 햇빛을 보아 매우 기쁘고 이에 진력한 분들의 노고를 치하드린다.

책의 'PART 1'을 보니 사법연수원 교수를 지낼 때 인연이 있었던 분들이 포함되어 있다. 연수원 6기생인 박주선 의원(국회부의장), 양창수 교수(前 대법관)가 먼저 눈에 띄는데, 우리나라 행정법 이론의 토대를 세운 목촌(牧村) 김도창 선생님이 판례체계 간행에 도움을 줄 연수생 2명을 추천해 줄 것을 의뢰하여 이 두 분을 천거했다. 김도창 선생님은 박 의원을 매우 진지하고 성실한 분, 양 교수는 재주 있는 분이라고 평했다. 8기생 천정배 의원(前 법무부장관)은 처음 연수원에 들어올 때의 시험에서 수석한 재사(才士)였다. 권오곤 원장(前 구 유고전범재판소 부소장)은 9기생으로, 사법시험 면접 때에 까다로운 질문에 명쾌한 답변을 하는 것을 듣고 앞으로 큰 재목이 될 것으로 믿었다. 민법개정에 참여하며 만난 강금실 변호사(당시 법무부장관)는 꿈이 있는 분이라는 느낌을 받았다. 다른 분들과는 큰 인연은 없지만, 저명 인사 특히 법조계의 신진기예들임에 틀림없다.

인터뷰를 통해 이들이 밝힌 인생사와 가치관 그리고 한국 사법과 국정에 대한 성찰 및 미래의 발전적 비전을 다양하게 접하면서, 법조인들과의 소통의 장을 연다는 의미에서 읽을 만하다고 보아 이 책을 추천한다.

■ **박주선** 국회부의장(前 대통령 법무비서관, 검사)

귀감(龜鑑), 거북의 등과 거울이라는 뜻으로 사물의 본보기를 이릅니다. 김주미 기자의 인터뷰는 사회 본보기가 되는 법조인들의 혜안과 지혜가 녹아 있으면서 그들의 삶과 노력, 그리고 현안을 보는 식견이 오롯이 담겨 있어 의미가 깊습니다.
누구나 일독하여 귀감으로 삼을 만한 책이 아닌가 생각합니다.

■ **권오곤** 한국법학원 원장(前 ICTY 부소장, 판사)

간결하다. 핵심을 찌른다. 거기에다가 빠르고 부지런하다. 김주미 기자의 인상이다. 국제재판소 근무를 마치고 돌아온 후 웬만한 인터뷰는 거절해 왔다. 그런데 그가 보낸 질문지에서 보이는 철저한 준비와 적절한 질문에 마음이 움직였다. 이후 한국법학원 행사에 관한 취재와 기사들도 그런 인상을 더 깊게 했다. 그 많은 업무를 처리하면서도 기사를 어떻게 그리 잘 쓸 수 있을까!
인터뷰를 한 법률가들의 면면을 보니 훌륭한 사람이 너무 많아 내가 한 자리를 차지한 것이 영광스러울 뿐이다. 많은 젊은이들에게 영감을 줄 수 있는 책이 되기를 바라 마지않는다.

■ **이은경** 한국여성변호사회 회장(前 판사)

법조인은 사람을 '사랑'해야 견딜 수 있는 직업이다. 극단적인 상황에서도 사랑을 잃지 않을 용기가 있어야 한다. 갈등과 고통, 심지어 절망의 한복판이라도 눈과 귀를 열고 '지혜'를 끌어낼 힘이 필요하다.
순수한 영성의 소유자, 김주미 기자의 붓끝이 이 시대 법조인들의 이야기로 지혜의 샘물을 길러냈다. 간절한 바람이 더 좋은 세상으로 열매 맺길 기대한다.

■ **이찬희** 서울지방변호사회 회장(연세대 법무대학원 겸임교수)

김주미 기자와 만나면 취재가 아니라 대화를 하고 있음을 느끼게 됩니다. 그녀는 먼저 자신부터 마음의 문을 열어 상대방의 마음도 열게 만드는 놀라운 능력이 있습니다. 불과 몇 천 자 글 속에 한 사람의 인생을 그대로 녹여내는 김 기자의 소통과 필력에 찬사를 보냅니다. 다음 번에 그녀가 또 어떤 한 인생을 잘 정제하여 우리 곁으로 보내 줄 것인지 설레며 기다려 봅니다.

■ **김주우** SBS 아나운서

나 또한 방송활동을 하기에 인터뷰는 진정성이 최우선이라는 것을 절감하고 있다. 인터뷰이의 인생과 가치관을 한데 담아내야 하는 만큼 그것을 기술하는 언어 또한 섬세한 동시에 진중해야 한다. 그런 점에서 김주미 기자의 인터뷰는 형식적인 수단이 아닌 인터뷰이와의 진솔한 대화 그 자체다. 담백하면서도 힘 있는 어조 속엔 숙고의 흔적이 묻어난다. 그리고 그녀가 던진 질문에는 인터뷰이를 대하는 진지한 태도와 세심한 배려가 담겨 있다.

기획부터 섭외, 진행까지 매 인터뷰마다 철저한 준비 끝에 해내는 것을 가족으로서 누구보다 가까이서 지켜봤기에 동생의 땀과 열정에 진심의 박수를 보낸다. 인터뷰 현장의 생생한 기록인 이 책을 통해 그녀의 진정성이 더 많은 사람들에게 전해지길 바란다.

들어가는 말

1년 넘는 기간 동안 진행했던 인터뷰를 모아 책으로 출간할 생각을 하게 된 건 불과 두 달 전이다. 당신보다 반백년이나 뒤늦게 세상에 나온 기자와 대화를 맞추는 것이 상당히 어려우실 텐데도 불구하고, 매달 두어 번씩 만나 주시는 이시윤 변호사님(前 감사원장, 헌법재판관)께서 가벼이 던진 말씀이 있으셨다. "만나서 인터뷰한 법조인이 꽤 된 모양인데, 그걸 책으로 모아서 내는 것도 괜찮을 것이다."

인터뷰를 전문적으로 해 보라는 회사의 권고에 따라, 되돌아 보니 참 많은 사람들을 인터뷰했다. 섭외와 질문 준비, 기사 정리까지 전 과정을 혼자서 진행한 인터뷰이(interviewee)가 어느덧 60여 명에 이른다. 한 명의 글이 적게는 5천 자 분량에서 많게는 8천 자에 달하는데, 분량상 만났던 모든 사람을 이 책에 담을 수는 없었다.

이 책에는 인터뷰이의 법적 소신뿐 아니라 지나 온 삶의 궤적까지 아울러 녹아있는 글들로 선별해서 담기로 했다. 따라서 60여 개의 인터뷰 중 특정한 사안 위주, 견해 중심으로만 진행한 것들과 어떤 시기적 필요에 의해 진행한 인터뷰는 제외하게 됐다. 그간 만나서 견해를 들었던 모든 분이 훌륭하셨기에, 그분들을 책에 다 담을 수 없게 된 데 대하여는 개인적으로 아쉬운 마음이 크다.

한국 사회에서 법률가는 대표적인 엘리트 집단이다. 요즘은 그렇게 자주 볼 수 있는 풍경이 아니지만, 기자가 학생일 때만 해도 어느 지역에서 법조인이 배출되면 곳곳에 현수막이 걸렸다. 현재 남한의 오천만 인구 중 판사가 3천여 명, 검사가 2천여 명, 변호사가 2만 4천여 명이며 국회의원은 3백 명이다. 어림잡아 총 3만 명으로 쳐도, 전체 인구의 0.1%가 못 되는 숫자다. 대다수 사람들에게 법률가란 '동떨어져 있는' 집단이고, 그래서인지 더 비난의 뭇매를 크게 맞는 집단이기도 하다.

인터뷰뿐 아니라 법조계 현안과 현장을 좇아 취재기사도 쓰고 있는 기자 입장에서는 법률가들을 접할 기회가 자주 있다. 기자가 이 0.1%에 속한 사람들에 대해 느낀 바는, 이들이 삶을 대하는 자세만큼은 배워야 할 점이라는 것이다. '대충'이나 '적당히'란 말은 이들이 구사하는 언어 목록에서 빠져 있었다. 비단 공부나 업무적인 측면만이 아니다. 사람도 대충 대하지 않고 봉사도 적당히 하지 않는다. 무얼 하든지 자신이 할 수 있는 최선으로 임하려는 삶의 자세를 갖고 있었다. 나아가 좀 더 사회적 책무를 고민하는 모습이었고 되도록이면 어떤 형태로든 사회를 위해 기여하고자 하는 마음을 품고 있었다.

부족한 필력으로 이들의 삶을 전한다는 게 늘 조심스러웠다. 크고 작은 결례를 범한 적도 있다. 그럼에도 불구하고 기자를 신뢰해 주고 웃어주셨던 여러 인터뷰이들에 대한 감사의 마음은 말로 다 표현하기가 어렵다. 특히 "보내 온 질문지를 보고서 믿어도 되겠다고 생각했다"는 말을 여러 번 들었는데, 한 분 한 분의 영롱한 삶에 박수를 담아 보낸 마음을 그 안에서 읽어주신 게 아닌가 생각하고 있다. 참 감사한 일이다.

인터뷰 기사의 책 등재를 선뜻 찬성해 주신 서른 여섯 분 모두에게 각별한 감사의 말씀을 거듭 올린다. 부디 이 책이 그분들께 하나의 선물과 같은 의미가 되었으면 한다. 추천사를 통해 격려와 응원을 보내 주신 분들의 마음 또한 평생 간직하려 한다.

책 발간을 허락하시고 애써 주신 법률저널 공병익 사장님과 이상연 국장님을 비롯하여 팀장님들, 회사 동료들께도 늘 감사한 마음이다. 또 지금은 회사에 없지만 기자가 진행한 인터뷰의 8할을 사진기자로서 함께 다니며 수고해 준 '최고의 사진기자' 강미정 씨에게도 감사 인사와 축복을 전한다.

언제나 사랑과 기도로 내 삶을 응원해 주는 소중한 친구와 친지, 지인들께도 감사의 인사를 올린다. 특히 광주MBC 사장이셨던 필자의 외삼촌은 언론인 선배로서 조카의 활동을 여러 방면에서 독려해 주셨다. 이 책의 탄생을 너무나 기뻐해 주신 부모님과 친오빠와는 두고두고 기쁨을 나눌 것이다.

내 인생의 주관자이신 하나님께 모든 영광을 올려 드린다.

2017년 10월 15일

인터뷰어 **김 주 미**

Contents

PART 1. 법조 명사·국회의원

Contents

Contents

Contents

Contents

PART 1.

법조 명사 · 국회의원

이시윤 변호사 / 前 감사원장, 판사, 초대 헌법재판관

원로법학자 이시윤, 법조계와 법학을 말하다
"법조인, 비즈니스맨 의식 지양하고 부단히 공부하라"

현재 법무법인 대륙아주의 고문으로 있는 이시윤 변호사는 특별히 ≪신민사소송법≫의 저자로 독자들에게 친숙한 이름이다. 신림동 고시촌 서점가에서는 한때 민사소송법 학자가 이시윤만 있는지 알았다고 농을 던질 정도로 책의 위력은 가히 태풍급이었던 것.

이력도 다채롭다. 서울대학교에서 법학박사 학위를 받은 후 고등고시 사법과를 합격, 판사·교수 생활을 20여 년 한 후 초대 헌법재판관을 지내고 감사원장으로도 재직했다. 현재의 법조인력양성 및 법학계의 혼란한 상황을 명쾌하게 풀어내 최적의 견해를 제시해 줄 것이란 기대를 가지고 그에게 고견을 청했고, 그 기대는 정확히 들어맞았다.

고려대학교 법무대학원의 강의도 맡고 있는 현재, 학교로 배송되는 법률저널을 꼭 챙겨와 본다며 흔쾌히 인터뷰를 수락한 이시윤 변호사와 2시간 가까운 긴 시간동안 문답을 주고받았다. 다음은 이시윤 변호사와의 일문일답.

– 요즘 어떤 나날들을 보내고 계신지.

"반(半) 변호사죠. 변호사가 사이드 잡(side job). 황우여 전 장관이 내 제자인데, 그러더라구. 민사소송의 더 깊은 연구를 위해서라도 변호사에 적을 두고 있는 게 좋다고 제안하더라 말이지. 고려대 법무대학원에 강의도 나가고. 생활의 주된 목표가 민사소송 연구죠. 앞으로도 쭉 민사소송을 연구할 거야."

– 사시에서 로스쿨로의 체제 전환이 이뤄지는 과도기에 있다. 학계와 법조계는 양분되어 대립하고 있고 사시 수험생들은 병행을, 로스쿨생들은 병행불가의 입장이다. 이 국면을 어떻게 타개해 나가야 하고 바람직한 법조인

양성이란 어떻게 이루어져야 할까.

"19대 국회에서 관련 법안들이 폐기되는 상황이죠. 이것을 시대 조류라고 보면, 병행은 방법이 아닐거야. 그럼 로스쿨 일원화로 간다고 봤을 때 사실 이게 로스쿨이 메스를 대야할 곳이 많아. 문제가 많다고 해서 '폐지하자, 사시로 가자' 이런 해결보다는 충분히 논의해서 보완을 해야지.

내가 감사원장을 하던 때 당시 총리가 대법원장과 감사원장인 나를 불러서 의견을 묻더라구. 로스쿨 도입 의견이 있는데 어떻게 보냐구. 대법원장은 당연히 반대고 나는 그랬지. '실무가 양성은 대학의 체질에 맞지 않는다.' 대학은 아카데미즘, 순수 학문 그 자체를 연구하는 곳이니까. 대학에 법학과만 있는 게 아닌데 실무가 양성을 위해 강사를 초빙하고 특별한 물적·제도적 시스템을 만들고 하면 대학 본부 입장에서 수용하겠는가가 의문이라고 그렇게 의견을 이야기했지. 그 이후로 더는 논의가 없었는데, 노무현 정부가 들어서고 로스쿨이 졸속으로 통과됐어. 충분한 토론도 없었고, 사회적 합의 없이 된 거라 봐야지. 경솔했던 건데, 지금이라도 논의가 충분히 이루어져야 해.

지금 25개 로스쿨, 기분 나쁠 수도 있지만 미국하고는 달라. 미국 로스쿨은 로스쿨 간에 편차가 거의 없다고 보이나 우리 로스쿨은 안 그렇지. 어디 로스쿨에서 교육을 받았느냐에 따라 학생들이 차이가 나는 부분이 있어. 균질한 교육이 이뤄지질 못하는 거지. 사법연수원에서의 실무교육은 꼭 받아야 해. 강도 높게 압축적으로 하면 1년 정도여도 되겠고. 실무가 교육이 25개 학교에서 제각각 이루어지면서 변시에 합격하면 변호사다? 너무 가벼워. 약식체제로 하자는 건데, 그렇게 해서 남의 사건을 맡는다는 게... 그렇게 돼선 안돼. 공통된 교육, 균질한 교육으로 교육의 무게를 키워야 해. 로스쿨 교육이 법조계의 주축이 된다면, 민주사회는 말이지, 기회균등이 핵심이야. 북한을 보라고. 아버지, 할아버지 잘 만나야 출세하는 그곳에선 금수저 아니면 개인이 출세를 할 수가 없어요. 우리는 북한과 다르잖아. 민주주의 사회이면서 북한과 똑같은 사회가 되면 말이 안 되는 거야. 샛길을 열어 줘야 돼. 측도(側道). 과거의 사법시험은 아니지만 사법시험처럼 로스쿨을 안 나와도 시험 볼 기회가 주어지는 측도가 있어야 돼. 정규 교육을 못 받아도 검정고시 통해 대입 자격을 얻는 것처럼.

나는 1948년에 월남을 했거든. 이미 내 또래들은 중학교에 입학한 때인데 나는 후기에 넘어왔으니까 초등학교, 당시 인민학교를 졸업했다는 증서를 구해 올 수가 없잖나. 그때 내가 막막하더라고. '유급을 하면 내 인생이 어떻게 되는 건가. 남들은 이미 중학교에 입학해 있는데 나는 유급을 하면...' 하고서 그때 그렇게 고심을 했었어. 근데 마침 내가 가려던 중학교가 월남한 사람들을 검정고시로 구제해 줬거든. 내가 측도인 검정고시로 정규 교육에 편입될 수 있었던 거야.

노무현도 그렇잖아. 노무현이 사법연수원에 들어왔을 때 내가 교수로 있었는데, 노무현은 검정고시와 사법시험의 혜택을 다 받은 사람이야. 그 덕에 대권에 도전할 수 있었던 거지. 학벌끼리 뭉치고 엘리트 의식에 빠져 있고 사법시험 체제의 이런 문제점이 시급해서인지 로스쿨은 졸속으로 처리했지만 기회 균등을 위한 측도를 내야 노무현 같은 흙수저 학생들이 구제를 받아요. 장학제도가 잘 돼 있다, 이런 걸로는 이야기가 안 돼."

– 측도라면 일종의 예비시험 같은 형태를 말씀하시는 건가. 이는 로스쿨 측에서 수용을 안 하고 있는 상황이다. 일본만 보더라도 로스쿨의 쇠퇴가 예비시험 때문이라는 주장들이 있고, 누구에게나 예비시험을 보게 한다면 누가 로스쿨을 가겠냐는 우려들을 제기하는데.

"그렇지. 측도가 예비시험이 될 수도 있겠지. 일본 로스쿨이 예비시험 때문에 망했다고 하면 우리는 연구를 해서 그 맹점들을 피해 합리적으로 설계를 해야겠지. 검정고시를 보면, 그들은 출신학교가 없어요. 소속이 없는 그 나름의 외로움을 감수하고서라도 기회를 잡아보겠다는 거거든. 로스쿨은 소속을 갖잖나.(예비시험 출신에 비하면) '내가 어디 로스쿨이다' 이런 메리트가 있는 거야. 물론 결과적으로는 하나로 모여야지. 사법시험과 로스쿨의 병행이 안 되는 건 우리 사회의 분열을 조장하고 갈등만 낳기 때문이니까. 예비시험으로 왔든, 로스쿨 교육을 거쳤든 결과적으로 하나로 모이게 해야 돼.
그리고 학생들이 '이 로스쿨 가느니 혼자 공부해서 예비시험 본다'라고 평가하는 로스쿨은 경쟁에서 뒤처진 거야. 경쟁의 법칙대로 해야지. 정리되어야지. 그런 장치로도 기능하도록 측도가 설계돼야 해. 양질의 교육을 하는 법전원이라면 '샛길이 로스쿨을 망친다' 이런 우려들을 할 게 없지. 독학한 사람도 시험 응시 자격을 갖는 것, 민주주의 사회에서 꼭 있어야 할 장치야. 원하는 사람 누구나 접근이 가능하도록 문이 열려 있어야 해."

– 지금 우리 사회에 필요한 법조인이란 어떤 자질과 사명감, 직업 의식을 가져야 할까.

"법조인은 '사회의 의사'야. 개인 병 고치는 의사 말고, 병든 '사회'를 고치는 의사. 사회를 이상적인 방향으로 이끌어 갈 수 있어야 해. '사회 설계사'이면서 '정의의 대변자'이지. 법조인이 불의에 타협하고 돈벌레다? 그냥 비즈니스 맨이지 법조인이 아니야. 선비 정신을 가져야 해. 법조인 자체 일만 충실했는데 엄청난 부자가 되더라, 난 그런 얘기는 못 들어봤어. 다른 게 있는 거야.

얼마 전 네이처 리퍼블릭의 도박한 대표를 변호했던 최 모 변호사. 난 그런 사람이 법조인 의식을 갖고 있다고 생각 안 해. 20억? 50억? 좀 다른 이야기지만 변호사 보수도 법정화할 필요가 있어. 뭐 변호사도 사람이니까 청빈한 선비 정신, 이런 걸 현실에서 완벽히 구현해 낼 수는 없다고 하더라도 이상은 지니고 있어야 하겠지."

– 로스쿨 출범 이후 법학의 운명에 대해 우려하는 목소리도 적지 않다. 비(非)로스쿨 대학에서는 법과대가 통폐합의 위기에 처해 있기도 한데, 우리 법학은 어떻게 살려야 할까.

"법학은 법치주의의 기초를 이루는 작업을 하지. 각 대학이 순수 학문으로서 법학의 가치를 도외시한 채 구조적, 경영적 이유로 법학을 통폐합시키는 것은 아주 불행한 현실이야. 민주주의에 역행하는 거지. 로빈슨 크루소가 혼자 살면서는 법이 필요 없어요. 하지만 우리 사회는 공동 사회지. 공존과 공생, 이걸 위하여는 법이 꼭 필요해. 법학도가 법 공부해서 다 법조인만 돼야 하는 게 아니잖아. 법학은 그 자체로 존재 이유가 있어요. 일본이 로스쿨 하면서도 법학을 그대로 둔 건 법학 연구의 가치를 아는 거거든. 일본에서 법과대가 구조조정의 대상이 되더라 그런 이야기는 들어 보질 못했어.
로스쿨 박사 과정이 좀 충실히 이행되면 그것도 방법이겠지. 사명감을 가지고, 책임감을 가지고. 우리 법학을 살려야겠다는 자세로 '박사 과정만은 우리가 제대로 좀 해 보자' 이렇게. 요즘 같은 글로벌 시대에 외국의 LLM, JSD 과정을 활용·장려하는 것도 좋을 거야."

– 판사, 법률가, 감사원장, 교수로 역임하는 동안 특별히 기억에 남는 일화를 소개한다면.

"내 인생을 그렇게 네 가지로 나누어 이야기할 수 있지. 판사인 때는, 내가 재판연구관이던 시절인데. 국내 회사가 외국의 등록 상표를 그대로 베꼈다고 해서 대법원까지 올라왔어. 기록을 보니까 이거는 타이거에서 호랑이로 이름만 바꿨지 똑같더라구. 더 볼 거도 없다 싶어 가지고 갔어. 전형적인 유사 상표라고. 근데 이걸 특허심판원은 서로 다르다고 판결했거든. 나는 파기해야 한다 주장했지. 근데 그래. 외국 편을 들면 어떡하냐고. 우리 기업을 살려야 하지 않겠냐고. 이걸 이렇게 금방 가져오면 어떡하냐 그러대. 그래서 내가 그랬지. '법관은 기업을 살리는 사람이 아니다, 흑이면 흑, 백이면 백이라고 바로 이야기해 주는 것이 법관이다'라고 말했어. 그래서 결국 특허심판원 판결이 파기됐지.

헌법재판관일 때는, 당시 내가 수원지방법원장이었어. 굳이 헌법재판소에 안 가도 되는 자리에 있었는데 간 것은 독일에서 공부하던 시절, 헌법재판이 아주 무게 있고 막중한 판결들을 하는 걸 봤거든. 그래서 갔더니 우리는 재판이 헌법소원 대상이 아니니까, 헌법재판소가 할 일이 없는 거야. 황무지나 다름없는 곳에 있으려니까 '이걸 어떻게든 활성화 시켜야겠다'는 생각이 들더라구. 고민 끝에 중점적으로 헌법 재판의 대상으로 영입시킨 건 검찰의 불기소처분이지. 지금이나 그때나 검찰의 권한은 막강하잖아. 이러한 검찰권이 남용되는 것을 헌법재판으로 잡아야겠다 생각하고선 그 논리를 세우는 작업을 했지.

또 헌법재판관일 때 기억에 남는 일은 국가보안법에 고무·찬양죄를 한정합헌으로 판결했어. 안기부나 검찰의 눈치를 봤다면 합헌으로 나가도 됐을 것을 한정합헌으로 낮춘 거거든. 그 당시 전면합헌 의견이던 재판관들이 뒤늦게 견해를 변경해 한정합헌으로 오는 바람에 당초의 의미들이 희석된 감은 있어서 아쉬운데, 고심을 거듭해 밤을 새워서 논리를 만든 거야. 근데 강금실 당시 고법 판사가 일간지에 아주 날카롭게 비판한 걸 내가 봤는데, 나는 소신을 가지고 정부의 미움을 받더라도 합헌이 안 되도록 고심해서 내렸던 판결이라 서운한 감은 있었지.

감사원장일 때는 내가 4년 임기 동안 지역이기주의 하나 잡아야겠다 생각하고 있었어. 근데 전남 영광 지역에 한전이 원자력 발전소를 지으려고 허가를 받았다가 지역에서 일어나니까 허가 난 지 5일 만에 영광 군수가 취소를 해 버린 일이 있었지. 한전이 '감사를 해 달라' 청구했고 난 한국의 님비, 이거 잡을 생각으로 영광 군수를 압박했어. '허가를 원상회복 해라.' 근데 청와대, 안기부에서 다 우려하고 말리고 했어요. '전남 지역을 왜 건들려고 하느냐, 맞서지 말고 그냥 놔둬라.' 그래도 난 '차제에 지역이기주의를 잡아야 한다' 하고선 버텼어. 그래서 결국 영광 군수가 허가를 원상회복하고 거기 원자력 발전소가 세워진 거야. 내가 퇴임했는데도 한전에서 감사패를 주고 그러더라구. 기억에 남지.
학자로서는 무엇보다 책이지. ≪민사소송법≫, ≪민사집행법≫도 있지만 2017년 1월에 내가 입문서도 냈거든. 누구나 볼 수 있게 민사소송의 대중화를 겨냥하고 내놓은 책이야. 쉽게 읽히도록 역사와 사례들을 붙이고 비하인드 스토리도 실었어요. 다행히 독자들로부터 외면받지 않는다는 이야기가 들리더라구. 아주 감사한 일이지."

- 독자들에게 격려의 말, 해 주고 싶은 말이 있다면.

"독자들에게는 선비 정신을 이야기하고 싶어요. 법은 어려운 공부입니다. 가끔 보면 '법이 상식이다' 이렇게들 말하는데 나는 동의하지 않아요. 상식의 수준이라면 법학이 학문일 수 없는 거야. 내가 시험을 합격했다, 변호사 자격증이 있다 하면은 환상을 갖기 쉬운데 '다 이뤘다, 끝났다', '나는 이제 우대받으며 고 수익을 내고 인생을 즐겨야지' 이렇게들 생각해 버린다고. 나는 아주 옳지 못하다고 봐. 인생은 무거운 짐을 지고 먼 길을 떠나는 나그네와 같은 거예요. 변호사 자격증은 어쩌면 출발점이야. 이제부터 시험과 상관없이 자유롭게 자기 공부를 해 나가야 하지. 법의 궁극적 가치를 스스로 찾아내고, 공익을 실현하면서. 법조인·법률가가 공부를 게을리하면 자기한테도 불행이요, 사회에도 불행이야.
무엇보다 겸손한 자세를 가질 필요가 있어요. 우리 때도 그랬어. 학생들 사이에 이상(理想)은 부단한 노력을 하는 노력가들이 아니라 하는 것에 비해 성적이 좋은 사람, 얼마 안 하는 것 같은데 뛰어난 사람, 그런 사람들을 부러워했지. 나한테 누가 '저 사람은 엄청 열심히 하는 사람이야', '저 정도 노력가여야 공부를 잘 하지' 하는 말들을 하면 나도 기분이 썩 좋지 않았어.

내가 머리가 나빠서 노력하는 것처럼. 허허. '그게 아닌데' 했던 거야. 근데 지금은 '그 생각이 잘못 됐구나' 느껴요. 노력하지 않고 공짜로, 노력을 얼마 한 게 없는데 성과와 결과를 바라는 것, 그건 불의라고 이야기하고 싶어. '나는 재능이 있고 탁월하니까 이 정도 노력으로 충분히 고 평가를 받을 것이다'라고 기대하는 마음을 과감히 버려야 해. 아예 그런 사람은 법조계에 발을 들여놓지 말아야 한다고 생각해. 법조인은 비즈니스맨이 아니지. 그렇게 생각해선 안 돼.
독자들이 주어진 여건 하에서 최선의 노력을 다해서 공부하고, 사회에 나와서는 공익을 위해, 사회 정의와 법치를 구현하는 역할들을 해 주길 바랍니다."

(2016년 5월 19일자)

오윤덕 법조공익재단 사랑샘 이사장 / 변호사, 前 판사

60대를 고시촌에서 온전히 다 보낸 그의 이야기
"남을 위하는 행복, 내 자신이 가장 크게 누려"

세찬 파도를 수없이 맞아 매끄럽게 마모된, 바닷가의 흑빛 자갈과 같이 온유한 눈을 한 그였다. 일흔 고개 하고도 반절을 넘어가고 있었지만 "아직도 건강이 있으니 더 봉사할 수 있다"며 말간 미소를 지어보였다.

2017년 1월 오윤덕 변호사는 최고의 변호사상이라고 할 수 있는 명덕상을 서울지방변호사회로부터 받았다.

"역대 변협 회장이나 요직을 지낸 법조인 등 혁혁한 공로를 세운 사람들이 받는 상이 뜻밖에 제게 주어졌어요. 제가 받을 상이 아닌데... 한참을 생각해 보니 '봉사에 힘써 온 지난날을 변호사 분들이 격려해 주는구나' 싶은 마음이 들더군요."

법조계에서는 그의 선한 행적에 대해 모르는 사람을 찾기 어렵다. 오 변호사는 "봉사는 제가 살아 있다는 것을 느끼게 해 주고, 능력이 많이 모자라도 세상에 필요한 사람이라는 자기 위안을 얻는 행위지요"라며 유별나지 않다는 듯 넘기려 했지만, 인터뷰를 위해 찬찬히 되짚어 준 그의 지난 날을 따라가 보니 명덕상만으로 그의 삶을 다 칭송하기란 퍽 어려워 보였다.

돈은 물과 같아서, 흘려보내지 않으면 썩는 것

2003년, 오윤덕 변호사는 평생 모은 재산 5억 원을 들여 신림동 고시촌에 있는 100평 건물을 임차하고 기부 없이 자비량으로 운영하는 '이 땅의 청년들을 위한 열린 쉼터 사랑샘'을 열었다. 사랑샘에는 의자 100석을 갖춘 강연 공간, 3개의 심리 상담실, 차실, 기도·명상실 등 다양한 공간을 갖췄다. 차실 벽 한 면에는 청년들을 위해 직접 쓴, 7연 133행에 이르는 장문의 기도문 '사랑하는 청년들아'를 내걸었다. 이 긴 기도문은 청년들을 위해 흘린 그의 눈물 방울이 곧 글자로 체화된 것에 다름 아니다.

전국 각지에서 몰려든 수만 명의 고시생들이 살고 있는 삭막한 고시촌에 그가 단지 돈만을 들고 온 것이라면 그의 삶이 주는 의미는 지금과는 조금 달랐을지 모른다. 그러나 그는 청년들에게 건네줄 생명의 온기와 그들과 함께 흘릴 눈물, 그리고 자신이 믿는 신 앞에 청년들을 대신하여 올려드릴 '기도하는 무릎'을 가지고 왔기에 더욱 값졌다.

평생 모은 돈을 일면식도 없는 남을 위해 내어 놓는다는 것은 말로만 하기에도 쉽지 않은 일이다. 그러나 이 일이 가능했던 것은 돈에 대한 그의 관념부터가 남달랐기 때문이었다.

"함석헌 선생이 그러셨지요. 돈은 돌고 돌기 때문에 돈이다. '원'이나 '전'과 같이 돈을 나타내는 말은 다 그런 의미가 들어 있어요. 돈의 원리는 물과도 같지요. 고이면 썩어요. 나만 움켜쥐고 있는다면 썩는 거죠. 자기 형편과 처지에 따라 개울이면 개울, 강이든 바다든 그만한 양껏, 주변에 흘려보낼 수 있는 양을 흘려보내 줘야 상생이 되는 겁니다."

그가 선뜻 내어 놓은 자선의 돈은 결코 쉽게 모은 것이 아니다. 그가 누릴 수 있는 찰나의 기쁨들을 다 고이 접어둔 채 정성껏 모은 돈이었다.

자신이 겪은 아픔으로 남의 아픔을 보듬다

"준비 기간까지 합해서 10년을 고시촌에서 살았죠. 임차한 건물이 2011년 재건축에 들어갔으니까 내 60대는 고시촌에서 다 지나간 거예요."

오 변호사가 특별히 고시촌을 품게 된 이유는 그 자신이 사법시험 준비 시절을 죽음의 나락에서 보냈기 때문이다. 그는 당초 뚜렷하고 분명한 소명의식이 있어서 고시에 뛰어든 건 아니라고 했다. 그 당시 '공부 좀 한다' 하면 고시에 도전했고, 오 변호사 역시 취업보다 고시가 빠르겠다는 생각에 수험 생활을 택했다. 그러나 몇 번 낙방을 하고 나서야 시험을 대하는 자신의 자세가 안일했음을 깨달았다. 그저 '열심히' 하는 것에는 어느 정도 자

신이 있던 그였기에, 기말고사 준비하는 정도로 열심히 하면 되는 시험으로 생각했다는 것이다.

"그러나 고시는 그게 아니었어요. 인생을 다 던져서 차원이 다른 열심으로 승부를 하는 일이더군요. 그때 또 폐결핵까지 걸려서 몸이고, 정신이고 만신창이가 되고 말았죠."

계속되는 고시 낙방으로 깊은 좌절감에 빠져들게 된 그는 한때 스스로에게 '죽는 것이 낫겠다'고 여러 번 되뇌일 만큼 출구가 없는 절망의 나락에 던져지기도 했다. 그는 바닥에 엎드려 '제발 이 창살 없는 감옥에서 나가게 해 주신다면 남을 도우며 사는 선한 법조인이 되겠다'는 다짐과 간구를 몇 번이고 반복했다.

하지만 그렇게 절실했던 마음은 사법시험 합격 통지를 받고 관료가 된 이후 차츰 무뎌져 갔다. 합격을 위해 간절히 드린 기도의 내용 또한 까마득히 잊혀진지 오래였다. 그러던 어느 날 오 변호사는 고시를 준비하겠다는 자녀의 공부 환경을 둘러보기 위해 고시촌을 방문했다. 1.5평 남짓 되는 비좁은 방에서 나와 슬리퍼를 끌고 거리를 오가는 고시생들, 골목 끝에 서서 허공을 응시하며 담배를 피우는 청년들의 모습에서 그는 비로소 잊고 있던 젊은 날 자신의 모습이 떠올랐다.

"그게 내 자화상이었어요. 절망의 늪에 빠져 있는 모습. 이 고시생들의 아픔은 그와 같은 삶을 살아 본 사람만이 알 수 있는 거거든. 아예 안 봤으면 모르는데, 이미 봤으니 지나칠 수가 없더군요. 그래서 시작된 거예요. 제가 겪은 아픔을 똑같이 겪고 있는 그 청년들을 위해 저라도 나서야겠다는 생각이 들었어요."

죽음의 문턱 서성이는 청년들에게 생명의 길 전하기도

"청년들이 찾아와서 그렇게 흐느끼며 죽고 싶다는 거야. 모두가 젊음을 다 바쳐 치열하게 공부하고도 단 몇 프로의 사람만 합격하는 것이 고시니까, 너무 많은 패배자를 만들어 냅니다. 우리가 승자에게만 박수를 보냈지, 열심히 하고도 패자가 된 이들에게 누가 따뜻한 말 한 마디 했었냐 말입니다."

그래서 열린 쉼터 사랑샘에서는 사회 유명 인사들을 초빙해 강연을 자주 개최했다. 명사들이 만나러 와서 좋은 말을 해 주고 격려해 주면, 청년들이 자존감도 높아지고 동기부여도 될 것이라는 생각 때문이었다. 그 밖에 봉사자들은 청년들의 심리 상담도 해 주었고, 다도와 산행 그리고 떼제 공동체 기도 등으로 심신에 활력을 불어넣는 등 다방면에서 세심하게 그들을 챙겼다.

하지만 '판사 출신 변호사가 생계 활동을 중단하고 가진 돈 털어 고시촌을 돌본다'는 소식에 모두가 고운 시선만 보내는 건 아니었다. '국회의원 하려는가'라는 의심의 눈총을 받게 되자 오 변호사는 찾아오는 청년들 그 누구의 이름도 묻지 않았고, 자생적 조직도 만류하였다고 한다.

대부분의 고시생들이 죽음과 같은 고통을 겪고 있음을 잘 알고 있던 그는 '죽음을 다루는 학문은 종교뿐'이라는 생각에 청년들에게 종교를 권하기도 했다. 죽음뿐 아니라 앞으로 닥쳐올 삶의 여러 문제를 종교로써 헤쳐 나가길 바라며 그들에게 '보편종교라면 특정 종교에 구애됨 없이 각자에게 합당한 종교를 통해 신념을 가지는 삶을 살아가라'고 권한 것. 오 변호사의 인도로 죽음의 문턱에서 벗어나 생명과 삶의 희망을 되찾는 청년들이 점점 늘어났다. 오 변호사를 따라 세례를 받은 청년들의 숫자도 상당했다.

일흔 고령이어도 건강 있는 한 봉사할 수 있어

그가 고희를 맞게 되면서, 고시촌에서 떠나야 할 상황이 찾아왔다. 임차했던 건물 전체가 재건축에 들어가게 된 것. 아울러 보증금으로 주었던 돈이 함께 반환됐다. 그 보증금은 애초에 돌려받으리라 생각지 못한 돈이었다. 건물의 권리 관계가 워낙 복잡했는데, 그 동네에 그만한 건물을 달리 구할 수가 없어 '보증금을 버리더라도 사랑샘 봉사를 해야 한다'는 생각에 서둘러 임차하여 들어간 건물이었다.

오 변호사는 그동안 일체의 기부 없이 자비량으로 봉사를 해 오다가 이제 칠순에 접어들어 체력도 부치게 된 시점에서 생각지 못했던 보증금을 돌려받게 되자 '이쯤에서 고시촌 봉사 활동을 접고, 보증금 나온 것으로 여생은 아내와 좀 편안히 살아보자'는 생각도 들었다고 했다. 그러나 오 변호사의 동반자이자 사랑샘 쉼터 봉사를 한결같이 동역해 온 권혜옥 여사는 "한 번 사회 공헌에 내놓은 돈이 어쩌다 돌아 나왔다고 해서 우리가 이것을 선뜻 취해서는 안 된다"며 단호히 만류했다. "이 보증금을 우리가 못다 한 제도

권 밖 열악한 환경에서 면학을 이어가는 청년들을 위해 값지게 써 줄 뜻에 동참하는 단체를 물색하여 기부하자"고 제안하더란 것이다.

아내의 제안을 받아들인 오 변호사는 이러한 취지를 받아들여 줄 재단을 찾아 나섰다. 때마침 오 변호사는 신영무 당시 대한변호사협회 회장을 우연히 만났다. 신 협회장의 표현대로라면 그때의 만남은 '하나님이 우리를 만나게 하신 것'이었다. 오 변호사의 근황을 물어온 신 협회장에게 그가 상황 이야기를 하자, 신 협회장은 대뜸 "오 변호사님이 해 오던 일이야말로 원래부터 변호사 단체가 했어야 할 일입니다. 오 변호사님 하시던 봉사 정신을 우리 협회가 이어받아 이를 확대·발전시켜 나가겠습니다"라며 손을 맞잡더라는 것이다.

오 변호사가 말했다. "신영무 협회장님은 외국에서 공부하고 오셔서 변호사의 공익 활동에 일찍부터 눈이 떠진 분이지만, 대한변협의 성격 자체가 태생적으로 회원의 권익을 위하는 단체라는 한계가 있거든요. 최근에는 인권 옹호와 사회 정의를 위하여 많은 공헌을 하고 있습니다만... 그때는 '우리가 하던 어려운 이웃에 대한 돌봄을 열정적으로 이루어낼 수 있을까'란 염려가 들었어요. 그래서 선뜻 대답을 못했죠."

그렇게 머뭇거리는 오 변호사의 결단을 도운 것은 이번에도 권혜옥 여사였다. 그녀는 "변호사들께 우리가 못다 한 이 소명을 맡기자"며 "그분들이 하다가 잘 안 돼서 이 돈을 다 쓴다 하더라도 그렇게 뿌려진 씨앗은 언젠가는 열매를 맺을 것"이라고 그의 등을 떠밀었다. 또 한 번 아내의 권고를 수용한 오 변호사는 곧 그 돈을 대한변협에 기부했고, 2012년 대한변협 산하에 '재단법인 대한변협 사랑샘재단'이 설립됐다.

오 변호사는 당초 대한변협에서 사랑샘의 봉사정신을 수계하는 사회 공헌 활동이 어느 정도 정착되면 떠날 요량으로 이사장직을 고사, 상임이사 직함에만 이름을 올렸다. 하지만 협회장이 바뀌고 변협에서 사랑샘에 전담

직원이나 전용 사무실을 할애해 줄 형편이 안 되자, 잔일부터 기획과 실행 등 모든 업무를 오 변호사가 직접 도맡아 처리 해야만 했다. 신 협회장 이후로 2명의 협회장을 거치는 때까지도 사랑샘에 대한 사무 공간과 전담 직원은 배정되지 않았다. 봉사란 열정 없이는 할 수 있는 일이 아니기에 이런 상황이 지속되자 오 변호사는 '그나마 열정의 불씨마저 꺼져버리지 않을까' 하는 위기감이 들었다고 한다. 급기야 오 변호사와 재단 임원진은 2015년 9월, 대한변협으로부터 독립하기에 이른다.

그가 말했다. "이런 생각이 들더군요. 일흔의 나이를 핑계로 봉사를 쉬어 볼까 하는 마음을 가졌던 것을 신이 꾸짖는 게 아닐까... 그래서 마음을 고쳐먹었어요. 아직 건강이 남아 있으니 도망갈 생각은 버리고 다시 시작하자."

봉사를 재개하려면 자금이 필요했다. 그러나 근자에 수익을 위한 활동을 전혀 하지 않던 그는 재단 운영자금 마련을 위해 봉직하던 법무법인을 퇴직했다. 퇴직금으로 받은 1억 6,200만 원 중 1억 원을 사랑샘 재단에 기부하고, 5,000만 원을 오 변호사가 이사장으로 있는 서울법대장학재단에 기부, 나머지 1,000만 원은 평소 돕고 싶었다는 한 수녀회에 기부했다.

그가 형사 사건을 많이 다루는 변호사였던 이유

민사법원 부장판사를 끝으로 법원을 떠난 오윤덕 변호사는 변호사 개업을 한 뒤 돌연 형사 사건을 많이 다루는 변호사가 되었다. 그 사연을 묻자 '듣는 은사(재주)'가 있기 때문인 것 같다고 그는 말했다.

"법원에 있을 때는 듣고 싶어도 당사자 이야기를 무한정 들을 수가 없어요. 그래서 몰랐는데, 변호사가 되고 보니 제게 듣는 은사가 있는 거예요. 변호사들도 항상 시간에 쫓기기 때문에 보통 형사사건 피고인들의 이야기를 끝까지 다 들어주는 것이 현실적으로 어려워요. 구성요건과 관련된 사항과 양형자료 정도가 확인되면 중간에 왕왕 잘라 버리고 일어나게 됩니다."
그 당시의 구치소란 에어컨도 없고 히터도 없어 여름에는 바깥보다 더 덥고 겨울에는 바깥보다 더 추웠다. 냄새 나고 음산한 그곳에 변호사들이 오래 머무르기란 쉽지 않았다. 그런데 오윤덕 변호사는 사정이 달랐다.
"구치소에 한 번 갔다 하면 접견 신청을 한 사람이 많아 점심도 못 먹고 앉아 이야기를 계속 들었어요. 그만큼 많이 들었기 때문에 정상론으로 이야기할 것이 풍부해졌죠. 왜 그렇게 감옥 안에는 기구한 운명의 사람들만 있는지, 법정에 서면 내가 완벽히 이 사람의 대변인이 되어 있는 거야. 눈물 콧물 다 빼 가면서 변론을 했죠."
그를 만난 의뢰인들이 그에게 공통적으로 건넨 말은 "내 이야기를 다 들어준 사람은 오 변호사님이 처음입니다"였다. 경찰에서 하소연하면 검찰 가서 이야기하라고, 1심에서 이야기하려면 항소심 가서 이야기하라고, 항소심에 가면 또 대법원에서 이야기하라며 떠넘겨 버리기에 정작 이들의 이야기를 제대로 들어주는 사람을 만날 수 없었던 것.
오 변호사 역시 형사 피고인들을 만나면 꼭 하는 말이 있었다. "이야기를 끝까지 다 들어줄 테니 우선 변호사를 감동시켜 달라. 변호사가 감동받은 게 없는데 무슨 수로 검사나 판사를 감동시켜 당신의 억울함을 풀어드릴 수 있겠느냐? 나를 감동시키는 유일의 길은 진실을 말하고 죄를 뉘우치고 다시는 죄를 짓지 않겠다는 다짐을 보여주는 것이니, 당신이 다시는 죄를 짓지 않을 것이라는 확신을 갖도록 만들어 달라. 그러면 나도 내가 할 수 있는 최선을 다해서 당신의 억울함을 법정에서 대변하여 호소해 드리겠다."
그렇게 구치소를 다녔더니 면담 신청자가 자꾸 늘어났다. 새벽이 되어서야 집에 들어왔다가 동이 트자마자 또 사무실로, 법정으로, 구치소로 달려가는 생활을 꼬박 8년을 했다.

"저는 구치소 갈 때마다 다른 변호사들은 아무도 안 가져가는 이걸 꼭 챙겨 갔어요. 구치소에 반입이 안 되는 물품이 많은데, 이건 그냥 통과지요. 이게 뭐냐면 휴지예요. 휴지를 가방 한 가득 넣어가지고 가서 의뢰인들 눈물 닦으라고, 그들이 울면 내밀고 울면 내밀고 했죠."

그러나 선의로 무장한 그를 낙담케 할 야속한 순간이 없지는 않았다. "어려운 사람들을 상대로 성공보수금 이야기를 끝내 하지 못했는데, 출소한 의뢰인들은 대부분 성공보수를 가져오지 않고 연락조차 끊어버리더군요. 한 해 두 해 이런 지경이 쌓이자 '내가 이런 배은망덕한 사람들을 위해 그렇게 열과 성을 다해 변론하였나? 영혼까지 이들에게 판 게 아닌가?' 하는 배신감마저 들었어요. 이 배신감 때문에 제 성격을 다 버리겠다는 위기감이 찾아왔죠."

이렇게 미망에 빠져 있던 어느 날, 그는 문득 생각이 전환되는 것을 경험했다. 보통 사람은 쉽게 따라갈 수 없는, 어쩌면 그만이 품을 수 있는 생각이 아닐까 싶었다.

오 변호사는 말했다. "저 어려운 사람들이 컴컴한 감옥에서 나와 이 사회에서 한 구성원으로 자리 잡기까지는 많은 정착비용이 들 테고, 국고가 허락되는 문명국가였다면 당연히 이들의 사회 정착을 위하여 그 최소한의 비용을 국가가 감당해 주었어야 합니다. 그러나 국가가 충분히 돕지 못하는 그들을 국가로부터 변호사 자격을 받고 상대적으로 잘 살고 있는 제가 대신 도울 기회를 얻어 그 책무를 수행했다고 생각하니 오히려 마음이 좋더군요. 그 어느 소설보다 심금을 울리는 이 사회의 어려운 사람들 이야기를 제가 변호사가 안 되었더라면, 또 그들의 변론을 맡지 않았다면 어떻게 그렇게 구구절절 들어볼 수 있겠어요?"

인터뷰를 시작할 때와 같이, 그는 여전히 자신의 선행이 별반 대수로운 게 아니라는 듯 말하는 것이었다.

(2017년 9월 29일자)

박주선 국회부의장 / 前 대통령 법무비서관, 검사

"법조인력 양성, 인격과 인성 함양 주력해야"
"검찰개혁과 청년 일자리 위해 발벗고 뛸 것"

20대 국회 국민의당 박주선 부의장이 본지 인터뷰를 통해 법조계 전반 및 청년세대를 향한 생각을 허심탄회하게 나눴다. 어려운 가정환경 속에서 검사가 되어 화려한 활약을 펼쳤으나 한순간에 찾아온 좌절, 그리고 순탄치만은 않았던 의정생활로 인해 적지 않은 눈물을 흘렸을 그가 "국민의 흐르는 눈물을 닦겠다"며 긴 이야기를 전했다.
오뚜기, 불사조 등의 별명이 붙을 만큼 그가 지나 온 삶은 파란만장하다. 그런 만큼 그의 소신은 더욱 심지가 깊었고, 여유로운 웃음 뒤의 분명한 생각은 더욱 빛났다. 다음은 박주선 국회부의장과 나눈 일문일답.

– 최근 법조계 전반적으로 국민의 원성을 사는 소식들이 끊이질 않고 있다. 어떻게 보시는가.

"많이 안타깝다. 국가기강을 확립하고 범죄를 단죄해 국민들의 삶을 보호·보장해야 하는 법조직역은 남다른 청렴성과 도덕성이 요구되는 직역이다. 이런 고위층 법조인들이 구속되고 재판을 받는 모습에 국민들은 이제 이들을 '범법 집단'으로까지 인식하고 있다. 대한민국 사법의 현 주소가 이렇다는 데에 과거 법조직역에 오래 재직한 입장으로서 우려가 이만저만이 아니다. 구성원들이 변화에 대한 의지가 없고 타성에 젖어 있는 측면이 있다. 나는 이번 20대 국회에서 이런 검찰개혁에 보다 적극적으로 일을 할 생각이다."

– 법조인력의 바람직한 양성 방안에 대한 문제도 고려돼야 할 것 같다. 사법시험과 로스쿨의 문제에 대해서는 어떤 의견이신지.

"사법시험과 로스쿨, 이것 참 만만찮은 문제다. 법조인력의 바람직한 양성은 법조인에 걸맞는 인성과 인격을 갖추게 할 획기적인 방안이 강구되는 것이 먼저고 그에 주안점을 둬야 한다. 강직한 성품으로 정의를 구현하리라는 사명감을 가진 자들을 양산해 내야 한다.

다양한 분야의 사람들을 법률가로 양성하겠다는 로스쿨은 분명히 장점이 있다. 다양한 분야의 지식과 경험이 법조인으로서 일하는 데 충분히 도움이 될 것이다. 하지만 그 다양한 분야의 인재들을 모아서 법조직역으로 흡수시켜 버리는 것에는 솔직한 심정으로 우려가 있다. 나라 전체를 생각할 때 지금 법조계는 사양화됐다고까지 이야기한다. 로스쿨 진학을 위해 들인 막대한 비용과 준비, 이렇게 해서 법조인을 하겠다고 나와 봐야 '투여한 것이 과도했다'고까지 이야기할 정도로 법조시장이 지금 그렇다. 이런 게 인력 낭비지 무엇이겠는가.

나는 김대중 정부 때 민정수석 역할을 했다. 당시 '민정수석'을 폐지하겠다는 것이 김대중 대통령의 선거공약이었기 때문에 명칭이 '법무비서관'으로 바뀌었는데 역할은 민정수석이었다. 당시 대통령 직속으로 사법제도개혁위원회가 출범했고 로스쿨 논의도 있었다. 그때 나는 시기상조라고 반대한 입장이다. '로스쿨이 가진 자들을 위한 제도냐' 그것보다는 '로스쿨이 가지지 못한 자들을 위한 제도가 되는가'라고 물었을 때 나는 아니라고 보고 있다. 서민 입장에서 등록금이 얼마다, 수학하는 데 얼마가 든다, 이런 비용 문제는 큰 진입 장벽이다. 우리 사회가 실질적 평등을 이룩해야 한다는 측면에서도 사법시험과의 병존이 맞다.

양립할 경우 로스쿨 운영이 어려워진다는 주장도 일리는 있지만 주축이 되는 제도는 로스쿨이고 사법시험은 보완 역할로 가면 같이 갈 수 있다고 생각한다. 다만 이것은 내 개인 의견이고 우리 당의 당론으로 모아진 바는 아니다. 하지만 이 논의가 앞으로 활발히 이루어질 것이다."

- 우수한 성적으로 법조인이 되기까지, 가정환경도 큰 영향을 미쳤을 것 같다.

“알려진 바와 같이 나는 어려운 가정환경에서 자랐다. 그런 이야기가 어찌 보면 우리 부모를 욕되게 하는 것 같아서 사실 내가 선뜻 꺼내지 않는 부분인데, 공인으로서 내 삶의 어떤 부분을 숨기거나 은폐하는 건 옳지 못하다고 생각해 종종 이야기한다.

나는 정말 찢어지게 가난한 집에서 태어났다. 몹시 어렵게 공부했다. 그런 과정에서도 좋은 학교를 들어가고 사법시험을 수석했기 때문에 더 주변에서 나를 좋게 봐 준 것 같다. 자란 곳이 시골이다 보니 어릴 때부터 ‘법보다 주먹’이 앞서는 현상들을 많이 봤다. 지역 토착 세력들의 횡포와 불의를 수없이 보고 겪었다. 그래서 어릴 때부터 억울한 약자들을 보호하는 검사가 되고자 했다. 정의를 구현하고 사회의 질서를 세우는 강인한 검사가 되려는 꿈을 안고 정직하고 성실히 공부했다. 강단이 없으면 사람이 정직하기 힘들고 성실하기도 힘든데 강단 있게 열심히 했다. 지금도 우리 집 가훈은 '정직과 성실'이다."

– 검사 재직 시절 활약상이 대단했다. 검사가 된 과정과 맡은 사건들을 소개해 주신다면.

"우리 때는 사시합격자가 연수원 나오고서 법원이나 검찰로 모두 들어갔다. 나도 법원, 검찰 양 쪽에서 러브콜을 받았다. 고민도 잠시 했으나 검사가 오랜 꿈이었고 적성이나 목표도 검찰 쪽에 뚜렷히 있었기 때문에 검찰로 갔다. 나는 검사 생활의 5분의 4를 서울중앙지검 특수부, 대검찰청 중앙수사부에서 근무했다. 나더러 명검사니 특수통이니 했던 이유가 거기에 있다.

1980~90년대에 대서특필되는 굵직한 사건들은 다 내가 수사했다. 해군 참모총장 인사비리 사건, 전두환 친인척 관계된 저질 연탄 사건, 서울시 교육감 선거부정 사건, 현직 장관 부인 구속시킨 안경사협회 사건, 딱지 어음 사기 사건, 204개 건설사 수사해서 처벌한 대형 건설회사 담합사건 등. 이루 말할 수가 없다. 아직도 지금 법사위원장을 맡은 권성동 의원은 날 보면 '부장님'하고 부른다. 특수 2부 때 같이 근무했는데 나는 그 호칭이 참 좋다.

수사를 할 때는 항상 '피의자가 승복하고 납득하는 수사'를 해야 한다고 강조했다. 검사가 정의 구현을 위해 일한다는 것을 수사 받는 피의자로부터 인정 받아야 올바른 실체적 진실이 파헤쳐지고 정의가 구현된다고 봤기 때문이다. 수사 받는 피의자 입장을 역지사지하라고 강조했고 나도 늘 그렇게 했다. 선후배나 동료로부터 검찰총장 0순위라는 말을 들으면서 검사 본연의 역할을 충실히 다할 수 있었던 건 그런 내 신념에서 나오지 않았겠는가 생각한다."

– 그런데 돌연 정계에 입문하셨다. 사연은.

"1997년 당시 새정치 국민회의 대선 후보였던 김대중 비자금 사건이 있었다. 국정감사장에서 민자당이 폭로해 검찰에 고발장이 접수됐다. 나는 그때 이것이 순전한 정치적 문제이기 때문에 검찰이 휘말려선 안 되고 수사 시점을 대선 이후로 미뤄야 한다고 검찰총장에게 강력하게 주장·건의했다. 이게 받아들여져 수사가 유보됐는데 그 때문인지 김대중 대통령이 당선하고서 나를 법무비서관으로 부르셨다.

나는 청와대에 가려는 마음이 없었다. 하지만 검찰개혁을 벼르고 있던 김대중 정부에서 칼날을 어떻게 휘두를지에 대해 두려움을 갖고 있던 검찰에서는 내가 가주길 바랐다. 검찰이 신뢰하는 사람이 가면 검찰도 검찰개혁의 칼끝을 감내할 수 있을 거라고 생각한 것 같다. 그렇게 검찰이 밀어내고 청와대는 끌어당기고 하니 도리가 없었다. '1년만 하고 돌아와야지' 했는데 김대중 대통령이 과분한 신임과 총애를 주셨다. '나와 역사를 함께할 사람'이라고 말씀하시며 붙잡는데 검찰로 돌아올 수가 없었다.

그러던 중 옷 로비 의혹 사건이 터졌다. 사회에 큰 파장을 몰고 온 사건이다. 나는 내사했던 경위와 과정을 대통령께 보고하고 그 결과를 검찰총장에게 보냈다. 이것이 사회에 유출됐다. 공무상 비밀을 누설했다는 야당의 정치 공세와 여론에 굴복해 버린 검찰에 의해 나는 구속이 됐다. 지금 생각하면 참 넌센스다. 내사를 종결하면 피내사자에게 통지를 하는 게 원칙이다. 그런 측면에서 하등 문제될 것이 없는 사안인데 구속까지 시켰으니 당연히 무죄가 났다. 그러나 그런 소용돌이 속에서 나는 법무비서관직을 사직했고 큰 상처를 받고 날개가 접혔다.
근데 주변의 수많은 사람들이 '젊은 나이에 주저앉을 것 없다. 나라를 위하고 사회를 위해 일하려는 열망을 여기서 꺾지 말고 정계에 입문하라'고 강권했다. 그래서 16대 때 무소속으로 출마했고 당선이 되어 정계에 입문했다.
정계에 입문하고도 나는 표적 수사의 대상이었다. 노무현 대통령이 당선된 직후 '열린우리당'이 창당돼 야권이 분열됐는데 나는 대통령을 당선시킨 정당이 나뉘어져서는 안 된다는 소신을 가지고 민주당에 남아 있었다. 그것이 권력에 밉보였던 모양이다. 두 번 구속 됐는데 표적수사였으니 두 번 다 결과는 무죄였다. 그때 내가 노무현 대통령의 사과를 받았다.
2014년에는 영국 기네스북 한국 위원회에서 인증서를 주더라. '최다 구속, 최다 무죄를 선고 받은 사람'이란다. 나는 대한민국에서 이 기록이 다시는 깨지지 않기를 염원한다. 이것은 법치국가로서 대한민국의 위상과 직결되는 일이다. 무죄가 나올 사안으로 구속시켜 버리는 일이 민주 사법국가에서 어떻게 일어난단 말인가. 민주 법치국가의 탈을 쓴 것에 불과하다는 비판까지 가능하다. 네 번 구속돼 쓰러지나 했더니 네 번 다 무죄 받고 살아났다고 하여 나를 '오뚜기', '불사조' 그렇게 부른다. 나는 검찰개혁의 계기가 된 장본인이다."

– 법조인에서 정치인으로 진로가 바뀐 것인데, 국회의원으로서 법조인 재직 시절과 다른 점이 있다면.

"국회 역시 국민들의 신뢰를 받지 못한다는 점은 법조직역과 크게 다르지 않다. '식물 국회다, 필요가 없다'는 식의 가차없는 비난을 국민들로부터 받고 있다. 그러나 아쉬운 것은 의원 개개인을 보면 밤낮 가리지 않고 지역구와 국민을 생각하면서 땀나게 뛰는 분들이 참 많다. 하지만 국회가 합의제다 보니 그 뜻을 펼치기가 쉽지 않은 구조다. 법안 하나를 내더라도 의원 10명 이상을 모아야 하고 법안을 내도 상정 자체가 안 되어 버리니, 지난 19대 국회 때도 수많은 사시존치 법안이 넘어가질 못하고 법사위에 발이 묶이지 않았는가. 한심한 행태다. 가부 간에 표결이 빨리 이뤄져야 한다. 이번 20대 국회에서는 그런 일이 일어나서는 안 될 것이고 그러기 위해서라도 국회선진화법을 하루빨리 손질해야 한다. 국회의원들이 일하고 싶어도 어려움이 있는 구조임을 국민들이 알아주셨으면 한다. 20대 국회는 소모적 논쟁으로 여야 대치하며 당리당략대로 일하는 것이 아니라 생산적인 국회, 일하는 국회가 되도록 부의장으로서 부단히 노력하겠다."

- 20대 국회에서 청년세대를 위해 어떤 일들을 하실 계획인지. 이들을 향한 격려의 말씀도 부탁드린다.

"나는 '국민의 흐르는 눈물을 닦겠다'는 정치 신념을 가지고 정계에 입문했는데, 요즘 특히 우리 청년들의 눈물을 닦아 줘야겠다는 생각을 많이 하고 있다. 청년 고용 문제는 난제 중의 난제다. 얼마 전에 내 공약이었던 1호 법안을 발의했는데 청년고용촉진특별법과 지역균형인재육성에 관한 법률이다. 청년고용의무 비율을 상향하고 지방인재 채용을 의무화하는 등 국가가 청년고용에 더욱 발벗고 나서도록 하는 내용을 골자로 하고 있다. 국회의원들뿐 아니라 국가가 청년세대를 잘 뒷받침해 줘야 하고 적극적으로 지원해 줘야 한다. 하지만 청년 개개인들이 창의적인 사고를 하면서 실패를 두려워하지 말고 적극적으로 돌파해 나가야 할 부분도 있다. 이제 4차 산업혁명기를 맞고 알파고 시대라는 등 그에 따라 일자리는 더욱 줄어든다고 한다. 청년들이 기존에 있던 일자리가 나오기만을 바라면 안 되는 것이 나기는커녕 없어질 수가 있는 것이다. 내 자리를 내가 만들겠다는 생각을 해야 할 때다.
얼마 전에 ≪창업국가≫라는 책을 읽었다. 책에는 전세계 인구의 0.2%에 불과한 700만 명 인구를 가진 이스라엘이 어떻게 그중 22%에 해당하는 사람을 노벨상 수상자로 만들었는지, 또 미국 나스닥 시장에서 미국을 제외하고 40%에 해당하는 상장기업을 가질 수 있었는지가 나타나 있다. 책은 이스라엘의 부유와 부강은 '어려움과 불편' 때문이라고 말한다. 자신들에게 주어진 어렵고 불편한 환경을 더 나은 삶을 위해 신이 자기들에게 주신 선물이라고 믿는다는 것이다. 놓여진 환경을 이겨내고 타개하는 성향이 그들의 국민성이 됐고 그것이 이스라엘을 그처럼 뛰어난 나라로 만들었다고 이야기한다. 우리 청년들에게 그러한 정신이 요구되는 시점이다. 나는 한 사람의 의원으로서, 또 인생 선배로서 얼마든지 청년들이 자기 앞길을 헤쳐나갈 수 있도록 적극적으로 도울 생각이다."

(2016년 8월 5일자)

양창수 교수 / 前 대법관, 판사

"법학교육, 과목·영역 구분 허물고 문제해결 지향적으로"
"개인을 중심으로 하는 법 패러다임 전환 잘 이해해야"

'대법관' 하면 웃음기 없는 근엄함에 더러는 까다로움이 더해진 모습을 떠올릴 것이다. 그러나 법률저널이 만난 양창수 전 대법관은 함박웃음을 머금은 얼굴에 부드러운 어조의 따뜻한 이미지를 갖고 있었다. 교수로서 대법관이 된 첫 사례의 주인공인 양창수 전 대법관은 대법관으로 재직하는 동안에도 학계가 그리웠다고 말한다. 그의 연구실은 수많은 책이 꽂힌 책장과 책 더미들로 빼곡하게 차 있어 사람은 겨우 한 명씩만 일렬로 지나다닐 수 있는 모양새였다.
"공부, 재밌잖아"라며 호탕하게 웃는 그에게서 오늘날의 법과 법학, 그리고 법학교육의 여러 문제에 대한 애정 어린 조언을 들어 보았다.

- 대법관 임기를 마치고 학계로 복귀하시면서 '로스쿨은 파탄나게 돼 있는 제도'라고 발언하셨다고 보도된 바 있습니다. 로스쿨에 재직하신 지 1년이 지났는데요, 그 생각은 지금도 변함없으신가요?

"그 부분은 오해가 있습니다. 그런 취지로 말하지도 않았고 그런 단어도 쓴 일이 없거든요. 애초 그렇게 생각하지 않으니까요. 그런데 한 신문이 그렇게 제목을 뽑은 것이 일부 다른 언론들의 인용으로 그냥 퍼지게 되더군요. 대법관을 퇴임한 후 강의를 시작하기 전에 취임 특강으로 법학전문대학원 학생들에게 일반적인 이야기를 해 달라기에 응했지요. 그때 한 말은 '이제 법조인 양성의 시스템이 바뀌었다. 열심히, 제대로 공부해서 좋은 법률가가 되어 달라'는 내용이었습니다.
'종전의 시스템에서는 최소한 법과대학 4년에 연수원 2년이던 것을 법전원은 3년으로 줄였으니 그만큼 더 열심히 해야 한다', 또 '우리 사회의 큰 과제인 법치주의의 달성에는 제대로 된 법률가 계층이 필수적이다'라고 하였고, '여러분이 이러한 요청을 충족하지 못한다면, 사법시험의 문제점이 한계를 넘자 법전원 제도가 도입된 것처럼 20년, 30년이 지난 후에 혹 법전원에 대한 비판으로 제도 개혁을 맞게 될지 누가 아느냐'고 말했죠.
그러니까 그 취지는 '로스쿨 제도는 파탄나게 되어 있다'는 뜻이 아니고, 공부를 열심히 하라는 격려 차원이지요. 우리가 언론 보도를 통해 어떤 사람을 알게 되는 경우가 많이 있어요. 하지만 개인적으로는, 언론의 보도도 비판적으로 받아들여 의문을 제기해 볼 수 있지 않았나 하는 생각도 들어요. 상식적으로 이제 막 법전원 교수가 된 사람이 '법전원 제도는 파탄나게 되어 있다'라고 말했겠어요?"

– 로스쿨 도입 이전에 학교에서 법학을 강의하실 때와 로스쿨 체제 하에서 강의를 하시는 지금을 비교했을 때, 특별히 강의에 변화를 주신 바가 있나요?

"아주 많죠. 법전원 도입 이전에는 민법전의 편별에 따라서 총칙, 물권, 채권 등을 순서대로 가르쳤죠. 강의 내용도 추상적인 법리 설명이 대부분을 차지했습니다. 그것이 구체적 분쟁에 어떻게 적용되고 분쟁이 어떻게 해결될 지는 학부 4학년을 대상으로 하는 연습 강좌에서 조금 다루어질 뿐이고, 대체로는 사법시험을 합격한 후 사법연수원에서 배우게 되지요.
하지만 이런 교육 방식으로는 법전원 제도의 취지나 목표를 달성할 수 없지요. 법전원을 마치면 바로 변호사가 되니까, 그 교육도 법적 분쟁의 실제적 처리에 상당한 무게를 두지 않을 수 없지요. 현실 속의 분쟁은 민사적으로만 보더라도 민법전의 편별대로 일어나지 않고 물권 분쟁, 채권 분쟁이 따로 있지 않거든요.
가령 매매 목적물에 하자가 있다면 채권각칙의 담보책임이나 해제, 채권총칙의 채무불이행도 그렇지만 드물지 않게 총칙의 착오나 사기 법리도 문제

될 수 있고, 그 결과 계약이 해제되거나 취소되었다면 소유권의 복귀나 원상회복이라는 물권법리 또는 부당이득법리가 주장되지요.
결국 법 제도들 사이의 기능적 연관이 문제인 거지요. 물론 이건 제가 법전원 도입 이전에도 강조는 했지만, 현실적으로 그 점을 전면에 내세우지는 못했죠. 지금 법전원에서는 이와 같이 문제 해결 지향의 관점에 비중을 두어 강의하고자 노력합니다."

– 그러한 문제는 법의 여러 영역 사이에서도 제기될 수 있다고 생각됩니다. 교수님들도 민법이면 민법, 형법이면 형법에서 영역별로 임용되고 있고요. 이러한 점은 어떨까요?

"저는 사실 언젠가는 법전원에서의 우리 교수님들 강의가 적어도 부분적으로는 영역 구분에 얽매이지 않는 방식으로 이뤄져야 한다고 봅니다. 교통사고에 대하여는 손해배상, 면허 취소, 형사처벌 등이 한꺼번에 설명되는 게 효율적이지요. 또 예를 들면 우리가 '법률행위'라는 개념을 법 공부의 초입에서 배우는데요. 이것이 상법에 가면 상행위·어음행위가 되고, 행정법에서는 행정행위, 소송법에서는 소송행위라는 이름으로 불리지요. 법률행위를 배우면서 그 법리가 민법 이외의 영역에서 그 특성에 좇아 어떻게 수정되는지도 아울러 배우는 것은 우선 시간 절약도 되고, 무엇보다 '어떤 법리의 다양한 양상이 어떠한 이유로 해서 생겨나는가'라는 법적 사고에서 매우 중요한 점을 배우게 되지 않을까요? 우리 교수들이 자기 전문 영역에만 갇혀 있어서는 이러한 종합적이고 문제 해결 지향적인 교육을 할 수가 없습니다."

– '법전원 제도하에서는 대한민국 법학이 무너질 수 있다'고 보는 견해들도

많습니다. 교수님 보시기엔 어떤가요.

"저는 그렇게 생각하지 않아요. 물론 주요 대학들이 법학전문대학원을 출범시켰지만, 종전의 법과대학이 법전원이 되었다고 해서 교수 본연의 사명인 법학 연구를 게을리하여서는 안 되죠. 다만 새로운 제도가 시작된 지 아직 얼마 되지 않아서 제도의 정착을 위해 많은 노력을 기울이느라 시간과 노력이 분산되는 측면은 분명 있죠. 그러나 그건 어디까지나 일시적인 문제고요. 법전원이 요구하는 법률가상에 맞춰 우리 교수들이 교육에 많은 변화를 주고 그런 방향의 연구를 해 나간다면, 법학은 오히려 더 발전할 수도 있다고 봅니다."

– 교수님께서는 교과서를 내시지 않았지만 연구에 전념하여 논문을 많이 쓰신 것으로 알고 있습니다. 교수님이 보시기에 우리나라 법학에는 어떤 문제가 있는지요?

"저는 군법무관 마치고 1979년에 서울민사지방법원 판사로 임명되었는데, 그때가 막 경제성장의 결실을 맺기 시작하면서 사회 변화가 심하여 이전에 없던 법 문제들이 많이 생겨나던 시점이에요. 국내 문헌을 찾아보면, 학생들을 가르치거나 고시공부를 위한 교과서는 적지 않게 있는데 구체적인 법 문제를 다룬 논문은 거의 없었어요. 부장판사님께 물으니 '일본 자료를 찾아보라'고 하셔서 도서관에 가 보니 일본 자료들만 즐비하더군요. 그때 저는 우리가 일본으로부터 독립을 했다지만 법학에서는 아직도 식민지가 아닌가 하는 생각을 하였습니다.

법대생 시절에도 독일 민법상의 무슨 이론을 두고 벌이는 논쟁이 '우리의 현실이나 법 문제와 무슨 관계가 있는가, 우리 민법전의 규정은 어떻게 되

어 있나' 등과는 별 상관없이 벌어지고 있다는 느낌이었습니다. 법원은 일본, 대학은 독일로, 말하자면 '분할통치' 되고 있었지요. 저는 우리의 법 문제를 설득력 있게 체계적으로 해결할 수 있는 법 이론을 내 머리로 제시해 보자는 생각을 가지고 학교로 왔습니다. 법학은 물론이고 모든 학문의 출발점은 '무엇이 문제인가'를 인식하는 것, 즉 문제의 발견에 있죠. 여기서 문제란 남의 것이 아니라 바로 우리의 문제여야겠죠.

중국의 호적(胡適)은 '부작무병지신음(不作無病之呻吟. 병도 없으면서 앓는 소리 말아라)'을 중국 문학이 버려야 할 일의 하나로 들은 바 있지요. 먼저 우리 법의 문제를 정확히 파악하고, 그 해결을 다른 나라의 관련 연구도 착실히 참고하면서 자신의 이성으로 모색하여야 합니다. 그러려면 학자들이 우리의 현실은 물론이고 '현재 있는 법', 쉽게 말하면 우리 법 규정과 판례를 제대로 인식하고 있어야 하지요. 물론 문제의 발견 자체를 위해서도 다른 나라의 연구에서 배울 점이 있으니 그렇게 간단한 일은 아니지만요."

- 판례 말이 나왔는데, 판례에 대한 일반적인 이해에는 별 문제가 없나요? 또 판례 연구는 어떻게 하는 것이 바람직한지요?

"많은 사람이, 판례란 대법원의 판결이유 중에서 법 규정상의 용어를 뜻풀이한 부분 또는 추상적인 법리를 설시하는 부분을 가리키고, 그것이 타당한지를 따지는 것이 판례연구라고 생각하지요. 저는 생각이 다릅니다. 대법원의 판결이라도 당해 사건의 결론에 별다른 영향을 미치지 않는 법리를 열거하기도 합니다(영미법에서는 이런 부분을, 보통 '방론'이라고 번역되는 'obiter dictum'이라고 하지요). 또 그 사건에서 결론이 그렇게 내려진 실제의 이유가 대법원 판결에서는 나오지 않지만 사실심 법원이 인정한 사실관계의 어떤 부분에 있을 수도 있습니다.

판례를 논하는 가장 중요한 이유는 앞으로 일정한 사건에 대한 재판이 어떻게 행하여질지를 예측하는 데 있습니다. 그런 예측에서는, 우선 당해 사건의 사실관계를 꼼꼼히 분석한 다음에 당사자들이 그에 기하여 어떤 법적 주장을 했는데, 그에 대하여 당해 판결이 어떤 실질적 이유로 어떤 결론을 내렸는지를 확인하여야 하지 않겠습니까? 그 '실질적 이유'를 알려면, 그 판결 자체를 면밀히 읽는 것도 중요하지만, 관련되는 다른 재판례들에서는 어떠한 이유로 어떠한 결론을 냈는지, 특히 그들 사이의 차이가 사실관계 또는 법적 주장의 어떠한 점에서 나오는지 등도 살펴 보아야겠지요. 그러니까 판례는 어느 하나의 판결에 나오는 추상적 법리만으로는 충분하지 않고, 관련 재판례를 포함하여 사실관계나 법적 주장을 면밀히 분석하여서 분쟁의 구체적 양상을 파고들어야 제대로 인식할 수 있지요. 그것이 바로 판례 연구이고, 거기에는 시간과 노력이 많이 드는데, 제가 보기에 우리나라에서 이처럼 공이 많이 드는 작업을 특히 교수들은 별로 하지 않지요."

– 법학전문대학원 제도에서는 법학 교수의 양성에 공백이 생겨 앞으로 큰 문제가 될 거라는 의견도 있습니다. 교수님께서는 이 문제를 어떻게 보시나요.

"이 문제는 극히 중대합니다. 현재의 법학전문대학원 제도에는 법학자 내지 법학교수 양성에 대하여 별다른 대응이 없습니다. 그렇다고 전에 흔히 그랬던 것처럼 장차 교수가 되고 싶은 학생이 외국에 가서 박사 학위를 따오는 식으로는 해결될 일이 결코 아니지요. 이제라도 적극적으로 그런 프로그램을 만들어야 합니다. 장차 법학 연구에 종사할 일정 수의 학생들에게는 졸업 후 일정한 연구기간 동안 생활이 보장될 만한 지원금을 주는 제도 같은 것도 생각해 볼 수 있지요."

– 손아람 작가는 자신의 소설 '소수의견'에 등장하는 염만수 교수의 실제 모델이 양창수 교수님이라고 밝혔는데요. 탁월한 지성으로 다소 이상주의적인 소수의견을 설파하지만 시대흐름이 점차 그러한 소수의견을 상식으로 만들어간다는 내용이죠.

"소설은 읽어 보지 못했는데 그 영화는 봤습니다. 염만수 교수가 비중은 크지 않지만 멋진 인물로 그려졌더군요. 그런 인물의 모델이 저라니 영광입니다."

– 대법관으로 일하면서 기억에 남는 일 또는 기억에 남는 사건이라면 무엇이 있을까요? 대법원에서 처리하신 판결 중에 아쉬움이 있는 것으로는 어떤 것이 있을까요?

"우선 저는 전원합의체에 참여했던 일을 들고 싶습니다. 국민들에게 대법원의 전원합의체에서 심리와 판단이 어떻게 행하여지는지 그 논의 과정이 잘 알려지지 않았지요. 아무런 격의나 제한 없이 진행되어 대법관 각자가 하고 싶은 모든 말을 하고 의견을 나눕니다. 당연히 시간이 많이 걸리지요. 더 검토하거나 생각해 보아야 할 사항이 있으면 한 번에 끝나지 않고 몇 번이고 반복되지요. 그런 결과로 나오는 게 전원합의체 판결이에요. 대법관들이 폐쇄적인 분위기에서 격식 차리고 몇 마디 하다 그치는 게 전혀 아니었어요.

그리고 대법관으로 임명되기 전에 판례 평석 등의 형태로 의견을 제시했던 것에 기초해서 판례의 변경을 이끌어 낸 경우가 여럿 있습니다. 이 점도 보람이 크지요. 또 소수의견을 냈던 전원합의체 판결 중에서 하나만 든다면, 이른바 존엄사 사건입니다.

그 판결에서 판시된 존엄사의 요건 자체에 대하여는 별다른 이견이 없습니다. 그러나 존엄사란 연명장치를 떼면 얼마 지나지 않아, 길어야 며칠 사이에 죽게 되어 있는 상태에 놓인 것을 전제로 논의되는데, 당사자인 김 할머니는 기록상 아직 그러한 상태가 아니었습니다. 김 할머니는 연명장치를 떼고도 200일 이상을 더 살았습니다. 즉 구체적인 사실관계가 존엄사의 요건을 판시하기에 적합하지 않았죠.

아무리 중요한 법 문제라고 해도 대법원이 당해 사건의 사실관계와 연관이 없이 판단을 해서는 안 된다고 봅니다. 이 점은 법원이 하는 일 전반에 관하여 중요한 의미가 있죠."

– 대법관으로 일함에 있어 특히 중시하신 점이 있다면?

“대법관이 되기 전에 대법원 판결을 보면서 아쉬웠던 점은 자기 주장을 뒷받침하는 이유의 제시가 미흡하다는 점, 그리고 반대 주장에 충분히 대응하지 않는 점이었습니다. 그래서 저는 대법관으로서 이런 점에 더 신경을 써야겠다고 생각하고 어지간히 노력했습니다.

그런데 대법원에 오는 사건이 너무 많다 보니 생각처럼 되지를 않더군요. 제가 대법관이 되었던 2008년에 본안 사건만 2만 8천 건이 대법원에 왔는데, 퇴임한 2014년에는 3만 7천여 건이었습니다. 그러니 대법관 한 명이 주심으로 맡는 사건이 1년에 3천 건 정도, 하루 10건 꼴이 되는데, 이 중에 잘 검토해 보아야 할 사건이 단 하나만 있어도 감당하기가 쉽지 않지요.”

– 학자로서의 길을 걸어오신 동안 기억에 남았던 일이나 뿌듯했던 일을 소개해 주세요.

“앞서 말한 대로 민법을 연구하는 사람으로서, 우리의 법 문제를 설득력 있게 체계적으로 해결할 수 있는 법 이론을 제시해 보자는 생각을 가지고 학교로 왔습니다. 저는 선배 교수님들이 공을 많이 들인 교과서 쓰기와는 거리를 두었습니다. 교과서는 애를 낳아 기르는 것과 같아서 계속해서 엄청난 수고를 요구해요. 저는 그 에너지를 앞서 말한 연구에 쓰리라 생각했고 그 결과로 적지 않은 논문을 썼는데, 그걸 모은 게 ≪민법연구≫ 총 9권입니다. 그 책이 제5권까진가 나왔을 때 대법원이 몇백 질을 구입해 전국 법원에 배포했어요. 그 후 나온 것도 마찬가지였죠. 저의 연구 방향이 결실을 맺은 것이어서 여간 기쁘지 않았습니다.

또 곽윤직 선생님 주도로 나온 ≪민법주해≫에 편집위원으로 관여하였습니다. 저는 도합 19권으로 나온 그 책에서 신의칙, 물권적 청구권, 채무불이행, 부당이득을 맡아 썼습니다. 다 합치면 2천 페이지 이상 되는데요, 40대의 많은 부분을 여기에 쏟아 부었지요. ≪민법주해≫는 교수는 물론이고 법관·변호사 등 실무가들에게 없어서는 안 될 자료가 되었으니 기쁘지요. 현재 제가 제2판의 편집을 맡아 집필을 의뢰하여 둔 상태입니다."

– 법학전문대학원 재학생 등 법학을 공부하는 청년들이 어떤 마음으로 법학을 공부하면 좋을지 조언 부탁드리겠습니다.

"법률가를 지망하는 학생들이 법을 어떻게 공부하느냐가 앞으로 실제 법이 어떻게 운용되는가에 많은 영향을 미칩니다. 법의 중요성은 그것이 권력의 틀을 정한다는 점에도 있지만, 그 전에 사람의 권리, 즉 기본적 인권을 말한다는 점에 있어요.

우리나라의 법은 개인을 출발점으로 하고 있어요. 조선 시대에 비하면 사회 원리의 패러다임(paradigm) 대전환이죠. 국가도 개인의 권리를 보장하기 위한 수단인 거예요. 우리는 식민지 경험, 전쟁, 분단, 가난 등으로 아직 그 점을 확실히 깨닫지 못하고 있습니다.

우리 법은 개인이 하고 싶은 것은 다 해도 된다는 원칙 위에 서 있지요. 그리고 타인에게 피해를 주거나 사회에 해악을 끼친 경우에는 분명히 책임을 지라고 말하죠. 억지로 어떤 사회적 압박에 의해 희생하는 것은 우리 법의 정신에 맞지 않습니다. 자신의 판단으로 자발적으로 헌신하는 경우와는 다르지요. 그러나 우리 사회는 아직도 저변에서는 가족·기업 등을 위하여 자신을 억누르라고 요구하지 않나요?

법 공부는 단지 추상적 법리를 외우는 일이어서는 안 되고, 법이 그렇게 정하는 기본 이유는 무엇인가, 우리 법은 어떠한 가치를 추구하는가를 이해한 바탕 위에 법의 적용과 문제 해결, 법 제도 간의 기능적 관계를 입체적으로 고려하는 공부를 해야지요. 그리고 스스로 자신의 법 공부가 그렇게 되고 있는지를 항상 점검해야 해요."

(2016년 11월 9일자)

권오곤 한국법학원 원장 / 前 ICTY 부소장, 판사

"세계의 주목 받는 판결을 내린 것 인생의 큰 감사와 행복"
"국제사회에서 한국 법과 법률가는 높은 위상 가지고 있어"

지중해와 흑해 사이에 위치한 발칸 반도는 고대부터 세계 패권을 꿈꾸는 강대국들의 각축장이 되어 온 곳이다. 이러한 발칸 반도에 제2차 세계대전 이후 6개 공화국, 2개 자치주로 구성된 유고슬라비아 사회주의 연방공화국(구 유고연방)이 수립된다. 이 구 유고연방은 초대 대통령 요시프 브로즈 티토가 죽은 뒤 잠재된 민족 갈등이 악화돼 서로간 분리 독립의 길을 걸으며 분열과 내전을 거듭하는데, 이 과정에서 내전 4년 만에 25만 명이 목숨을 잃었고, 인구 400만 중 40%가 난민이 되는 등 집단학살을 비롯한 여러 반인륜적 범죄가 자행됐다.

이러한 구 유고슬라비아 내 대량학살과 반인륜적 범죄 등에 대하여 책임 있는 개인을 형사소추하기 위해, 1993년 유엔안전보장이사회는 네덜란드 헤이그에 '구 유고슬라비아 국제형사재판소(International Criminal Tribunal for the Former Yugoslavia, 약칭 ICTY)'를 창설했다. 이 ICTY에 한국인 최초로 재판관으로 선출돼 부소장의 자리에까지 올라 15년 동안 국제재판관을 지낸 권오곤 소장을 법률저널이 만났다.

역사적·국제적으로 의의가 큰 다수의 판결을 맡아 국제 사회의 주목을 한 몸에 받은 그는 "인류와 국제 사회를 위해 매일 재판하는 것이 큰 보람이었다"고 말했다. 15년간의 ICTY 근무를 마치고 2016년 4월 귀국해 현재는 김앤장 국제법연구소의 초대 소장으로 있다. 미소가 만연한 얼굴로 기자들을 맞이한 권오곤 소장은, 특유의 격의 없는 친근함으로 많은 이야기를 전해 왔다.

수석 3관왕

서울대 법학과 수석 졸업, 제19회 사법시험 수석 합격, 연수원까지 수석 수료한 그는 이른바 '수석 3관왕'이다. 서울민사지법 판사로 임관돼 대통령 비서실 법제연구관, 법원행정처 기획담당관, 대법원 재판연구관, 헌법재판소 연구부장 등 국내 사법기관을 두루 거쳤고, 지난 2009년에는 대법관 후보 물망에 오르기도 했다.

대한민국 판사들이라면 '대법관'이 되기를 한번쯤은 꿈꾸지 않을까. 최종적으로 대법관에 임명되지 못한 것에 대한 아쉬움이 없었는지를 묻자 그는 망설임 없이 답했다.

"대법관 자리가 국제재판관이 되어 세계의 주목을 받는 사건들을 맡아 재판장으로서 재판을 진행하고 판결을 선고한 경험과 맞바꿀 정도는 아닙니다. 당시로서는 물론 아쉬움이 있었지만 지금 돌아보면 그렇죠."

수석 3관왕의 어마한 꼬리표가 붙은 그는 혹시 '공부의 신'의 경지에 이른 것이 아닐까 싶어 비법을 물었더니, 멋쩍은 미소로 그가 말했다.

"고등학교 때까지 반에서 1등 한 번 못 해 봤어요. 딱 반 2등 해 봤죠. 서울대 법대 수석 졸업은 제가 처음 1등해 본 겁니다(웃음)."

사법시험 수석은 두 번의 낙방 뒤 벼랑 끝이라는 기분으로 이를 악물고 매달린 끝에 얻은 결실이었다고 한다. 연수원 수석은 당시 야간 방위를 하던 터라 이틀에 한번씩 밤을 새우게 됐는데, 그 시간을 이용해 법원공보에 실리는 판례마다 카드를 만들어 놓은 게 주효했다는 설명이다. 그땐 지금처럼 정리된 판례집도 없고 컴퓨터도 없던 시절이라 하나하나 작성한 권 소장만의 판례카드는 그를 연수원 수석 수료자로 만들기에 부족함이 없었다.

듣고 보니 단순한 열심과 의지만으로 될 일이 아니었다. 법을 좋아한 것이냐고 묻자 그가 말했다.

"처음 대학을 진학할 땐 역사를 공부하고 싶었어요. 부모님의 권유로 법대를 진학했는데 공부를 하다 보니 법이란 게 결국은 사람 이야기더라고요. 가족법만 해도 '사랑과 미움과 돈의 법' 아니겠습니까. 전쟁법은 더 흥미롭죠. 등장 인물이 아주 많아요. 정치지도자, 사령관, 일반군인, 민간인 등.

그들의 입장과 관계, 권리 등을 함께 생각해 주고 찾아 주는 것이 법입니다. 법은 사람의 존엄과 가치를 존중하게 하면서 사람 간의 공감과 긍휼의 도구가 되기도 하죠. 그래서 자연스럽게 법을 좋아하게 됐어요."

국제법 분야 진출을 꿈꾸는 청년변호사들에게

최근 변호사 업계는 늘어나는 변호사 배출 수에 비해 시장이 그만큼 확대되지 않아 청년 변호사들의 활로 개척에 사활을 걸고 있다 해도 과언이 아니다. 이런 가운데 지난 8월 대한변협 주최로 열린 '법의 지배를 위한 변호사대회'에서는 한 발표자가 권오곤 소장의 예를 들며 청년 변호사들에게 국제법 분야의 진출을 장려하기도 했다. 권 소장 역시 이러한 변호사 업계의 어려움에 문제 의식을 같이했다.

"과거에는 변호사 수가 턱없이 부족했어요. 그래서 다른 자격사들이 변호사의 업무를 대신하게 해 줬죠. 이제는 변호사 수가 충분해요. 원래 변호사가 해야 할 일은 변호사가 하는 것이 맞습니다."

권 소장은 한편 변호사라는 직업 자체에 대한 사회의 인식 또한 변화돼야 함을 지적했다.

"변호사가 어떤 엄청난 기득권이 아니에요. 그런 인식은 잘못된 거죠. 사회 곳곳에, 저변에 변호사들이 스며들어야 합니다. 그런 경험들이 모여 대한민국의 법조 사회를 이루니까요."

국제법 분야 진출을 고민하는 변호사들에게 어떤 조언을 하고 싶냐고 묻자 그가 말했다.

"예전에 어느 기업가가 그랬죠. '세상은 넓고 할 일은 많다.' 국제법 분야만 해도 국제공법, 국제형사법, 국제사법, 국제거래법, 지적재산권법 등 이루 다 헤아리기가 힘이 듭니다. 우리나라도 세계화를 지향할 수밖에 없는 상황에서 법조의 국제화 또한 필연이라고 할 수 있습니다. 이런 국제화 시대에서 한국에 기여할 만한 전문성을 갖출 수 있다는 것이 이 국제법 분야의 매력입니다. 각국에서 사명감을 가지고 눈을 반짝반짝 빛내며 모여든 젊은이들을 볼 때면 얼마나 즐거웠는지 모릅니다."

그렇다면 국제법 분야로의 진출을 꿈꾸는 사람이 특히 키워야 할 역량은 무엇일까. 그가 답했다.

"먼저는 영어죠. 물론 영어가 필수이지만 전부는 아닙니다. 발음이나 문법, 이런 문제가 아니라 의사 표현의 문제이므로 콘텐츠를 신경 써야 합니다. 저 역시 처음에 나가서는 영어로 어려움을 많이 겪었어요. 영어가 유창하지 않으니까 말을 적게 하거나 또는 안 했죠. 하지만 결국 깨달은 것은, 이들이 내 영어실력을 기대해서 날 부른 게 아니라, 한국의 법적 지식과 지혜를 얻고자 불렀다는 점이었어요. 그런 확신이 들고 나니 영어에 대한 어려움이 극복되더군요. 국제법 분야 진출을 위해서는 내가 가진 콘텐츠를 잘 표현해 내기 위한 수단으로써 영어 실력을 갖춰야 합니다."

실제 한국에서 온 청년들이 국제법 분야에서 겪는 어려움은 어떤 것일까. 그가 말했다.

"역시 언어적 문제입니다. 문화 차이나 관계의 문제는 사적인 부분이니 제외하고 업무적인 측면에서 이야기하자면, 우선 한국에서 법적 지식을 쌓아온 청년들이 세계 어느 나라 청년들과 비교해도 뒤처지지 않습니다. 한국의 법과 법률가는 그 위상이 이미 충분히 인정받고 있는 실정이기도 하고요. 우리 법학 교육은 아주 잘 되어 있고 한국 학생들의 법학 논리나 법적 소양은 우수하지요. 그런 훌륭한 컨텐츠를 담아낼 언어적인 문제가 뒷받침되지 않는 것이 한국 청년들이 가장 많이 토로하는 어려움이라고 볼 수 있습니다."

권 소장은 한편 "한국이 청년들의 국제법 분야 진출에 실제적으로 도움이

될만한 시스템을 잘 갖추지는 못한 것으로 보인다"고 지적했다.

"현실적으로 국제기구에서 사람을 뽑을 때 가까운 사람을 뽑는 경향이 있어요. 눈에 보였던, 알던 사람을 뽑기가 쉽다는 말입니다. 그래서 국제기구로의 첫 진입은 상대적으로 어렵습니다. 처음에는 임시직이나 인턴 형식으로 먼저 근무해 보는 게 좋아요. 하지만 우리는 그런 인턴을 지원하는 프로그램이 매우 적은 상황이라 활성화시킬 필요가 있습니다. 김현 변호사가 서울지방변호사회 회장인 시절 제가 거기 연계해 지원 프로그램을 만든 적이 있습니다. 지금도 어느 장학단체에 프로그램을 지원하기도 하는데요, 국제기구 진출을 위한 인턴 등 자리를 지원하는 시스템을 적극적으로 만들어 줄 필요가 있습니다."

37년 걸어 온 법관 인생

그는 자신이 걸어 온 재판관의 길을 무어라 표현할까. 그가 말했다.

"판사라는 사람은 듣고 결론을 내려주는 사람입니다. 양 쪽 이야기를 다 듣고 각 입장들을 생각해 주고, 법에 따라 결론을 내리죠. 좋아하는 법을 공부하며 좋아하는 일을 37년이나 해온 것에 저는 행복을 느낍니다. 그중 특히 황금기인 48세부터 63세까지는 세계의 주목을 받는 재판에 참가했죠. 보람과 감사를 느낍니다."

국내와 국외 재판관의 경험을 모두 가지고 있는 그에게 양자 비교를 청했더니 그의 첫마디는 "한국 판사가 더 바쁘다"였다.

"한국 재판은 기네스북에 오를 정도로 신속히 결정이 내려집니다. 사건을 더 많이 다루고 그만큼 판사들이 바쁘죠. 반면 ICTY에서는 한 건을 깊이 있게 다룹니다. 한 사건은 증인만 600명이었고 판결은 2,600페이지에 달했죠. 물론 그 경우에도 판사가 힘들기는 매한가지지만 보람은 더 있다고 봐요. 판단은 모든 점이 충분히 고려된 후에야 내려지는 게 맞다고 생각합니다. 사실주장과 법률주장이 최대한 반영돼야 정확한 판결이 나올 수 있고 그래야 당사자가 수긍하는 적법절차의 준수가 됩니다."

그는 또 판사에 대한 사회의 인식이 상당히 다르다는 점도 언급했다. "한국은 재판을 막 마친 재판관이 법복을 입고 구내식당에 가서 줄 서 있으면 이리 오시라 먼저 가시라 당겨 주거나 밀어 주거나 하는 분위기가 있지 않습니까? 네덜란드는 그런 일이 없습니다. 제가 비서 뒤에 서 있어도 먼저 줄 선 사람이 먼저 주문합니다. 참 평등한 사회라고 느꼈는데 거기서 더 자유롭게 되더군요. 그런 점은 한국보다 훨씬 편안했어요. 쉽게 말해 한국은 판사가 일상 생활에서 '나는 판사다'라고 의식하게 만드는 사회 분위기가 있는 반면 네덜란드는 판사도 일상 생활에서는 '나는 시민이다'라고 의식하게 하는 분위기가 형성되어 있는 거죠."

국제형사재판 경험, 강단에서 전할 수 있을 것

한편 권 소장은 서울의 한 사립 로스쿨에서 이번 학기부터 국제형사법 강의를 맡기로 예정돼 있었다. '초빙 석좌교수'의 자격으로 강좌를 맡아 시간표도 확정하고 수강 신청까지 받은 상태였던 그는, 대한변호사협회의 평가위원회가 정한 '강의적합성' 항목에서 불충족으로 평가돼 갑작스레 학교로부터 강의가 불가능하다는 통보를 받게 됐다. 권 소장은 대한변협 평가위원회의 이 같은 기준의 불합리성을 지적하며 안타까운 심경을 자신의 소셜네트워크서비스(SNS)에 토로했는데, 한 언론이 그것을 확인하고 기사화하는 바람에 그 소식이 삽시간에 퍼지게 됐다.

권 소장은 그 일에 대해 "새삼 SNS의 위력을 느꼈고, 상당한 당혹감을 느꼈다"며, "다만 그러한 경직된 평가 시스템에 대해 재고해 볼 필요는 분명 있는 것 같다"는 생각을 전했다. 권 소장은 "앞으로 (제가) 논문을 더 쓸 수도 있고, 변협의 평가 기준이 합리적으로 개선될 수도 있는 일이니, 가까운 시일 내 강단에 설 수 있지 않겠나 생각한다"며, 자신의 경험을 기꺼이 강의의 형태로 나누고자 하는 의향을 전했다. 실제로 현재 권 소장은 곳곳에서 국제법 특강을 하고 있다.

얼마 전 한 특강에서는 "북한의 지금 인권탄압 상황이 심각해 국제법상 '인도에 반한 죄'에 해당할 수 있지만, 당장 국제형사재판소에 기소해 봤자 큰 실익이 없으니 지금으로서는 요건에 맞게 증거를 잘 모아두는 작업이 필요하다"고 주장했다. 국제 사회의 그러한 준비 작업 자체가 북한에는 압박이 될 수 있다는 취지이다. 그 외 국제법적인 논의들도 특강을 통해 이야기 했다. 하지만 정작 언론에는 마치 권 소장이 당장 북한을 국제형사재판소에 기소해야 한다고 주장한 것처럼 잘못 보도돼 상당히 곤란했다는 당시 심경을 전하기도 했다.

하루하루 치열하게 자신의 길을 고민하며 어려운 시기를 지나고 있는 청년들에 대한 조언과 격려를 그에게 청해 봤다. 그가 말했다.

"인생은 참으로 오묘해서 내일 일을 오늘 알 수는 없지요. 매 순간 열심히 노력하고 열린 마음으로 꾸준히 준비하다 보면 이런저런 기회는 오기 마련인데, 준비가 돼 있어야 그러한 순간이 왔을 때 기회를 잡을 수 있습니다. 대한민국의 판사에 지원한 제가 외국에 나가게 되리라고 누가 짐작을 했겠습니까. 평생 자신이 좋아하는 일을 할 수 있는 사람은 행복한 사람입니다. 법은 인간의 여러 가지 면을 다루고 있기에 그만큼 다양한 분야를 만들어 낼 수 있다는 특성이 있습니다. 자신에게 맞는 전문 분야를 찾는 것이 생각만큼 어렵지 않을 수 있습니다. 요즘 세태가 경제적 가치를 지나치게 중시하고 있지만, 젊었을 때 너무 그에 좌우될 필요는 없다고 봅니다. 자신이 좋아하는 일을 찾아 나가는 것이 가장 중요합니다."

(2016년 10월 12일자)

천정배 국회의원 / 前 법무부장관, 변호사

'전두환한테 임명받기 싫어' 판검사 거부, 인권변호사로
'사람은 모두 귀하다'는 조모 가르침이 소명의식 밑바탕

높은 사법연수원 성적을 받고도 부당한 군부 정권으로부터 임용받는 게 싫어 판검사의 길을 포기한 그였다. 당시 여러 후배 변호사들로 하여금 '저렇게 우수한 사람이 왜 고생하면서 인권 변호를 하려 할까'라는 의구심을 갖게 만든 장본인이기도 하다.

15대 국회에 처음 입성해 20대 국회까지 내리 의석을 지켜온 최다선 의원 천정배 전 국민의당 공동대표는 노무현 정부에서 1년 넘는 기간 동안 법무부장관직을 수행하기도 했다. 그런 그가 2017년 12월 26일, 대선 출마를 선언했다. 10년을 넘게 인권변호사로서, 20여 년의 세월을 국회의원으로서, '모든 사람은 귀하다'는 소명의식을 바탕으로 한결같이 뛰어온 그가 이제는 대통령의 자리에서 새로운 대한민국을 만들어 가겠다는 뜻을 밝혔다.

천정배 의원은 법의 정신이 '인간에 대한 사랑'이라고 말했다. 법학은 곧 인간학이라고 말하며 법을 공부하는 여러 청년들에게 "인간에 대한 사랑을 실현하기 위해 법을 하라"고 당부하기도 했다. 아울러 개헌에 대한 그의 구체적 입장, 주장하는 선거제 개혁의 내용, 그가 구상하는 새로운 대한민국의 청사진, 사시존치에 대한 의견 등을 본지가 상세히 들어 봤다.

– 사법연수원을 3등으로 수료하고도 판검사 임용을 거부한 채 돌연 인권 변호사의 길을 택했다. 사연을 듣고 싶다.

"황석영 선생의 ≪어둠의 자식들≫을 보면 '제미랄, 공부 못 배워 검사 안 되길 다행이지'라는 부분이 나온다. 나는 이 대목을 접하고서 망치로 머리를 얻어맞은 것 같은 충격을 받았다. 주인공이 풀어놓은 민초들의 생활과 거기에서 비롯된 독설은, 그동안 내가 갖고 있던 검사에 대한 환상을 깨주었다. 아무런 고민 없이 당연하게 판검사가 되어야겠다고 생각했는데, 민중의 입장에서는 판검사가 사회에 부정적 기능을 하는 것으로 여겨질 수 있다는 점을 그때 깨달았다.
정권의 하수인이 되어버린 1980년대 법조현실을 바로 보게 된 그제서야 고시 공부하느라 놓쳤던 살벌한 현실이 눈에 들어 왔다. 전두환이 광주 학살을 통해 집권한 사실도 그때 처음 알게 됐고, 뒤늦게 사회과학 서적을 탐독해 갔다. 그런 끝에 판검사 임용을 받는 것은 독재자의 하수인이 되는 일과 동일하다고 여기게 됐다. 그래서, 즉 '전두환한테 임명 받기 싫어서' 판검사를 포기하고 변호사의 길을 택했다.
변호사로서 첫발을 내디딘 곳은 김앤장이었지만 곧 그만두고 조영래 선배와 함께 인권변호 활동에 매진했다. '민주사회를 위한 변호사 모임' 창립을 주도하기도 했다. 조영래 변호사는 내가 가장 존경하고 사랑하는 선배다. '조영래 선배만 모시면 앞으로 좋은 세상을 만들 수 있다'는 확신을 가졌을 정도다. 그야말로 사람답게 살 수 있는, 차별없는 세상을 만들기 위해 노력하시던 분이다. 그렇게 10년 동안 인권변호사로서 활동했다."

– 지금의 가치관과 신념을 형성하게 된 밑바탕은 어디에서 찾을 수 있나. 특히 가치관의 전환을 맞게 한 의미 깊은 일화가 있다면?

"섬에서 태어난 나는 할머니 손에서 컸다. 할머니는 늘 내게 '아가, 사람은 다 귀하단다. 귀하게 대해야 한단다.'라고 하셨고 어려운 사람들이 찾아오면 그냥 보내는 법이 없었다. 이러한 조모의 가르침이 법률가·정치가로서 내 소명의식의 밑바탕이 되었다.
1990년대 초반에는 국제적인 인권 행사에서 꽁지머리에 귀걸이까지 한 외국 변호사를 본 적이 있다. 솔직히 말해 당시에는, 그 첫인상에 밥맛이 달아날 만큼 꼴불견이라고 생각했다. '무슨 변호사가 꽁지머리냐'라는 생각이 들었다. 그런데 그 변호사를 만나 이야기를 들어보니 사려 깊고, 진지

하고, 논리 정연한 훌륭한 인권 운동가였다. 그때 내 자신이 '꽁지머리'라는 외관에 대해 강한 편견을 가졌음을 느꼈고, 스스로에게 부끄러운 마음이 들었다. 이러한 에피소드를 통해 '인권이란 다양성을 인정하고 포용하는 또 다른 표현이며 관용이 전제되어야 한다'는 점을 깨달았다. 이를 마음에 깊이 새기면서 인권변호사의 길을 걸어왔다."

– 대표적인 개혁 성향 정치인이면서 최다선 의원이다. 머뭇거리지 않고 결단이 빠른 점도 잘 알려져 있다. 스스로의 성향과 이력을 근거로 '천정배가 대통령으로 적합하다'는 주장을 해 준다면.

"김대중 총재의 부름을 받고 정치에 입문한 후, 나는 20여 년간 한결같이 개혁 정치의 외길을 걸어왔다. 재작년 4월 광주 서구을 보궐선거에 정치생명을 걸고 뛰어들어 패권주의와 맞섰던 것처럼, 새로운 길을 여는 곳에는 언제나 자신부터 온전히 던지고 나선 천정배가 있었다고 감히 자부한다.

나는 공직수행 기간 동안 어떠한 부패나 불법에도 연루된 바 없다. 국회의원이나 법무부장관으로서 국민이 위임해 주신 권한을 추호도 남용하지 않고 늘 원칙을 굳게 지키며 모든 문제를 공정한 자세로 대했다. 풍부한 국정 경험과 경륜을 쌓았으며, 새로운 대한민국의 개혁 비전과 정책도 준비해 놓고 있다.

나는 국민 혁명의 힘으로 낡은 기득권 체제를 철폐하고 상생과 연대의 새 시대를 열 적임자다. 나아가 오랫동안 소외되고 차별 받아 온 호남 출신이기 때문에, 한국 사회에 존재하는 모든 차별을 철폐해서 정의롭고 공정한 대한민국을 만들 최적임자이기도 하다."

– 대선 출마를 선언하면서 '불공정하고 불평등한 낡은 세상을 깨끗이 청소하고, 인간존엄성이 최고 가치로 여겨지는 사회를 위해 혁명적 변화를 일으키겠다'고 말했다. 좀 더 구체적으로 새로운 사회의 청사진을 제시해 달라.

"먼저 정치 분야는, 헌법 제1조가 규정하듯 대한민국의 주권은 국민에게 있으므로 국민주권을 강화해야 한다. 첫째, 직접민주주의를 실천할 수 있는 국민발안, 국민투표, 국민소환제를 도입·확충하는 조치를 당장 취해야 한다. 둘째, 대의민주주의도 강화해야 한다. 국회가 5천만 국민의 축소판이 되도록 독일식 선거제인 이른바 '민심 그대로 선거제'로 바꾸고, 승자독식의 제왕적 대통령제의 폐해를 극복할 수 있는 분권형 권력구조를 도입해야 한다. 셋째, 직접민주주의와 대의민주주의의 양축을 강화해 국민주권을 실현하기 위해서는 개헌과 선거법개정이 필요하다. 이것들은 역사의 반동과 후퇴를 막을 안전장치이자 역진 방지 장치이다.

다음으로 경제 분야는, 법과 원칙이 바로 서야만 공정한 경쟁과 혁신으로 성장을 이룰 수 있다는 점을 전제로 한다. 첫째, 정부주도·재벌중심 발전 전략을 폐기해야 한다. 둘째, 재벌의 경제력 집중을 해소하고 사회적 약자의 재산권을 실질적으로 보호하는 실효성 있는 징벌적 손해배상제도를 도입해야 한다. 셋째, 재벌 총수는 심각한 범죄를 저질러도 집행유예나 사면 등으로 솜방망이 처벌을 받고 마는 잘못된 관행을 근절해야 한다.

끝으로 사회 분야는, 누구에게나 모든 기본권이 보장되는 차별 없는 세상을 만들기 위해 각 부문의 기본을 바로 세워야 한다. 첫째, 정계·관계·재계의 기득권 부패 카르텔을 깨고 그 구성 주체인 각종 '마피아'를 근절해야 한다. 둘째, 정계·관계·재계 카르텔을 오가며 음지에서 암약하는 국정원의 국내 파트를 폐지해야 한다. 셋째, 국가권력, 경제권력 기타 모든 분야 거대권력의 남용이나 횡포를 감시·방지·차단할 수 있는 강력한 법과 제도를 마련해야 한다."

– 개헌을 강력히 주장하고 있다. 현행 헌법이 가지고 있는 문제점은 무엇이며, 주장하는 개헌의 내용은. 또 시기적으로 개헌안 추진이 앞으로 어떻게 진행돼야 할 것인지.

"우리 헌법의 권력 구조에는 심각한 문제가 있다. 첫째로는 국민이 주권자로서 행사할 수 있는 직접민주주의제도, 즉 국민발안·국민투표·국민소환 같은 제도들이 제대로 갖춰져 있지 않다. 대통령이나 국회가 국민의 뜻과 동떨어진 행동을 일삼아도 해결할 방법이 없다. 둘째로는, 우리가 지금 박근혜 대통령의 사례에서 생생하게 보고 있듯 승자독식의 제왕적 대통령 무책임제의 폐해다. 대통령과 그를 당선시킨 측근, 정당, 지역은 모든 권력을 독식하고 갖은 횡포를 부리지만 책임을 묻기가 매우 어렵다. 그 반면 대통령을 내지 못한 다양한 소수 세력, 정당, 지역은 패자절망 상태에서 소외되고 낙후된다. 이렇게 권력의 양극화가 깊어지고 정치는 승자독식을 위해 극단적인 대립과 투쟁을 벌이게 되는 것이다.
따라서 개헌을 통해, 소수 세력도 최소한의 몫을 얻을 수 있는 대화와 타협의 정치, 상생의 정치, 다당제에 기초한 합의제 민주주의로 나아가야 한다. 이론상으로는 이를 위해, 대부분의 선진국들처럼 순수 내각제를 채택함이 바람직하다고 본다. 하지만 대통령을 내 손으로 직접 뽑겠다는 많은 국민들의 뜻을 존중해, 대통령의 권한을 내각과 지방 정부에 대폭 분산시키는 분권형 대통령제를 수용할 수 있다.
시기적으로 개헌은 발의한 후 최소한 2달 정도의 시간이 걸리므로 현실적으로 대선 전 개헌을 하려면 탄핵 결정 전에 완료해야 한다. 따라서 헌법재판소의 탄핵 결정이 2017년 3월 이전으로 예상된다면 대선 전 개헌은 어렵다. 현재 많은 국민들이 새로운 정권이 들어설 경우 개헌이 좌절되는 것 아니냐는 심각한 우려를 가지고 있다. 그렇기 때문에 우리는 개헌을 담보할 수 있는 정치개혁 과제인 선거법 개정에 즉각 나서야 한다."

– 예비 법조인 및 사법시험 준비생들에게 법조인 양성 방안, 즉 사시존폐 화두는 정말 중요한 문제다. 이 부분에 대해 의견이 있다면?

"사시를 폐지하고 로스쿨 제도를 도입한 이유는 사시가 장기간의 시험 준비를 요구하는 반면 합격률은 낮아 대학교육이 황폐화되는 등의 부작용을 낳기 때문이다. 사시를 폐지하고 로스쿨 제도 도입을 결정한 당시의 취지와 사회적 합의를 존중해야 한다고 본다.
현행 로스쿨 제도가 가지고 있는 문제점은 적극적으로 보완하면서 해결해 나갈 수 있다고 생각한다. 2009년에 도입된 이후 지금은 어느 정도 정착을 하는 과정 중에 있기 때문이다. 혹시라도 로스쿨 제도의 폐지를 생각한다면 그건 더 큰 혼란을 가져올 것이다."

– 끝으로 예비 법조인과 청년법조인들, 기타 법을 공부하는 여러 청년들에게 조언이나 격려를 부탁드린다.

"법의 수호란 실질적 법치주의를 실현하는 일이다. 즉 법의 내용이 헌법과 인류가 추구하는 가치에 부합해야 한다. 그리고 그 법의 집행과 적용이 그러한 입법취지에 맞도록 이루어져야 한다. 우리가 앞으로 실질적 법치주의를 실현하느냐, 못하느냐는 전적으로 여러분들에게 달렸다.
법을 많이 아는 것도 중요하지만 법의 정신을 깨닫는 것이 더욱 중요하다. 법의 정신은 인간에 대한 사랑이다. 인권에 대한 존중, 약자에 대한 배려, 공정한 시장경쟁질서 확립, 타인에 대한 관용과 같은 가치를 실현하는 것이다. 그래서 법 공부의 처음과 끝은 인간학에 있다. 여러분은 인간에 대한 사랑을 실현하기 위해 법을 지키겠다는 사명감을 가져야 한다. 그것이 진정한 법조인의 자세다."

(2017년 1월 25일자)

김 현 대한변호사협회 협회장
前 서울지방변호사회 회장

"숱한 난관 극복한 강인한 투혼이 장점"
"젊은 변호사들 돕는 것이 남은 생 목표"

법률 관련 현안들에 빠짐없이 의견을 내는 몇 안 되는 법률가에 김현 변호사가 있다. 여러 언론들이 법적 견해가 필요한 때면 편안히, 그리고 신뢰하며 그의 견해를 청하는 것.

김현 변호사는 법률가의 꿈을 포기해야 할 뻔했던 난관을 청년기에 거듭 맞았다. 저항하기엔 벽이 높았던 난관들을 지나 왔음은 그의 투혼과 행동력이 어느 정도인지를 짐작할 수 있게 해 준다. "은사의 도움이 컸다"며 감사를 표한 그는, 자신도 그처럼 어려운 상황에 있는 청년 변호사들에게 도움을 주는 존재이고 싶다고 말했다.

청년 변호사 문제 해결을 위한 구체적 방안들을 끝도 없이 나열하는 그에게서 진심 어린 고민의 흔적을 엿볼 수 있었다. 차기 변협회장 출마를 예정하고 있는 그에게서 여러 이야기를 들어 보았다.

– 해상법으로 독보적인 법무법인 세창의 대표이자 국내 몇 안 되는 해상법 전문가신데요. 법률가 또는 학자로서 해상법 분야의 매력과 전망을 소개해 주시겠어요.

"어릴 때부터 바다를 사랑하고 동경해 왔는데 1981년 서울대 대학원에서 송상현 교수님의 해상법 강의를 듣고 매료되어 해상법을 전공하게 되었습니다. 해상법은 상법의 일부인 한편, 해상 운송이 국제 무역의 90%를 차지하므로 국제 무역의 주요한 부분입니다. 우리나라는 무역에 크게 의존하는데, 부산에서 시애틀까지 화물을 운송하다가 화물이 훼손된 경우 화주가 선주를 상대로 손해배상청구소송을 제기하는 경우가 가장 많은 사건 유형입니다. 그 외에 예컨대 한진해운이 선주로부터 선박을 빌리는 경우 체결하는 용선계약, 선주나 화물 소유자가 반드시 들어야 하는 해상 보험, 태안 기름오염(허베이 스피릿호) 같은 해양 오염의 경우 피해자 보상, 선박 충돌, 선원 사망·상해, 세월호 사건 같은 여객 운송, 심지어 해적 사건에 이르기까지 해상법의 범위는 넓습니다.
선박이 오대양을 항해하므로 해상법의 특성은 국제적이고 세계적으로 통일성이 높습니다. 전세계 해상 변호사들 간의 유대도 튼튼하고요. 선하증권과 용선계약 분쟁 사건은 꾸준히 발생하고 있고, 해상 변호사가 할 일은 계속 증가하고 있습니다. 전문화를 꿈꾸는 젊은 변호사라면 도전해 볼 영역이라고 생각합니다."

- 순탄치만은 않은 청년 시절을 보내셨는데요, 어떤 꿈을 갖고 어떻게 공부하셨는지 그 시절 이야기를 듣고 싶습니다.

"저는 중학 입시에 실패해 재수했고 대학 입시에서도 실패해 재수를 했습니다. 정의로운 법조인이 되기 위해 법대에 진학했는데, 대학 2학년 때 군사독재 반대 시위에 참여했다는 이유로 6월 유기정학 징계를 받았습니다. 시위 전과 때문에 1980년 행정고시에 합격했지만 1980년과 1981년 연이어 면접에서 탈락했습니다. 하지만 그에 굴하지 않고 1982년 사법시험 24회에 합격했으나 또 같은 이유로 면접에서 낙방, 눈물을 머금고 유학길에 올라야 했습니다. 다행인 건 운좋게 SK그룹 해외 유학 장학금을 받은 것입니다.
미국 코넬대 로스쿨에서 공부하던 중 1983년에 사법시험 면접을 한 번 더 보게 해 주길래 실낱같은 희망을 안고 귀국해 면접에 응했고, 은사 송상현 교수님의 보증으로 간신히 사시 25회 합격 통지서를 받을 수 있었습니다. 원래는 연수원 14기가 되었어야 하지만 유학을 마치고 17기로 수료했습니다. 이런 어려움을 겪으며 힘들게 변호사가 되었기 때문에 저는 어떤 난관에도 굴복하지 않는 강인한 투혼과 행동력을 갖게 되었습니다. 낙담하고 절망할 수 있는 상황에서도 꿈을 잃지 않고 스스로 끊임없이 에너지를 불어 넣었습니다.”

– 2016년 5월 결성한 징벌적 손해배상을 지지하는 모임(이하 징손모)을 통해 최근 특히 이슈가 됐던 가습기 살균제 사태에 대해 의미있는 일들을 많이 하셨는데요. 징손모 결성의 계기와 활동 성과들, 앞으로의 추진 방향 등을 들어볼 수 있을까요.

“가습기 살균제 피해로 영유아 등 239명이 사망한 것을 보면서 이대로 넘어갈 수 없다고 생각했습니다. 징벌적 손해배상 도입을 촉구하는 변호사 서명 운동을 개시해 변호사 1000명과 교수 200명의 서명을 받았습니다. 5월 24일에는 ‘징벌적 손해배상을 지지하는 변호사·교수모임(징손모)’을 결성했습니다. 5월 31일 교대역에서 징벌적 손해배상 입법 촉구 대국민 서명에 돌입해 1천명 시민의 서명을 얻기도 했습니다.

뜻을 같이 하는 의원과 함께 입법 발의 및 입법청원을 개시하고, 3당 정책위원회에 입법안을 전달하는 등 입법 운동을 진행한 결과 6월 16일 박영선 의원이 ‘징벌적 배상법’을 발의했습니다. 가해자가 타인의 권리를 침해함을 알면서도 결과 발생을 용인할 경우, 손해배상액의 3배까지 보상하는 내용입니다.

또 집단소송이 도입되면 다국적 기업의 횡포로부터 우리 국민을 보호할 수 있고, 옥시나 폭스바겐 같은 사태가 발생하지 않으리라는 생각에서 7월 26일 박영선 의원 등 의원 46인과 함께 ‘집단소송법’을 발의했습니다. 피해자가 여럿인 경우 한 사람이 대표로 소송을 제기해 이기면 판결의 효력이 모든 피해자에게 적용되는 제도입니다. 집단소송이 도입되면 다국적 기업이 더 이상 한국 소비자들을 차별대우하지 못할 것입니다. 징손모 결성에서 두 가지 입법 발의까지 두 달 밖에 걸리지 않았습니다. 20대 국회에서 반드시 징벌적 손해배상과 집단소송을 도입해 국민의 권익을 보호할 생각입니다."

- 법조인 양성제도에 대해서는 로스쿨 일원화의 입장이십니다. 얼마 전 헌재 합헌 결정도 나왔는데요. 로스쿨 제도를 어떻게 평가하고 계시는지요.

"로스쿨 도입은 법학 교육 정상화와 전문성 및 국제 경쟁력을 갖춘 법조인을 양성해 수준 높은 법률서비스를 제공하기 위한 것입니다. 사시를 폐지하고 로스쿨을 도입한 과정에는 입법부와 사법부, 행정부는 물론 법조계와 법학계, 시민단체 등 거의 모든 이해관계인이 참여했고, 오랜 논의를 거쳐 도출해 낸 사법 개혁의 결과물입니다. 로스쿨을 도입한 이상 사시와의 병행은 교육을 통한 법조인 양성이라는 사법개혁의 근본 취지에 어긋납니다. 저는 3년간 사법연수원 교수를 지냈습니다. 연수원 제자들을 사랑하며, 사법연수원이 수많은 훌륭한 법조인의 산실이었음을 높이 평가합니다. 그러나 시대는 변했으며 시험 한 번으로 평생이 보장되는 법조인 양성 제도는 치열한 국제 경쟁의 시대에 맞지 않습니다. 사시를 넘어서 미래로 나아가야 합니다. 더 이상 사시존폐 논쟁으로 시간과 정력을 허비할 여유가 없습니다. 지금처럼 법조계가 분열되고 서로를 비난해서는 안 되며, 화합하여 손잡고 함께 나아가야 합니다. 로스쿨 때문에 피해를 입었다고 생각하는 연수원 출신 변호사들의 마음을 이해합니다. 그러나 원망으로 그쳐서는 안 되며 우리 모두 합심해 직역을 창출하고 직역을 수호해 우리 변호사들이 할 일을 늘림으로써 위기를 타개해야 합니다.

물론 로스쿨의 문제점은 과감하게 개혁해야 합니다. 로스쿨의 단점을 개선하면서 다양성과 전문성을 갖춘 법률가를 양성해야 법치주의의 발전과 사

법개혁의 과제를 완수할 수 있습니다."

- 차기 변협 회장 후보로 출마하실 예정입니다. 변협 회장으로서의 비전 및 변호사님만의 강점을 소개해 주신다면.

"저는 변협 사무총장, 서울지방변호사회장을 거쳐 현재 변협 변호사연수원장으로 활동하며 변협 회무를 누구보다 잘 아는 준비된 후보입니다. 타의 추종을 불허하는 추진력을 가지고 있으며 국회, 정부, 재계, 법원을 상대할 가장 강력한 최적의 인물입니다. 항상 실천하고 행동해 왔으며 법조계의 위기를 타개할 자신이 있습니다. 1988년부터 29년째 순수 토종 변호사로서 자부심을 가지고 깨끗하게 일해 왔습니다.

제가 회장이 된다면 우리 변호사들이 자긍심을 회복할 수 있도록 자랑스런 변협, 막강한 새로운 변협을 만들겠습니다. 우리 경제 규모에 비해 지나치게 많이 배출되는 변호사 수를 연 1천 명으로 줄이겠습니다. 필수적 변호사 변론주의를 도입해 국민이 나홀로 재판을 진행하다가 법률을 몰라 불이익을 당하는 일이 없도록 하겠습니다. 성공보수를 합법화하도록 입법을 추진하겠습니다. 대법원과 협의해 국선 변호인 제도를 변협이 통합관리하겠습니다. 국선전담 변호사와 법률구조공단은 원래의 취지에 맞게 자력이 없는 사람만 이용하도록 하겠습니다.

저는 서울회장 재직시 재계의 강한 반대를 극복하고 상법을 개정해 준법지원인 제도를 도입했고, 대법원 심리불속행 기각시 인지를 절반 환급하도록 하는 법안을 추진해 통과시켰습니다. 전공별 커뮤니티를 신설해 변호사의 전문성을 높이고 국민에게 더욱 나은 법률서비스를 제공케 했습니다. 이러한 경험과 추진력을 바탕으로 국민과 회원들에게 도움이 되는 많은 제도를 반드시 실현하겠습니다. 징벌적 손해배상과 집단소송을 도입해 억울하게 피해를 입은 국민을 보호하겠습니다.

변호사의 정당한 영역을 침탈하는 유사 직역의 시도에는 단호하게 대응하겠습니다. 저는 누구보다도 먼저 행정사에게 행정심판 대리를 허용하는 행정사법 개정안에 반대하는 성명을 발표하고, 정부서울청사 앞에서 여러 번 1인 시위를 했으며 국회의원들과 만나 개정안의 부당성을 알렸습니다. 오늘도 징손모 변호사들이 릴레이 시위를 이어가고 있습니다. 저의 뜨거운 열정과 실천력, 광범한 네트워크는 오로지 회원 여러분의 것입니다."

– 청년층의 피부에 가장 와 닿는 현안으로는 청년 변호사들의 활로 문제

가 있습니다. 청년 변호사들이 직면한 어려움을 타개해 나가려면 어떻게 해야 할까요.

"변협이 적극 나서서 젊은 변호사들을 도와야 합니다. 젊은 변호사들의 근무 조건이 열악합니다. '젊은 변호사 신문고'를 도입해 고용 변호사나 수습 변호사의 열정페이, 임금체불, 퇴직금 미지급 문제를 변협이 실태 조사하고 시정을 요구하는 등 적극 대처해야 합니다. 변호사 연차별로 임금의 하한 기준을 마련해 권고할 필요가 있습니다. 급여에 비해 지나친 야근이나 주말 출근이 강요되는 법무법인에 대해서는 지속적으로 시정권고할 생각입니다.

일자리 확대 또한 시급합니다. 젊은 변호사들이 전문화할 수 있도록 전문 강의를 무료로 제공하고 외부 위원에 우선 추천해 경험을 얻을 기회를 주어야 합니다. 모든 상장 회사가 사내변호사를 채용하도록 변협이 권고해야 합니다. 모든 상장 회사가 준법지원인을 반드시 선임케 하며, 변호사가 준법지원인을 맡도록 변협이 유도해야 합니다. 중앙 정부와 지자체가 변호사 자격 있는 법무담당관을 일정 수 이상 채용하도록 입법화할 필요가 있습니다. 또 일정 규모 이상 아파트에 변호사 자격을 가진 감사를 선임해 아파트 관리비가 제대로 쓰이는지를 감시해야 합니다. 대규모 아파트는 상임 감사를, 중규모 아파트는 비상임 감사를 선임케 해 개업 변호사가 겸직하는 것이 바람직합니다. 상장 기업의 감사나 감사위원회에 변호사가 반드시 1인 이상 참여하도록 해야 합니다.

국선변호 사건의 80%를 경력 5년 이내 젊은 변호사에게 우선 배정하고, 개인회생 교육 이수자 등록제를 통해 젊은 변호사에게 개인회생 사건을 많이 배정해야 합니다. 법원사무관이나 검찰사무관의 일정 비율을 젊은 변호사 중에서 임용할 것을 추진하겠습니다. 변협에 '젊은 변호사 개업지원

본부'를 신설해 개업시 저렴한 사무실을 안내하고 동업자와 직원을 소개하는 무료 컨설팅을 제공하겠습니다. 젊은 변호사가 개업시 1년간 회비를 면제하고 의무 연수 및 공익 활동을 면제해야 합니다. 변협이 발벗고 나서 젊은 변호사 생계 대책 마련에 전력을 다해야 합니다. 의무 연수도 무료로 하고 영업에 직결되는 강의, 선배 변호사의 경험에서 우러나오는 생생한 강의를 제공해야 합니다."

– 끝으로 청년 세대에게 격려의 말씀 부탁드립니다.

"사랑하는 젊은 변호사 후배들이 직장을 구하지 못 해서, 충분한 일감이 없어서 발을 구르는 상황이 참으로 가슴 아픕니다. 후배들의 능력과 노력이 부족해서가 아니라 시대 상황이 좋지 않아서, 그리고 법률 시장의 상황이 좋지 않기 때문입니다. 저는 이 같은 상황을 타개하기 위해 저의 모든 힘과 능력을 바치겠습니다. 저는 그동안 새내기 법조인을 키우는 데도 적극 힘썼습니다. 사법연수원 교수와 성균관대·인하대 로스쿨 겸임교수로 봉사했습니다. 저는 젊은 변호사들을 돕는 일을 남은 인생의 목표로 삼고 있습니다. 회장이 된다면 2년 동안 젊은 변호사들의 활로 개척을 변협의 가장 큰 존재 의의로 삼겠습니다.
'별 하나가 빛나면 하늘 전체가 밝아진다'는 말을 좋아합니다. 젊은 변호사들은 앞으로 우리 사회를 밝힐 별이 될 것이며, 저는 그들을 위한 든든한 디딤돌이 되겠습니다. 늘 젊은 변호사 여러분 곁에 있을 것이며, 여러분의 밝은 미래를 책임지겠습니다. 여러분을 힘차게 응원합니다!"

(2016년 10월 5일자)

강금실 변호사 / 前 법무부장관, 판사

파격인사였던 '40대 여성 법무부장관' 주인공
"인간중심 사고에 코페르니쿠스적 전환 필요"

"그 말은 좀 하고 싶네요. '좌파'가 무엇인지 정확히는 모르겠는데, 난 좌파 아닌 것 같거든.(웃음) 나보고도 좌파라 그러고, '우리법 연구회' 보고도 좌파라 그러고. 조금 엉뚱하다는 느낌이 있죠."

'포럼 지구와사람'의 대표로 있는 강금실 법무법인 원 고문변호사는 우리법 연구회 출신 김명수 대법원장 후보에 대해 언급하며 이같이 말했다.

우리법 연구회는 강금실 대표가 판사로 재직 중이던 1988년, 그녀의 대학 동기 및 연수원 동기들을 주축으로 하여 여러 판사들과 교류하기 위해 만든 판사 모임이다. 강 대표는 그녀가 만든 우리법 연구회에서 대법원장 후보가 나온 것이 '뿌듯하다'는 말을 전하는 한편, 그가 우리법 연구회 출신이라는 이유로 이념편향 논란을 빚고 있는 상황에 대해서는 황당하다는 반응을 보였다.

"1996년에 변호사로 개업하면서부터는 판사모임인 우리법 연구회에 더는 나가지 않았지만, 그 모임이 한쪽으로 치우쳐 있고 그런 사람들의 모임이 아니예요. 김명수 후보자도 보수적인 분으로 알고 있어요. 법에서 '보수적'이라는 말은 법대로만 한다는 거거든. 그 오해는 좀 풀려야 될 것 같네요."

그녀에 따르면 독재 정권 시절 보안사에서는 재판에까지 들어와 감시를 하고 그 내용을 바로바로 윗선에 보고했다. 어떤 때는 와서 특정한 판결 주문을 제시하기도 했다고.

"(우리법 연구회는) 그런 숨막히는 상황을 겪고서 '우리 서로 말이라도 좀 편하게 하자'는 생각에서 만든 모임이에요. 법관은 굉장히 외로운 직업이거든요. 건전하게 서로 재판 잘 하는 방향을 연구하고 공부하면서 판사들이 친목을 다져간 모임일 뿐이에요."

장관 시절 미완의 개혁, 현 정부에서 결실 맺길

경기여고와 서울대 법대를 나온 강금실 대표는 제23회 사법고시에 합격한 뒤 1983년 서울지법 남부지원을 시작으로 13년 간 판사 생활을 했다. 한동안 법원 내 여성 선후배 판사들 사이에서는 '강금실처럼만 일하라'는 말이 나돌았을 정도로 그녀는 '선하고 상식적이면서 일 잘하는 여성 판사'의 대명사였다. 변호사 생활을 시작한 지 4년 만인 2000년에는 법무법인 지평의 대표를 맡았는데, 지평이 업계 10위권 안에 드는 유명 로펌으로 자리잡은 것은 그녀의 공로라고 해도 과언이 아니다.

이어 참여정부 시절인 2003년에 법무부장관으로 발탁됐다. 40대 여성이 검찰 조직을 지휘하는 법무부 수장의 자리에 앉은 것은 이론(異論)이 없는 파격인사였다. 그녀가 옅은 미소를 띄우며 말했다. "참 이것저것 했죠. 법조계에서 세 군데(판·검·변) 다 다닌 사람은 별로 없을 거예요."

그녀는 장관이던 시점을 '미완의 개혁'이라고 회고했다. 그러나 그때 추진했던 정책들이 현 정부에서 속행(續行)되어 가속도가 붙는 상황에 대하여는 반색했다. 법무부·검찰 개혁과 관련하여, 인적 구성 역시 그때와 연속성을 띠고 있다. 강금실 대표가 장관인 때 법무부 개혁을 위해 구성한 법무부 정책위원회는 위원장이 안경환 교수였고 박상기 법무부장관과 한인섭 검찰개혁위원회 위원장은 당시 위원을 지냈다.

"법무부가 추진하고 있는 탈검찰화는 검찰을 배제한다는 관점이 아닌, 법무부의 전문화를 위해 영역을 확대한다는 관점에서 볼 필요가 있어요. 참여정부 때 미완으로 그친 개혁이 머지않아 완결되리라고 생각하며 응원하고 있습니다."

인간중심 사고에서 지구중심 사고로

그녀는 지난 2015년 학술·교육·문화 활동 단체인 '포럼 지구와사람'을 결

성해 발족했다. '포럼 지구와사람'은 '생태적 세계관'을 중심으로 한 새로운 가치관과 세계관을 정립해 대중에 보급하고자 하는 지향을 갖고 있다.

"처음 시작은 40여 명이었는데 벌써 80명이 됐어요. 고무적인 일이에요. 언뜻 듣기에 낯선 개념이라 공개적으로 크게 하기보단 역량을 키우고 내실을 더 갖추자는 생각으로 이어 와서 올해 3년 차를 맞이했죠. 세계적으로도 최근 2~3년 간 유엔을 중심으로 생태적 세계관 논의가 급부상하고 있어요. 시기가 잘 맞았다고 생각해요. 본격적으로 키워 나갈 생각입니다."

포럼의 대표적인 학술 활동으로는 '지구법학회'를 중심으로 한 '지구중심적 법'과 '지구중심 거버넌스 시스템' 연구가 있는데, 지구법 강좌와 토마스 베리 강좌를 통해 교육 활동도 펼치고 있다. 또 문화예술 영역에 종사하는 회원들을 주축으로 한 생명문화소사이어티는 청년들과 아티스트들의 모임으로 성장하면서 친교의 장 역할까지 담당한다고.

"2009년 가톨릭대학교 생명대학원을 다니면서 처음으로 토마스 베리라는 사람의 책들을 접했어요. 굉장히 멋있으면서도 선뜻 받아들이기 쉽지 않은 글이었는데, 그래서 이해하는 데 오랜 시간이 걸렸죠. 그의 주장은 지상의 모든 사상과 학문의 종합을 도모했기에 시야와 범위가 무척 커요. 지구와 인간을 포괄하는 우주적 맥락 속에서 상호 관계를 조명하죠. 나는 당시 인간 존재가 어디로부터 와서 어디로 가야 하는지를 고민했는데, 그의 사상에서 답을 얻었다고도 볼 수 있어요. 나이 쉰이 넘어서 새로운 공부를 시작했으니 개인적으로는 늦은 편이죠. 더 공부할 게 많아요."

개인의 인격을 중심으로 하는 근대법 체계에서는 사람만을 주체로 한다. 강 대표는 이것이 바로 '전환되어야 할' 사고방식이라고 지적했다. 그녀가 소개한 이 분야의 대표적 학자인 토마스 베리의 말을 빌자면 '우리가 인권을 이야기하는 것처럼 자연의 권리를 논해야 하며, 지구상의 수많은 존재가 저마다의 역할을 수행할 자유를 보장하는 것이 지구법학(Earth Jurisprudence)과 자연의 권리'이다. 인간도 지구상의 한 존재에 불과하기에 '인권' 역시 '지구권'의 하나가 되고, 이 맥락에서 토마스 베리는 "지구 안의 모든 존재 중 인간에게만 권리가 있다는 것은 넌센스다"라고까지 말하기도 했다.

그녀가 말했다. "지구법의 핵심은 자연을 권리 주체로 보고 자연을 보호하자는 것이에요. 근대 법체계의 근본규범이 인간 존엄에 있다면 지구법은 생명 존중이 근본규범이죠. 생명 존중은 생명들의 연속성(continuity)과 통합성(integrity)을 과학적 근거로 하는데요. 이러한 지구법 체계에서 인간의 역할은 다른 주체들을 대신하고, 관리하고, 보호하는 역할로 바뀝니다."

다소 생소한 내용이라 기자가 그 말을 금방 따라가지 못하자, 강 대표는 미국의 저명한 환경 운동가 레스터 브라운 박사의 말을 인용하며 이해를 도왔다. 레스터 브라운은 지구중심적 사고를, 기존의 인간중심 세계관에 대하여 가히 '코페르니쿠스적 전환'이라고 빗댔다. 즉 '지구가 태양을 중심으로 돈다'는 지동설이 '하늘이 지구를 중심으로 돈다'는 천동설을 폐기한 것과 마찬가지로 '인간이 있고 지구가 있다'는 인식 또한 '지구가 있고서 인간이 있다'는 발상으로 전환된다는 주장이다.

배움의 길, 행복 가져다 줘

중·장기적으로 법률 체계 변화도 도모하고 있다는 강 대표의 말에 "오랜 기간 법을 공부하고 다뤄온 법 전문가다운 구상"이라는 말을 건넸다. 그러자 그녀가 손사래를 쳤다.

"나는 법 공부 좀 안 해 보려고 그렇게 정치도 하러 가고, 생태학을 공부하고, 곁길을 기웃거린 거예요. 근데 결국은 돌고 돌아 법으로 또 온 거지. 법은 내 운명이랄까(웃음)."

그녀는 무엇보다 다시 법으로 돌아오지 않았다면 교류의 접점을 찾기 어려웠을 동료 법조인들과 다시 모여 일하게 되어 참 행복하다고 말했다. 마치 고향에 돌아온 것 같은 편안함을 느낀다고. 세상을 가시적으로 변화시킬 힘은 결국 법에서 나오기에 토마스 베리도 작고(作故) 직전 '법이 가장 중요하다'는 말을 남겼다고 한다. 그렇기에 법을 다루는 사람들은 더 자부심과 소명 의식을 가져야 한다는 것.

그렇다면 법 체계의 변화는 구체적으로 어떤 형태로 나타나는 걸까. 그녀는 우선 '지구법' 자체가 법학의 한 과목이라기보단 자연법적 법 원리에 가깝다고 말했다. 즉 지구법의 반대되는 개념은 법실증주의라는 설명이다.

"지구법 원리는 헌법이나 민법 등 실체법에 먼저 반영되거나 작게는 지자체의 조례로도 반영시킬 수 있어요. 조례는 유동적이고 창의적으로 만드는 게 가능하므로 활용하기가 좋죠. 법을 바라보는 시각 자체가 근본적으로 변화되어야 하는데 그런 변화를 이끌어내기 위해서는 헌법에 명기하는 방향도 바람직합니다. 그렇잖아도 이번 개헌 논의를 위해 포럼의 지구법학회 회장인 박태현 강원대 법학전문대학원 교수가 참여했어요. 헌법의 환경권 조항에 '생명체의 권리를 존중한다'는 조항을 넣자고 제안했다고 해요. 전해 들은 바로는 기본권 파트 개헌 논의에 참여한 분들이 전향적인 태도를 보여 줘서 반영될 가능성이 높다고 하더군요. 기대할 만합니다."

에콰도르는 이미 2008년에 헌법을 개정하여 전 세계에서 처음으로 법적 집행이 가능한 자연의 권리를 명시했다. 강 대표는 이것이 가능했던 원인을 '남미 원주민 전통과 자연 생태 환경이 살아 있는 지역인 점'과 '굉장히 진보적인 정치인들이 그 미래 세대의 진정한 진보에 대해 의지를 갖고 헌법을 개정했기 때문'이라고 봤다. 나아가 전체 사회가 안고 있는 정신성이 어디까지 와 있느냐, 또 정치적으로 그것이 어떤 리더 하에 어떻게 수렴되느냐도 중요한 요인이라고 지목했다.

"현재 우리 헌법상 최고 가치는 인간 존엄성이에요. 이것을 '생명의 권리' 혹은 '자연의 권리'로 확대시켜 법적 권리를 누리는 존재의 다양화를 추구하자는 거죠."

강 대표는 처음 '동물의 권리'가 제기될 때 우리 사회가 일순간 거북스러움을 느꼈다가 이내 곧 자연스럽게 받아들이기에 이르렀듯, 생명과 자연의 권리 또한 이러한 수순을 밟으리라고 내다봤다. 따라서 포럼이 주장하는 새 가치관이 우리 사회에서 자연스럽게 수용되기까지, 지치지 않고 꾸준히 걸어가 마침내 변화를 맞이하겠다는 다짐을 내보였다.

"지구와 환경을 위해 활동하는 다른 모임들과 다른 점이 있다면 '포럼 지구와사람'은 학문적 윤곽을 잡아 나가는 체계적인 연구·교육 모임이면서 인적 구성 또한 다양하다는 점입니다. 대중에게 더 친숙하게 다가갈 수 있는 논의를 펼칠 수 있도록 역량을 갖추는 데 주력할 계획이에요."

한편 그녀는 다양한 사람들을 만나 스스로가 성장하는 것이 좋다고 말했다. 끊임없이 배우고 공부해서 정체(停滯)를 피하겠다는 의지가 엿보였다. 배움의 길이 그녀에겐 행복이라고, 또 사람들이 모임에 와서 '몰랐던 것을 알게 되고 생각하게 되어 변화가 찾아왔다'고 말할 때 기쁨을 느낀다고도 전했다.

Dream Drives Action

'Dream Drives Action'은 강 대표가 좋아하고 자주 쓰는 말이다. 그녀는 이 말을 사회의 주역인 청년들에게 전하고 싶다고 했다. 청년들의 꿈이 행동을 추동할 것이며 미래를 만들어 낸다는 격려다. 강 대표는 청년 교육을 특히 중시, 지난해 사회복지공동모금회의 후원으로 첫 프로젝트인 '청년, 생태와 취약계층의 복지를 말하다'를 진행했다. 이는 생태적 세계관과 복지를 연결지어 삶의 가치를 변화시키는 방식으로 새로운 복지의 해법을 모색하고, 사회의 미래 가치를 짊어질 청년들에게 희망을 주려는 의도로 기획됐다고. 청년들이 성장 논리와 경쟁적 가치관에 당당하게 맞서서 이 세계를 바꿔나가는 이노베이터가 되기를 바라는 마음도 아울러 담았다고 전했다.
"이 프로젝트를 통해 만난 청년들은 단순히 생계 걱정이나 사회에 적응할 고민에만 머물러 있지 않았어요. '나는 이렇게 살고 싶고 내 꿈은 이것'이라는 분명한 지향을 가진 존엄한 개별자들이었죠. 가치 있고 아름다운 삶을 가로막거나 해치고 있는 사회 문화적 모든 장애 요인들을 분명하게 인식하면서 비판하기도 했어요."
청년을 이야기할 때 그녀는 왠지 모르게 들뜬 모습이었다. "청년들에게서 희망을 본다"고, 그녀는 분명하게 말했다. 다만 청년들의 미래는 '그들이 직접 그리는 꿈이 결정한다'고 재차 강조했다.

"지금 기성 세대의 어릴적 꿈은 '잘 살아 보세'였어요. 그래서 이들은 급성장하는 한국 사회에서 굉장히 잘 살았죠. 지금 청년들은 이미 너무 많이 성장해서 더는 이전처럼 성장할 수 없는 시점에 태어났어요. 모색을 더 많이 해야 하고 새롭게 생각해야 하는 개척의 시대입니다. 꿈을 그리는 자들이 새 삶을 만들 수 있어요. 이것은 청년들이 직접 해야 할 일입니다."

(2017년 9월 14일자)

민홍철 국회의원 / 前 육군준장, 군법무관

"주어진 환경은 나만의 인생 만드는 한 요소"
"군법무관은 다양한 업무 경험 쌓을 좋은 직업"

예비 법조인들에게 떠오르는 직업군 중 하나로 군법무관이 각광받고 있다. 군대는 남성 집단이라는 전통적인 인식에도 불구, 군법무관에 지원하는 여성들도 눈에 띄게 증가하는 추세다. 육해공군의 법무과 장교에 해당하는 군법무관은 군사법원의 군판사, 군검찰부의 검찰관으로 임명될 수 있으며 대우는 법관 및 검사에 준한다. 군법무관으로 임용돼 고등군사법원 군판사, 육군본부 고등검찰부 부장, 고등군사법원 법원장 등을 지낸 민홍철 전 육군준장은 지난 19대 국회에 입성, 이번 20대 국회에서는 재선 의원 명단에 이름을 올렸다. 차분한 어조로 차근차근, 그러나 빈틈없이 이야기를 풀어내는 그에게서 누구 못지않은 열성과 집념, 또 성실함을 엿볼 수 있었다.

그는 유복한 환경에서 자라지는 못했다. 어려운 가정형편의 장남으로서, 자신을 위해 최상의 길만을 고집스럽게 추구하기보단 환경이 허락하는 한도에서 가끔은 차선을 선택하기도 해야만 했던 학창시절을 보냈다.

그러나 지나온 모든 길에 후회나 아쉬움은 없다는 그. 주어진 환경과 출신이 그를 어떤 상황에서도 노력하게 만들었고, 지금의 그가 있게 만들었다는 설명이다. 예비법조인들과 청년들에게 애정 어린 격려와 조언을 전한 더불어민주당 민홍철 의원(경남 김해시갑, 국토교통위 소속)을 법률저널이 만났다.

– 군법무관 출신 국회의원이 흔하지 않다. 25년 동안 군에서 어떤 일들을 했는지, 또 그 경험들이 의원으로서 의정활동을 하는 데 특히 영향을 미친 바가 있다면 어떤 점들인가.

"군법무관 출신 국회의원은 내가 네 번째다. 재선까지 한 의원으로 치면 처음이다. 1984년 군법무관 임용시험에 합격해 육군 법무감, 고등군사법원장을 거쳐 육군 준장으로 예편했다. 25년 동안의 군 경험은 의정활동에 많은 영향을 미쳤고, 밑거름이 되어 주고 있다.

군법무관으로서 군 제도의 문제, 군대 내 인사 문제, 군인 인권 문제, 기타 각종 사건·사고들을 다뤘고 검찰부장으로 있을 때엔 군대 비리, 방산 비리 수사를 하면서 구조적인 문제점들을 파악할 수 있었다. 법무 병과는 하나의 병과로 독립해 군과 관련한 모든 법률적 문제를 취급한다. 이 군사법원이 이전에는 사단급으로 설치됐는데, 지난 2014년 윤일병 사망 사건이 터진 후로 군사법기능에 대한 지적에 따라 군단급으로 격상시켰다.

군사법원은 일반법원과 달리 관할관이라고 이야기되는 지휘관의 통제 하에 있다. 군판사도 관할관이 임명하고 일정 범위의 형 감경 권한이 그에게 주어져 있다. 군단급으로 격상시켜 전체 군사법원 수는 줄었지만 그만큼 높은 계급의 관할관 하에 있게 된 것이다.

공직에 25년 몸담았던 경험이 정부와의 관계 측면에서도 도움이 되고 있다. 지금 더불어민주당에 장군 출신 국회의원이 나밖에 없는데, 지난 19대부터 이런 경험을 살려 국토교통위원회 소속으로 활동했고 이번 20대에서는 국토교통위 간사를 맡고 있다."

– 어린 시절, 어려운 가정환경에서도 열심히 공부를 해 지금에까지 이르렀다. 그 이야기를 해 준다면.

"내가 1960년생인데 그때는 나뿐 아니라 주변 모두가 어려웠다. 전쟁 끝난 지 10년도 안 된 시점이었으니 다 흙수저고 무수저였다. '부유하다' 하는 아이들은 부모님이 공무원이거나 큰 사업을 하는 경우인데 그것도 주변에 흔치는 않았다. 아버지께서 열심히 사셨지만 막일을 하셨으니 우리는 더 어려웠다. 사글세를 낼 수 없어 월세 방 한 칸에 우리 5남매와 부모님까지 7명이 지냈다. 책상 놓을 자리는 없고 장롱만 덩그러니 하나 있는 방인데 내가 중1때까지 그렇게 지냈다.
지금은 '다이어트 식품이다, 술안주다' 해서 돼지껍데기를 사람들이 먹는다. 하지만 우리 때는 그게 먹는 음식이 아니었다. 그런데 동네 친구가 자신의 집에서 기르던 돼지를 잡는 날이면 가끔 그 돼지껍데기를 내게 먹으라고 가져다 주곤 했다. 또 중학교 때 두어 달에 한 번씩 불우이웃 돕는다고 선생님이 반 아이들한테 쌀을 걷는데, 한 학급 65명 되는 학생들이 흰 편지 봉투 하나씩에 쌀을 담아 왔다. 그걸 다 모은 박스 한 통을 선생님께서 내게 주시던 기억도 난다.
그래도 우리 때는 개인이 열심히만 하면 되는 시절이었다. 요즘은 돈 없으면 공부도 못 한다고 하지 않나. 수많은 참고서니, 과외니, 학원이니 돈이 있으면 다 누리는데, 돈이 없으면 그렇지 못해 뒤처진다. 우리 때는 문제집 종류도 많지 않고 전문 과외도 없어, 그저 책 붙들고 열심히만 하는 사람이 승자였다. 자기가 한 만큼 나오므로 공정했다. 학창시절 나는 열심히 공부했고, 중학교 3년 내내 1등을 했다. 도시의 좋은 고등학교를 가려면 하숙비가 있어야 하는데 형편상 감당할 수가 없었다. 당시 내 친구들이 마산이나 진주 등 명문 고등학교로 진학했는데 나는 모교인 김해고를 가게 됐다. 고등학교에 가서도 3년 내내 장학금을 받고 다녔다.
대학을 가려는데 그때는 예비고사를 치르던 시절이다. 애당초 가고 싶었던 법대에 진학하려면 본고사에서도 좋은 점수가 나와 줘야 했지만, 당시 서울 명문대 본고사는 시골 학생에게는 많이 어려웠다. 결국 학비도 저렴하고 집에서 다닐 수 있는 부산대 법대를 가게 됐다. 대학에 가서도 고시반에 들어가 장학금을 받기 위해 모의고사는 모조리 응시했다. 그래야 다닐 수가 있으니까. 형편이 어려웠기에 더 공부할 수밖에 없었다. 공부밖에 방법이 없었다."

– '공정한 사회' 이야기가 나왔다. 안 그래도 요즘 청년들 사이에 '헬조선' 이니, '금수저'니, 사회 구조적인 불공평에 대해 한탄하는 자조 섞인 단어들이 유행이다. 학창 시절, 가난하지 않고 풍족했으면 삶이 달라지지 않았나 하는 아쉬움을 가진 적은 없는지.

"가정형편으로 인해 선택의 여지가 많지 않았던 점에 대한 아쉬움은 거의 없다. 물론 우리 때도 '서울 명문 대학을 나오면 인생의 출발선이 남들보다 50보 앞서 있다'는 말들을 했다. 하지만 내가 지나 온 삶을 돌아보니, 하고 싶었던 검사, 판사 일을 군 안에서 다 했고 또 군법무관 최고 위치에까지 올랐다. 전역해서 변호사 일도 잠시 해 보고, 지금은 국회의원으로서 일하고 있다. 나의 경우엔 주어진 환경이 인생에 부정적인 영향을 미치지 않았다. 나만의 인생을 만드는 한 요소였다고 본다.
그렇다고 공부밖에 안 했느냐, 그렇지 않다. 우리 때는 뛰어 놀 곳이 참 많았다. 공부하느라 놀 수가 없는 지금 아이들과는 달랐다. 여름에는 비 온 뒤 김해 평야 수리도랑에 나가면 미꾸라지가 넘쳐 났는데 아이들하고 그걸 잡아다 시장에 내다 팔기도 했다. 동네에는 항상 아이들이 많았고, 제기차기, 비석치기, 구슬치기, 딱지 따먹기 등 함께 할 놀이도 많아서 참 재밌는 시절을 보냈다."

– 로스쿨 출범 이후 예비 법조인들 사이에서 군법무관이 진로로서 상당히 인기가 높다. 군법무관이 어떤 장점이 있는지 소개해 달라.

"군법무관 시험제도가 없어진 후 로스쿨 졸업생 중에서 군법무관을 선발하고 있다. 로스쿨 출신들에게서 선호도가 상당히 높게 나타난다고 한다. 작년만 해도 선발 시험에 5대 1의 경쟁률을 보였고, 그중 또 절반에 가까

운 인원이 여성 지원자였다고 한다. 남녀 구분없이 군법무관은 좋은 진로다. 남녀 평등한 대우가 자리잡고 있어, 현재 여성 군법무관도 상당히 많다. 장군까지 했던 이은수 변호사를 볼 때 실력만 있으면 여성도 얼마든지 최고 자리까지 갈 수 있는 곳이다.

물론 초임 때는 전방의 사단에서 근무를 해야 하지만 대위부터 시작하니 보수도 좋다. 들어와서 검찰이나 판사로서의 업무를 다 할 수 있고 인권문제, 민형사 송무, 국가배상, 군 정책 등 법률 관련한 군 내 모든 문제를 전문적으로 다루어 볼 수도 있는 좋은 자리다. 미군 법무관들과의 교류를 위한 유학의 기회도 가질 수 있고, 그 과정에서 미국 변호사 자격을 따오는 경우도 있다."

– 변호사로서도 활동을 했다. 현재 변호사 업계가 많이 어려운데, 변호사 업계의 요즘 상황에 대한 의견이 있다면.

"2008년 변호사 등록을 하고 3년 정도 활동을 했다. 당시 내 등록 번호가 1만 번대였는데 지금 2만 명이라고 하니, 두 배 가까이 늘어났다. 내가 개업할 당시 법조 시장이 4조 원대라고 들었다. 해가 가도 법률 시장 규모는 거의 그대로인데, 로스쿨 출범으로 변호사 배출 수가 갑자기 급격히 늘어나니 업계가 어려워졌다. 변호사 업계 주장처럼 이제 와서 로스쿨 통폐합 등으로 배출 숫자를 줄여나간다고 해서 크게 상황이 나아질지는 의문이다. 법률 시장 확대에 힘써야 함은 당연하다.
나는 19대 때도 그랬지만 로스쿨 일원화에는 찬성하지 않는다. 사법시험이든 예비시험이든 교육을 통하지 않은, 또 교육 과정을 밟지 않고 법조인이 될 수 있는 창구를 열어 줘야 한다. 로스쿨 일원화 쪽에서는 장학금 제도 이야기를 하지만 그것은 의미가 다르다. 다만 우회로 통한 선발은 50에서 100명 정도의 소규모여야 할 것이다.
한편 변호사라는 직업이 갖는 공공성과 법조 삼륜의 하나로서 사회 정의를 지탱하는 역할의 중요성은, 시대 변화와 경제 상황에 따라 퇴색되지 말고 이어지기를 바라는 마음이다. 우리 사회에서 변호사는 일제강점기 독립투사를 변호하는 등 지사적인 성격이 강했다. 그러던 것이 전두환 정권 이후 숫자를 늘려 점점 그 희소성이 떨어지고, 이제는 일반적인 전문 자격사의 하나로 인식되고 있는 실정이다. 그래도 여전히 변호사는 우리 사회 최고 지성인 집단이다. 국민들이 변호사들에게 갖는 기대를 저버리지 말아야 하고, 공익의 수호에도 더욱 힘써 줘야 한다."

- 우수 의원으로 선정되는 등 의정 활동을 열심히 하는 의원으로 유명하다. 지역구인 김해를 위해서도 많은 일을 추진했는데, 개인적으로 가장 의미 있다고 여기는 사례 한 가지를 꼽는다면. 또 현재 주력하고 있는 활동도 소개해 달라.

"한 가지를 꼽으면 김해-부산 간 경전철 문제를 들 수 있다. 김해와 부산 간 경전철을 건설하면서 이를 민간 자본으로 했고, 운영권도 민간이 갖도록 했다. 김해와 부산은 건설·운영비를 20년 동안 환산해서 줘야 하는데, 이것을 MRG 방식으로 했다. 즉 실제 탑승객이 계약 당시 예측했던 일일 탑승객의 74%에 미치지 못하면 그 차액을 보전해 줘야 한다.

그런데 이 수요 조사가 잘못됐다. 개통 시점인 2010년 김해시 인구를 60만, 하루 탑승객을 21만으로 예측했는데, 실제로는 2010년 김해시 인구는 50만, 하루 탑승객은 2만 9천 명에 불과했다. 따라서 김해와 부산이 보전해야 할 금액은 20년간 2조3천억 원, 김해와 부산의 분담비율이 6대 4이므로 김해는 한 해 650억을 부담하게 됐다.

정부는 이에 대해 지자체와 민간의 계약이니 어떤 협조도 해 줄 수 없다고 했다. 그러나 김해로서는 경전철 적자 보전이 부담이고, 나는 이 문제 해결을 위해 국토교통위원회로 들어간 측면이 크다. 도시철도법을 개정해서 정부가 재정 지원을 전제로 한 행정 지원을 해 주도록 법안을 냈다. 결국 이 법안이 2016년 3월 국회를 통과하여 정부의 지원을 받아 낼 근거 규정은 일단 마련한 셈이다. 다만 아직까지 실제 지원이 이뤄지지 않아 가시적인 성과는 조금 더 기다려 봐야 한다.

지금 주력하고 있는 사안으로는 가야 문화권을 체계적이고 종합적으로 발전시키는 일이다. 정부는 수조 원을 투입해서 경주 중심의 신라 문화권을 개발해 관광지로 만들었다. 또 부여, 익산, 공주 중심의 백제 문화권도 정비를 잘 해놨다. 가야의 철기 문물과 문화유산도 신라, 백제에 비견할 만큼 우수하고 가치가 뛰어나다. 반드시 정부가 예산을 투입해 인프라를 구축하고 체계적으로 정비, 발전시킬 필요가 있다. 가야 문화는 경상남북도, 전라남북도를 포함해 상당히 넓은 영역에 형성돼 있다. 이 가야 문화권에 속하는 지역구 의원들과 포럼을 만들고, '가야 문화권 역사 유적 복원과 개발'

을 위한 법안을 만들기도 했다. 이 법안을 통과시키기 위해 힘쓰고 있다. 또 국토교통위 소속으로서 주택 문제에도 많은 관심을 갖고 있다. 높은 전세 가격, 주거 양극화, 주거 복지 실현 등 해결해야 할 주택 문제가 많다. 주택 가격 안정과 공공 임대 아파트 보급, 신혼부부·학생·직장인 등에 대한 맞춤형 주택 보급 등 적절한 정책 입안을 정부에 지속적으로 촉구하고 있다. 아울러 전월세 상한제나 세금 탈루 방지 위한 임대인 등록 의무화 등의 내용을 담은 법안도 제출하여 심의 중에 있다."

- 어려운 시기를 지나고 있는 청년 세대에게 힘이 되는 말을 해 준다면.

"청년들이 겪는 극심한 정신적 압박을 잘 알고 있다. 취업이 돼야 가정을 꾸리고 주거를 마련해 사회인으로서 자리를 잡아갈 텐데 취업부터가 바늘구멍이다. 우리 때는 취업이 어렵지는 않았다. 대학을 졸업하는 인구도 한 해 15만 명 남짓이었고, 당시는 무역이나 조선, 자동차 등 산업이 한창 성장 가도를 달리는 때였다. 의류·제조업 역시 막 성장기에 접어들어, 가려고만 하면 대기업도 골라서 갈 수 있었다. 우리는 윗세대들이 부지런히 일구어 놓은 경제 성장의 과실을 누리던 세대다.

그러나 지금 청년들을 보면서 걱정이 큰 건 아버지 세대보다 가난하게 사는 첫 세대가 우리 청년들이기 때문이다. 국가와 기업은 부유한데 개인은 가난한 시대가 된 것 같다. 나는 이 문제를 아주 심각하게 우려하고 있다. 일자리는 부족하고, 그마저 4차 산업혁명 시대를 맞아 줄어들 예정이다. 청년들은 취업만을 위해, 졸업하고도 몇 년씩 '스펙 쌓기'를 한다. 청년들이 사회에서 자리를 잡지 못하고 가정을 꾸리기가 힘들면 앞으로 한국이 맞이할 인구 절벽은 국가 성장을 크게 저해할 것이다. 국가경쟁력은 인구수에 큰 영향을 받기 때문이다.

정부가 상황을 엄중히 인식하고 청년을 위한 특단의 대책을 세워야 한다. 한국장학재단의 학자금 대출 이율이 2%대인데, 이것도 너무 높다. 청년들이 빚쟁이인 채로 첫 출발을 한다면 사회에서 낙오될 수밖에 없고, 결국은 사회 불안 요소가 된다. 무이자로 하든지, 학생들이 자립한 후에 갚아 나가게끔 하든지 해야 한다.

다만 청년들에게는 자립심과 독립심을 이야기하고 싶다. 우리 때에 비하면 청년들이 과보호 속에 자라 도움을 받는 데 익숙하다. 스스로 어려움을 헤쳐 나가거나 스스로 문제를 돌파할 의지를 가져야 한다. 젊음은 자산이다. 열정과 패기, 의지를 갖고, 상황에 치열하게 맞서 뚫고 나가야 한다. 청년들이 우리 사회의 미래이고 희망이다."

(2016년 12월 12일자)

김삼화 의원 / 前 한국여성변호사회 회장

법률가·정치인 성공 노하우는 '잘 들어주는 것'
학벌·배경·인맥 갖추지 못했지만 '성실'로 승부

"함께 공부하는 여학생들과 다 같이 학장님을 찾아갔죠. 우리도 공부할 공간을 달라고. 학교 고시반이 남학생들 전용이었으니까, 우리 여학생들에게도 그런 공간을 만들어 달라고 요구했어요."

김삼화 의원은 말의 속도가 빠른 편이었다. 그러나 마치 친절하고 세심한 맏언니가 다소 서두르더라도 꼼꼼하게 동생들을 다 잘 챙기듯, 시종 미소를 띤 채로 여러 이야기들을 이어갔다.

김삼화 의원이 사법시험을 공부하던 시절에는 지금과 같은 고시원이란 것이 없었다. 고시공부를 하는 수험생은 주로 절간에 들어가거나 학교에 있는 고시반에서 공부했다. 하지만 학교 고시반은 남학생 전용이라 여학생이 들어갈 수 없었다. 남학생들은 고시반에 전용 좌석을 배정받고 책도 놔두고 다니면서 자유롭게 이용할 수 있던 반면 소수인 여학생들은 무거운 책을 들고 다니며 전용 좌석도 없어 도서관을 이용해야 했다.

이에 김삼화 의원은 필요한 것을 요구하고 얻어내기 위해, 당시 같이 공부하던 몇몇 여학생들과 함께 학장실 문을 두드리기에 이르렀다. 그때부터 서울시립대에는 고시를 준비하는 여학생들의 전용 공간이 생겼다.

변호사로, 다시 정치인으로

6남매 중 첫째인 김삼화 의원은 자녀 여섯 명 모두를 대학까지 공부시키기에는 썩 넉넉지 못한 형편의 가정에서 자랐다. 다만 선각자적인 면모가 있던 김 의원의 아버지는 일찍부터 김 의원을 비롯한 2남 4녀에게 "나는 아들·딸 구별없이 각자 능력에 따라 가르치겠다"고 말씀하시곤 했다. 특히 딸들에게 "여성도 사회에 나가서 남성들과 똑같이 대우받을 수 있는 일을 하라"고 말씀하셨다고 한다.

그런 영향으로 김삼화 의원은 일찍부터 전문적으로 일할 수 있는 직업을 가져야 한다고 생각했고, 자연스레 고시를 생각했다. 행정학과에 진학한 그녀는 행정고시를 생각하기도 했지만, 당시에는 법학 과목 수업도 많이 수강할 수 있어 소송법을 제외하고는 대부분의 과목을 수강했기에 공부할 분량은 많더라도 사법시험에 도전하기로 마음을 굳혔다.

사법시험에 합격한 김삼화 의원은 변호사로 일하면서 여성 권익 문제와 관련된 사건들을 주로 맡았다. 그러면서 자연히 여성의 권익에 관심을 갖게 되었다고.

"내가 법조인이 된 당시에는 법조계에 여성이 많지 않았어요. 그러다보니 자연스레 여성 변호사를 찾는 여성 의뢰인들의 사건을 많이 접했죠. 성폭력, 가정폭력 등 가사 사건은 시험 공부를 하던 때보다 변호사로 활동하면서 더 많이 배운 것 같네요. 여성 권익 문제에 대한 관심이 변호사가 된 이후에 더 커진 경우죠."

여성 단체들의 법률 자문을 해 주고 법무부 가족법 개정위원회 위원 등을 하면서 전문성을 키운 김 의원은 한편으론 변호사로서 공익 활동도 많이 했다. 2011년 12월부터는 여성 변호사 단체인 한국여성변호사회의 회장을 맡기도 했으며, 2013년에는 대한변협 부협회장도 맡았다. 당시는 정치권에서 여성 법조인이 필요하다는 말들이 많던 때다. 2014년 1월까지 한국여성변호사회 회장을 맡고 있던 김삼화 의원은 그런 주변의 요청을 받아들여 20대 국회에 입성한다.

전국 2위 가사전문 변호사, 당 사무총장에 임명

28년간의 변호사 생활을 뒤로 하고 20대 국회에 첫 입성한 김삼화 의원의 지난 8개월은 유독 길었다. 의원 생활을 시작한 지 한 달도 채 되지 않아 그녀는 국민의당에서 노동·환경·복지·보건·여성 등을 다루는 제5정책조정위원회 위원장을 맡았다. 그 후 2017년 1월부터는 원내 대변인에 임명되어 당의 얼굴이자 목소리로 활약, 그로부터 20일쯤 지나선 당의 중책인 사무총장직까지 제안받았다.

"고사를 많이 했죠. 워낙 중책이니까. 아직 배울 게 많다는 생각이 앞섰고요. 사무총장직을 수락한 지금은 어깨가 참 무거워요. 맡고 보니까 할 일이 무척 많더군요. 열심히 배우면서 해야 할 일들을 잘 해내려고 합니다."

국민의당은 2017년 1월 19일, 새 사무총장으로 김삼화 의원이 임명됐음을 밝히면서 업무 처리가 치밀하고 성실한 점을 사유로 들었다. 이 같은 점은 지난 1월 25일 기준, 김삼화 의원이 대표발의한 법안의 수가 총 51건으로 전체 300명 국회의원 중 아홉 번째라는 사실에서도 잘 드러난다.

김 의원은 한편 변호사였던 시절에도 전국에서 가사사건 수임 2위를 기록하는 저명한 법률가였다. 변호사로서는 어떻게 그렇게 성공할 수 있었느냐고 묻자 "소통을 중시했기 때문이 아닐까"라고 조심스레 생각을 전했다.

국회의원으로서 필요한 법안을 내거나 정책을 추진하는 일에 있어선 강하게 본인의 주장을 말하지만, 대부분의 경우에는 가급적 다른 사람들의 의견을 들어주는 역할을 한다는 것. 소통은 상대 이야기를 경청하는 데서 시작되는 만큼 남의 말을 듣는 것이 몸에 밴 김삼화 의원은 주변 누구와도 특별히 척을 지는 일 없이 두루 원만하게 소통했다. 특히 오랜 변호사 생활과 15년간의 가정법원 조정위원으로서의 활동은 더욱 그녀로 하여금 듣는 일에 익숙해지도록 만들었다고.

변호사 vs 국회의원

직업으로서 변호사와 국회의원의 비교를 청해 봤다. 그녀는 웃으며 "많이들 묻는 질문이지만 어느 것이 좋다, 나쁘다라고 이야기 하긴 어렵다"고 말했다. 다만 의뢰인의 편에 서서 개인의 권리를 주장해 주며 법원으로부터 판단을 받는 변호사 활동은 사건마다 완결이 있는 반면, 정치는 사방으로 뛰어다니며 많은 사람들을 만나 여러 이야기를 듣고 토론하는 등 각고의 활동을 해도, 무언가 바로 손에 잡히는 '일의 완결'이란 느낌이 없다는 게 가장 큰 차이라고 말했다. 또 의뢰인의 개인적 이익을 위해 일하는 변호사와 달리 국회의원은 더 많은 사람들의 권익과 이해관계, 즉 공익을 생각하며 일한다는 점도 양 직업의 큰 차이로 꼽았다.

'의원으로서 활동하는 동안 예상치 못했던 어려움을 겪은 적은 없는지'도 물어 봤다. 김 의원은 2016년 말 탄핵 정국을 맞아 진행됐던 '탄핵안 표결 날짜 논의'를 떠올렸다.

"당시 민주당은 12월 2일을 주장했고 우리 국민의당은 9일을 주장했어요. 2일은 탄핵안이 가결되지 못할 확률이 높다는 게 우리 당의 판단이었고 저희는 조금 날짜를 늦추어서 그 시간 동안 새누리당 의원들을 더 설득시켜 확실히 탄핵을 가결시키자는 생각이었죠. 합리적으로 생각하면 당연한 주장인데 갑자기 마치 탄핵 반대 세력인 것처럼 호도되었지요."

동시에 수도 없는 문자 폭탄이 날아왔다고 한다. 초선인 김삼화 의원은 그나마 받은 문자 폭탄의 양이 적은 편이었지만 당내 대표적 위치에 있던 의원들은 쏟아지는 문자들에 상당히 괴로워하는 모습이었다고 전했다.

삼화 생각… 법안 생각, 법조계 생각

지금까지 그녀가 발의한 총 51건의 법안 중 지난해까지 이미 통과된 것만 열 건이 넘는다. 남은 법안 중 그녀가 가장 강력히 추진하고 있는 법안은 이른바 '스토킹 방지법'이다.

"지금은 스토킹을 경범죄로 다루면서 벌금만 조금 부과하고 말아요. 그러

나 이건 그렇게 가볍게 인식할 문제가 아니죠. 스토킹은 당하는 피해자 입장에서는 엄청난 피해이고, 살인죄 등 중범죄로 이어지는 비율이 아주 높아요."

피해가 더 커지기 전에 수사기관이 개입하여 피해를 방지하여 최소화하고, 형사처벌도 강화하는 내용을 담았다고 김 의원은 설명했다.

"그동안 여러 의원들이 관련 법안을 발의했지만 통과되지 못했어요. 이번에는 꼭 통과시켜야 된다는 생각으로 제가 직접 법사위에 가서 ppt까지 준비하여 법안에 대해 구두 제안 설명을 하면서 법사위 위원들께 꼭 통과시켜 달라고 했죠."

다행인 점은 정부가 현재 이 법안의 필요성에 공감하며 적극 나서는 상황이라고. 보통 정부가 법안을 반대하면 통과가 힘들지만, 여성가족부가 2017년 업무보고에서 스토킹방지법에 대한 정부안을 제출하겠다며 동조하고 있어 법안의 통과 가능성을 높게 보고 있다고 그녀는 말했다.

한편 추진 법안 중 시급한 법안으로는 청년고용촉진특별법을 들었다. 공공기관의 청년 의무고용률을 지금의 3%에서 5%로 올리고, 민간 기업도 근로자수 300명 이상 되는 중견기업 또는 대기업의 경우 한시적으로라도 청년의무고용률을 높이도록 하는 내용이다. '청년 실업률이 심각한 사회 문제가 되는 지금 한시라도 빨리 통과돼야 할 법안'이라는 게 김 의원의 생각이다.

법조계 현안에 대한 그녀의 의견은 어떨까. '유사직역으로부터의 법조 직역 침탈 문제'에 대해 의견을 묻자 김 의원은 "이건 어느 쪽 주장이 맞다거나 답이 정해져 있다기보다는 정책적인 문제라고 봅니다. 이해관계가 대립되는 당사자들, 각 협회의 회장들이 허심탄회하게 논의할 필요가 있어요"라고 답했다.

그녀는 법조인의 수가 충분히 많아진 지금 상태에서 유사 직역으로부터 업무 위협을 받는 변호사 업계의 위기 인식에 공감하지 못할 바는 아니라며 "변호사 수는 많아지는데 유사 직역으로부터 업무 침탈의 위협까지 있으니 쉽지 않은 일"이라고 우려했다. 결국 서로 충분한 대화를 통해 타협점을 찾아야 한다는 의견이다.

변호사 적정수 문제에 대하여는 "변호사 업무를 송무 시장에 국한해서 생각하면 현재 변호사 수가 충분하다고 할 수 있지만 앞으로 변호사 업무를 전통적인 송무 업무 외에 정부, 공공기관 등 다양한 분야로 더 확장할 필요가 있고, 그럴 경우에는 적정 변호사 수도 함께 논의해야 한다"고 말했다. 그녀는 다만 "변호사를 비롯한 전문 자격사는 업무의 중요도를 감안했을 때 그들이 생계의 위협을 받을 정도는 안 되게 해야 한다고 본다"며 "이들이 생계에 대한 위협으로 각종 위법이나 불법의 유혹에 넘어가면 그 폐해가 상당히 크므로, 그런 점을 충분히 고려하여 적정수를 정하는 것이 필요하다"고 말했다. 덧붙여 "지금 변호사 업계가 많이 어려운 상황이므로 변호사 업계뿐 아니라 정부·공기업 등으로의 변호사 수요 확장을 위한 노력이 필요하다. 그렇게 노력하면 변호사들의 일자리는 지금보다는 늘어날 것"이라고 말하기도 했다.

여권 신장을 위해 법조계가 개선될 점은

법조계에 아직까지 유리천장이 존재하냐고 물었다. 김 의원은 법조계뿐만 아니라 어느 직역이든 아직은 유리천장이 존재한다고 말했다. "우리 사회가 일·가정 양립이 어려운 상태죠. 여성이 일하기 쉬운 환경이 아니예요."
일단은 채용에서 불이익이 있다고 했다. 고용주 입장에서는 출산과 육아의 부담을 갖고 있는 여성을 채용하기보다 똑같은 돈을 주고서도 일을 더 시킬 수 있는 남성을 선호한다는 것. 또 로펌 변호사들의 경우 일정 기간이 지나면 파트너 변호사가 되기를 기대하는데, 그 과정에서도 같은 이유로 여성을 더 차별하는 경향이 있다고 전했다.
"이런 현상은 아직까지 출산과 육아의 부담을 여성이 떠맡고 있음을 방증해요. 우리 사회가 일·가정이 양립되는 사회로 나아가려면 고용주들의 이런 인식부터 개선될 필요가 있어요. 물론 그에 걸맞은 법과 정책 등 제도적인 뒷받침도 필요하죠."
채용 이후에도 여성들은 큰 불편을 겪는다. 육아 휴직을 쓰는 것이 여전히 어려운 상황인데다가 3개월 출산 휴가도 상당히 눈치가 보여 차라리 사직하고 마는 여성들이 많다고.
"사용자는 출산 휴가 중인 근로자에게도 돈을 주어야 하니까 손해라고, 억울하게들 생각하죠. 그러나 출산 휴가 사용이 당연하게 생각되는 사회 분위기가 형성돼야 해요. 법적·제도적 개선을 정치권이 만들어야 하고 여기에 사회 구성원들의 인식도 뒤따라야 합니다."

김 의원은 "현재 25% 정도 되는 여성 법조인의 비율이 점차 늘어나고 여성 관리자의 숫자가 많아지면 이런 분위기는 한층 빠르게 개선될 것"이라고 내다봤다.

후배 변호사들에게

성공한 여성 법조인으로서, 인정받는 정치인으로서 후배들에게 애정 어린 조언을 해 달라고 부탁했다. 그녀의 첫 마디는 "주어진 역할에 최선을 다하는 것이 가장 기본"이라는 말이었다. 그녀가 말을 이었다.

"나는 학벌이 되는 것도 아니었고, 집안의 누가 기업을 한다든가 해서 사건을 밀어주는, 그런 배경을 가진 것도 아니었고, 술 마시며 사람을 모을 수 있는 성격도 아니었어요. 사무장도 없이 대학 후배 한 명과 처음 변호사 생활을 시작해서 여기까지 왔죠. 지금 느끼는 바는 단 한 사람의 의뢰인을 귀하게 여기고, 내가 맡은 사건에 최선을 다해 성실하게 해결했던 태도가 노하우라면 노하우인 것 같아요."

변호사를 찾는 사람은 대부분 힘든 일로 찾아오는 만큼 우선은 그런 사람들의 이야기를 최대한 잘 들어주려는 마음이었다고 한다. 그것이 어떤 때는 심리 상담의 형태가 되기도 했다고.

"그렇게 최선을 다했더니 나를 신뢰하게 된 의뢰인이 주변에 어려움 당한 사람들을 소개하더군요. 변호사들이 많이 하는 이야기인데요. 나를 통해 사건을 해결한 사람이 언제부턴가 저를 알리고 다니는 사람이 돼요."

단 젊은 변호사들이 가끔 의뢰인의 입장에 너무 몰입해서 당사자화 되어 버리는 경우는 바람직하지 않다고 말했다. 경청과 공감을 하되 어디까지나 객관적인 태도를 견지해야 한다는 것.

"돌이켜 보니 나도 변호사 생활하면서 직원들 월급 주는 문제, 임대료 내는 문제, 세금 내는 문제들로 씨름하곤 했어요. 하지만 열심히 일하면 어떻게든 채워진다는 것을 경험하면서 그렇게 이어 왔죠."

그녀는 "변호사로서 최선을 다해 일하다 보면 분명 보람과 긍지를 느낄 수 있다"며, "어려운 상황에서도 힘을 내길 바란다"는 격려를 전했다.

(2017년 2월 6일자)

송기석 국회의원 / 前 판사

법관 20년 뒤로 하고 희망 정치 꿈꾸다
"선제적이고 적극적인 정치에 매력 느껴"

"법복을 20년 입었죠. 새 영역에 뛰어들고 싶었습니다" 그가 호방하게 말했다. 밖에서 그려 보는 정치와 현실 정치는 엄연히 다르기에 국회의원이 초심을 잃지 않고 4년의 임기를 한결같이 뛰기란 말처럼 쉽지 않다. 송기석 의원은 중저음의 분명한 목소리로 말했다. "정치가 국민께 희망을 드릴 수 있다는 것을 꼭 보여 드리고 싶다"고.

썩 넉넉하지 않은 형편에서 공부한 사법시험 출신이고, 로스쿨 도입 및 사시 폐지 논의 때는 반대 입장을 가졌지만, 그래서 더 현재는 사시 존치 편에 설 수 없다고 그는 말했다. 2016년 9월 6일, 직접 주최한 토론회를 마치고 나온 그에게서 사시존치에 대한 의견, 법관 생활을 떠나 정계에 입문한 이야기, 의정 계획 등을 들어 보았다.

– 최근의 한 언론 인터뷰에 따르면 사법시험 존치에는 찬성하지 않는다고 하셨어요. 자세히 말씀해 주시겠어요.

"저는 정계에 입문하면서 '결과에 승복'하는 태도를 강조해 왔습니다. 내가 반대한 논의더라도 더 많은 사람들이 원하는 방향으로 일정한 결론이 도출됐다면, 그 합의를 모두가 존중하는 게 옳은 태도라 생각해요. 로스쿨은 도입 단계에서부터 치열한 논의를 거쳤어요. 그 과정에서 저는 반대 입장을 견지했습니다. 가장 걸림돌이 되는 부분은 '사법시험이 해 왔던 희망의 사다리 역할을 로스쿨이 저해하지 않겠느냐'는 점이었습니다.

그런데 법률 시장이 개방되고 세계화가 빠르게 진행되고 있는 시점에서 우리 사회가 더욱 경쟁력 있는 법률가를 양성하려면, 다양한 분야의 인재들이 자신의 전공을 법학에 접목시켜 국민들에게 보다 질 좋은 서비스를 값싸게 공급할 수 있는 시스템이 필요하다는 결론에 이르렀어요. 서민에 대한 고려는 장학 지원으로 보완하고요. 이렇게 도출된 합의는 존중받아야 한다고 생각합니다. 나와 다른 의견이지만 더 많은 사람들이 원해서 나온 결론이니까요.
현재 사법시험 존치 법안과 주장들이 많이 나와 있습니다. 그러나 지금이 사시존치를 주장할 단계는 아니라고 봅니다. 일단 긴 논의 끝에 도입된 로스쿨 제도를 고칠 수 있을 때까지 고쳐 보고, 최선을 다해 보완한 이후에야 '이 제도가 맞다, 아니다'를 이야기할 수 있지 않겠습니까. 로스쿨이 서민의 법조 진입을 막는 문제점도 깊이 생각하고 있습니다. 그 점에 대한 보완도 다각도에서 고려해야 할 문제라고 봅니다. 다만 그것도 로스쿨 제도 안에서 이야기돼야 할 것입니다."

– 의원님은 사법시험을 어떻게 준비하셨는지 듣고 싶습니다.

"저는 13년 동안 대학을 세 번 다녔습니다. 첫 번째로는 1981년에 전남대 법대에 입학했어요. 그런데 그때 시국이 참 어지러웠죠. 어려운 형편에 공부해서 대학에 왔지만 또래들은 거리에 나와 외치고 싸우고 하는데, 책상에만 앉아 있으려니 마음이 많이 힘들었어요. 얼마 못 가 미등록 제적됐습니다.
군대 제대하고 한양대 법대에 다시 진학했어요. 학비와 생활비를 집에서 도와줄 수 없어 직접 아르바이트로 벌어 충당했죠. 사시에 뜻이 있었지만 사법시험 공부를 돈 벌면서 할 수 있겠습니까. 학과 공부 따로, 사법시험 공부 따로였기 때문에 돈 벌어서는 그냥 학교를 다닐 수 있을 뿐이었어요.
그러던 차 '건국대 법대는 사법시험 준비생들에 대한 장학 지원이 잘 돼 있어 학비는 물론 생활비에 숙식까지 제공한다'는 이야기를 듣고 건국대로 옮겨 갔습니다. 사법시험 준비에만 몰두할 수 있는 공부 환경이었고 그래서 합격을 했죠.

저는 공부할 당시 그런 마음가짐이었습니다. '죽을 각오로 한다', '전부를 내던진다'. 24시간 중 16시간을 공부 시간으로 잡았습니다. 그렇게 했기 때문에 2차 마지막 날 시험장을 나오면서 '내가 이 정도로 했는데 안 되면 이 시험은 나와 맞지 않는 거다'라고 생각할 수 있었고, 그해 안 되면 그만두려 했어요. 그만큼 누구 못지 않게 열심히 했다고 자신했습니다.

어떤 시험을 응시하든 마찬가지인 것 같아요. 목적 의식과 각오가 분명해야 합니다. 이래도 좋고 저래도 좋은 상태에서는 긴 시간 공부할 수 없어요. 이 생각 저 생각 다 떠안고 돈까지 벌면서는 공부할 수 없습니다. 다 내던져야 해요. 그래야 최선을 다할 수 있고, 설사 안 됐을지라도 미련 없이 그만둘 수 있습니다. 분량이 얼마 되지 않는 단시간의 시험 준비가 아닌 긴 시간 대비해야 하는 방대한 시험 준비는 밑 빠진 독에 물 붓기와 같습니다. 조금씩 물을 부어서는 다 새어 나가 버려 독에 물이 차 있질 않아요. 콸콸 넘치게 부어야 밑에서 빠져 나가도 독에 물이 차 있을 수 있습니다. 시험 기간을 길게 잡지 말고 잡은 기간 내에는 자신이 쏟아 부을 수 있는 모든 것을 최대한 투여해야 합니다."

– 법조인 시절 기억에 남는 사건들을 소개해 주세요. 현재 의정 활동에 영향을 미친 사례들이 있다면.

"제가 처음 대표발의한 법안이 '세입자 주거안정·권리강화법'입니다. 전월세 관계와 보증금 문제는 저를 비롯한 동료 판사들이 속을 많이 썩는 사안들이었죠. 일방적으로 보증금을 올리고선 세입자들에게 더 내라고 요구하는 문제, 확정일자의 효력이 익일 발생하는 점을 악용해 전월세 계약한 당일에 근저당을 설정해 버리는 문제 등 법이 서민들을 제대로 보호하지 못하는 경우들을 종종 봤습니다. 그래서 저는 '임차인이 전입신고를 마친 그 날부터 바로 제3자에 대해 임차권으로 대항할 수 있도록' 하는 내용의 법안을 발의해 임차인의 권리를 두텁게 보호하고자 했습니다. 또 보증금과 차임의 인상에도 제한을 두었죠. 법관 시절 경험이 법안 발의에 영향을 미친 한 예고요.

또 종종 볼 수 있는 게 얼마 전 '불효자 방지법'이라고 발의된 것들 있지 않습니까. 저는 그 법안들에 아주 공감합니다. 지금 우리 사회에 꼭 필요한 법이에요. 실제 재판에서도, 독거 노인 봉사 활동을 가서도 어렵지 않게 접할 수 있는 사연들이죠. 부모들이 나이가 들면서 불안한 마음에 재산을 자식에게 다 줘 버립니다. 기대하는 바가 있어서죠. 그런데 자식들이 요구대로 해 줍니까. 연락 끊어 버리고 없어져 버리고 이런 일이 많습니다. 그래서 재판까지 오거든요. 증여를 무효로 봐 달라는 소송, 양육비를 청구하는 소송 등으로 부모 자식 간에 법정에서 다투는 일이 비일비재합니다. 이런 사안들도 법으로 어느 정도 조정이 가능하지 않나 생각하고 있습니다.

또 하나 제게는 의미가 깊은 사건이 있습니다. 1981년 용공 누명을 쓴 광주 횃불회 재심사건입니다. 보통 재심사건의 무죄판결을 내는 과정에서 수사기관들이 자기 잘못을 잘 인정하지 않습니다. 그런 사실인정 단계까지 가기 전에 형사소송법적 위법만 입증되면 무죄를 낼 수가 있거든요. 사실관계를 다시 짚는 데까지 가지 않아도 될 것을 굳이 긁어 부스럼 내지 않는다고 할까요. 그런데 저는 그때 굳이 사실인정 단계까지 다시 밟아 수사기관의 폭행·가혹행위를 인정했습니다. 피해자들의 억울함을 확실히 풀어주고자 하는 마음이었죠."

- 2016년 초 '안철수 인재영입 호남 1호'로 화제를 모았습니다. 정계 입문의 계기는 무엇인가요.

"인재영입 1호는 당을 선택하는 과정에서 있던 일이고요. 그 이전에 정치에 발을 디디게 된 계기는 사법의 역할과는 다른 정치의 역할에 매력을 느꼈기 때문입니다. 사법의 역할은 사후적이고 소극적입니다. 사법부가 찾아 나서서 문제를 해결하는 방식이 아니고 당사자들이 문제를 가지고 법정으로 와야 하죠. 법정에 앉아서 문제를 기다리기보다 더 근본적으로 문제해결을 고민하고 싶었습니다. 제도적·입법적인 일을 해 보고 싶은 생각이 들었죠. 물론 사법의 중대한 역할과 소명을 폄훼하는 것은 아닙니다. 법관생활을 20년 해 오면서 새로운 일을 해 보고 싶다는 열망을 가지던 때에 마침 선제적이고 적극적인 정치의 성격이 매력으로 다가와 저를 움직였죠."

- 정치 신념과 의정 계획을 알고 싶습니다.

"지금 정치인들은 국민의 문제를 해결하고 갈등을 조정해 주기는커녕 문제와 갈등을 조장하는 사람들로 비춰지고 있습니다. 저는 언제까지 초심을 잃지 않고 민생에 집중하면서 민생을 최우선으로 여겨 국민들에게 '정치가 희망을 안겨 줄 수 있다'는 생각을 심어 주는 정치인이 되려 합니다. 그러기 위해서는 우리 정치인들이 많이 바뀌어야 할 줄로 압니다. 국민들 보기에도 정치인들이 건설적인 대화와 토론을 하지 못하고 그래서 일하는 국회가 아닌 싸우는 국회의 모습이지 않습니까. 이는 나만이 옳고 나만이 정의롭다는 그릇된 태도에서 오는 현상이라고 생각합니다. 정치인들도 사람인 이상 틀릴 수 있고 잘못된 생각을 가질 수 있습니다. 그런데 자신이 잘못 생각했고 어떤 점에 대해 몰랐다는 것을 깨끗하게 인정하지 않습니다. 또 타인의 견해가 왜 나와 다른지 한 번 더 이해하려 노력하고 그 입장에서 생각해 볼 수 있는데도 '그냥 당신은 틀렸고 정의롭지 않다'고 매도해 버립니다. 그래서는 대화를 할 수가 없죠. 우리 정치인들이 그런 태도부터 바꾼다면 국민은 이전보다 더 정치를 신뢰하기가 쉬워질 것입니다.

저는 교문위 소속인만큼 교육에 의정 활동을 집중하고 있습니다. 현재 우리 교육은 세계적으로 뒤처지지 않는 글로벌 인재를 양성하기에는 부족함이 많습니다. 우리 사회에서 우등생은 모든 과목을 잘 하는 학생이며, 개인의 잠재력이나 소질과는 상관없이 다 똑같은 공부를 하죠. 어떤 분야에서는 국영수가 크게 중요하지 않을 수 있어요. 그런데 모든 학교가 국영수를 가장 비중있게 가르치고 있어요. 앞으로 초등 교육과정은 기본 인성과 기초 언어 능력, 기초 소양들만 함양시키고 각 개인이 자기만의 소질과 역량을 발견하게 하는데 집중되어야 합니다. 중고등학교 과정도 모두가 똑같은 과목을 똑같은 비중으로 공부하는 게 아니라, 초등교육 과정에서 찾은 자기 적성과 소질에 맞는 분야로의 진출을 본격적으로 준비할 수 있도록 재편돼야 하죠. 대학의 역할 또한 새롭게 바뀌어야 하구요.

저는 요즘 이를테면 '교육개혁위원회' 같은 기구 구성을 추진하려 하고 있습니다. 정권이 바뀌어도 영향받지 않는 독립적이고 중립적인 교육 혁신 논의의 장이 필요합니다. 교육이 진정한 의미의 백년지대계가 될 수 있도록, 수십 년까지 논의가 이어지더라도 한 번 제대로 바꾸기 위해서는 논의의 장을 마련하는 일이 시급하죠. 앞으로 그 방향에 의정 활동을 더욱 집중할 생각입니다."

– 청년 세대들에게 하고 싶은 말씀이 있다면.

"이번 20대 선거에서 청년 투표율이 높아졌다고 이야기 됐죠. 하지만 청년 실업률이나 'n포세대, 헬조선'이라는 용어들, 각 정당마다 청년 문제를 시급히 다루고 있는 상황들에 비추어 보면 그리 높은 참여율이 아닙니다. 청년의 문제인데 청년이 나서서 해결하려는 분위기는 아닌 거죠. 저는 그 점이 안타깝습니다. 수많은 청년들이 공무원 시험을 준비하고 더 안정적이면서 편안한 직장을 선호한다는 통계들이 있습니다. 청년 세대의 분위기가 진취적이고 모험적이기보다는 정적이라고 이야기할 수 있는 부분입니다. 우려되는 점은 앞으로 4차 산업혁명과 알파고 시대를 맞이해 사회가 또 급변한다는 점입니다. 급변하는 사회에서 정적인 자세로는 균형을 잡을 수가 없습니다. 청년들이 더욱 치열하게 고민하고 적극적으로 행동하기를 권장합니다. 꼭 투표에만 참여하는 것을 넘어서 자기 생각을 부모 세대나 기득권층을 향해 표현할 수도 있어야 하고 자신에게 필요한 부분을 설득력 있게 요구해서 바꿀 수도 있어야 합니다. 누군가 해 주길 기다려서는 아무 일도 일어나지 않습니다.

'청춘을 불사른다'는 표현이 사라져가는 요즘입니다. 자신의 열정이 이끄는 곳에 불편과 두려움을 감수하고 전부를 내던지는 청년들이 많이 나왔으면 좋겠습니다. 국가 발전의 동력은 그러한 사람들로부터 나올 것입니다."

(2016년 9월 7일자)

이은경 한국여성변호사회 회장
대한변협 부협회장, 前 판사

판사 생활 뒤로 하고 어느덧 15년 차 변호사
"성실·책임감 특징인 청변·여변들 놀라워"

"3차 산업혁명 때도 그랬죠. 사람의 손으로 했던 일을 앞으로는 다 기계가 할 테니, 일자리가 대폭 없어질 거라고. 인류의 위기라고. 실제로 그때 일자리가 많이 줄었어요. 그러나 인간은 새 시대에 적응하는 것을 넘어 오히려 발전·도약해 와 이제 4차 산업혁명을 맞이했습니다. 지금 우리는 여러 우려에 매몰되기보단 끊임없이 논의를 하면서 방안을 강구해야 해요. 백 년 전 사고로는 아무리 이야기해 봐야 진전이 없죠. 획기적으로, 프레임을 다 깨트려야 해요. 이전 경험에만 기대어 '안 될 것 같다'며 주저할 게 아니라 새로운 것을 과감히 시도하면서 미래로 나아가야 해요."

친절한 미소와 화사한 분위기가 트레이드 마크인 한국여성변호사회 이은경 회장은, 이렇듯 본론으로 들어가 사안에 대한 견해를 이야기할 때는 '화끈'했다. 문제를 다각도로 고찰해 본 자신감으로부터 뿜어져 나오는 그녀의 확신에 찬 눈빛과 목소리에는 강한 흡입력이 있었다. 주장하는 중간중간 의도적으로 미소를 지어 보이며 상대방의 경청까지 돕는 그녀에게선, 불필요한 난해함이나 과도한 심오함 같은 건 찾아볼 수 없었다. 오히려 의복처럼 입혀진 긍정적인 기운으로 주변을 따라 웃게 할 뿐이었다.

판단자인 판사는 '겸손', 헬퍼인 변호사는 '따뜻한 마음'이 미덕

변호사 생활 15년 차인 이은경 회장은 11년간의 재판 경험을 가진 소위 '전관'이다. 1991년 20기로 사법연수원을 수료한 이 회장은 서울남부지방법원 판사로 시작해 서울중앙지법·전주지방법원·서울동부지방법원 등지를 거친 뒤 2002년, 법원을 나와 개인 법률사무소를 열었다. 판사의 직으로부터 변호사 직으로 옮겨 온 그녀이기에, 변호사 생활에 대해 남다른 시각을 지녔을 것 같았다. 양자의 가장 큰 차이를 묻자 "변호사 생활은 익사이팅(exciting)이죠!"라는 대답이 단박에 돌아왔다.

"판사의 일은 기본적으로 큰 변동이 없으니 평온하죠. 만날 사람이 한정돼 있으면서 많은 사람을 만나서도 안 되고, 일은 상당히 많지만 정해진 틀 안에 있는 공무원이기에 안정적입니다. 그러나 변호사는 한 치 앞을 내다볼 수 없어요. 무슨 일을 맡을지 모르고, 내가 하고 싶은 일만 하는 것도 아니고. 또 얼마나 다양한 사람을 만나나요. 바로 다음 밟을 한 걸음도 어떻게 될 지 모르는 게 변호사의 일입니다. 그야말로 흥미진진하죠."

법조계에 대한 인식이 날로 나빠져가는 요즘이다. 그녀에게 '좋은 판사'란 무엇이며 '좋은 변호사'란 무엇일지에 대해 물었다. 이은경 회장은 단호한 어조로 말했다.

"판사에 대해서는 먼저, 필히 겸손해야 된다고 말하고 싶습니다. 다툼과 갈등이 끊이지 않는 인간 사회에서 누군가는 중간에서 판단하는 역할을 해야 합니다. 판사는 그런 일을 하라고 만든 자리인데요. 다투고 있는 사람들보다 뛰어나기 때문에 그 사람 보고 '우리 일을 판단해 달라'고 맡긴 게 아닙니다. 판사 개인이 남들보다 선하고 훌륭하기 때문은 더욱 아니죠. 단지 사회의 필요에 따라 판단하는 역할을 하도록 훈련된 사람에 불과하다는 생각을 항상 하고 있어야 해요. 즉 겸손해야 한다는 말인데요. 그렇지 않으면 판사는 스스로 권위 의식에 빠지게 되거든요. 권위 의식을 가진 판사는 좋은 판사일 수 없어요. 사건마다 백지상태로 임해서 하나라도 더 들어보려 하고, 여러 처지를 이해하고자 하는 겸손한 판사여야 '좋은 판사'입니다. 판사는 다 이 '좋은 판사'가 돼야 하겠죠."

어쩌면 작정하고 하는 쓴소리인 것도 같았다. 하지만 그만큼 판사직에 대해 깊은 애정을 가졌기 때문에 하는 말로 여겨졌다.

한편 그녀의 말에 따르면 변호사는 '헬퍼'다. 변호사를 찾아오는 사람들이란 "나를 위해 싸워 달라"고, "나를 대신해 목소리를 내어 달라"고 도움을 청하는 사람들이다. 그녀는 판단자인 판사보다 남을 돕는 직업인 변호사

가 더 자신의 가치관에 부합한다고 말했다.

"호랑이는 죽어서 가죽을 남기고 사람은 죽어서 이름을 남긴다고 말하지만, 저는 달리 봅니다. 사람이 죽어서 남기는 건 그가 생전에 도왔던 사람들이에요. 저는 개인적으로 '무능하다, 능력없다'는 소리보다 더 비참한 것이 '도움이 안 된다'는 말로 여겨집니다. 사람이 능력 없고 무능해도 어떤 형태로든 남을 돕는 건 가능하거든요. 힘으로 위계가 생겨 곳곳에 '갑을관계'가 형성되어 있는 그런 사회는 정말 끔찍하죠. 내가 먼저 자발적으로 남을 돕고, 그 도움을 받았던 사람이 받은 만큼 또 다른 누군가를 돕고, 그런 사회가 된다면 얼마나 멋질까요. 그런 의미에서 남을 도울 기회가 늘 주어지는 변호사는 정말 멋진 직업이죠."

그렇다면 그녀가 보는 '좋은 변호사'란 무엇일까. 그녀는 변호사 활동과 그 직업의 본질이 '돕는 것'임을 주목하라고 말했다. 변호사가 하는 일 자체가 '돕는 것'이므로 변호사는 '도울 마음'이 필수라는 게 그녀의 생각이다. 그런 마음이 전제되지 않은 상태에서 그 이외의 부분, 이를테면 보수 등을 변호사 생활의 목적으로 삼는다면 그 일은 힘들어지고 버거워질 수밖에 없다는 것.

"서면이나 사람을 통해 사건을 대할 때 그 사람을 돕겠다는 마음이 아닌, 돈벌이라는 마음으로 접한다면 변호사 일의 무게는 천근만근이 됩니다. 일을 무겁게 지고 있는 변호사는 좋은 변호사가 아니죠. 어떻게든 도우려는 마음, 맡은 일을 내 일처럼 여기는 안타까움과 애틋함으로 임하는 변호사는 다르거든요. '좋은 변호사'지요. 다만 변호사는 전문직이고 타인의 중대사를 대신한다는 점에서 더 필요한 요소가 있죠. '실력'입니다. 실력이 없는데 돕겠다고만 하는 사람은 오히려 방해가 될 수 있어요. 실력과 도우려는 마음을 다 갖춘 변호사야말로 '좋은 변호사'입니다."

'이은경호' 한국여성변호사회, 2년차에 접어들다

2016년 2월 취임한 이은경 회장이 이끄는 한국여성변호사회는 지난 1년간 숨가쁘게 달려왔다. 여성가족부, 경찰청, 서초구 등 정부 기관은 물론 각계 공익 단체들과 업무 협약을 맺고, 아동·청소년·여성·외국인의 지원을 위해 심포지엄과 토론회 등을 개최해 공적인 목소리를 냈다. 또 민생의 풀뿌리 현장에서 각종 상담도 성의껏 진행해 왔는데, 작년 5월 결성한 '봉사단'은 안양 여자소년원 원생들과 일대일 멘토링 결연을 맺고 손 편지 교환과 방문 격려를 하는 등 그 사랑과 관심을 지금도 지속하고 있다.

특히 '아동청소년특별위원회'는 작년 4월 '아동학대가 이 땅에서 사라지는 바로 그날까지'란 슬로건 하에 '아동학대 예방 및 근절을 위한 심포지엄'을 개최했고 '코피노 아버지 찾기 소송지원 협약'을 통해 코피노의 아버지들로부터 양육비를 받아 내는 성과도 거두었다. 이뿐만이 아니다. 2016년 7월과 9월엔 '온라인 성폭력 실태 및 피해자 지원을 위한 심포지엄'을 개최해 몰래카메라 근절 방안을 도출했는데, 이 일에 참여한 일부 여변 위원들은 얼마나 열심히 일했는지 과로에 쓰러져 병원에 실려가기도 했다. 이어 11월에는 '성폭력 2차 피해 실태 마련 및 예방책 마련을 위한 세미나'를 개최해 실천적인 정책을 제안한 바 있다.

이처럼 쉼 없이 달려 오며 다양한 활동으로 사회에 기여해 온 한국여성변호사회이지만 그 열정은 쉽게 식지 않을 것으로 보인다. 이 회장은 여변이 종전에 해 왔던 공익활동을 지속·발전시키기 위해 김영혜 전 국가인권위원회 상임위원을 영입, '인권실무모임'을 만들어 앞으로 국제 인권과 사회적 약자에 대해서도 실천적인 인권 차원의 접근을 모색하겠다고 전했다.

한편 여변 산하 '리더십 스쿨'의 정치 및 비즈니스 아카데미를 활성화할 계획도 갖고 있다고 말했다. 정치 아카데미를 통해서는 여성변호사들이 풀뿌리 민주주의 현장에서 법률과 예산을 섬세하게 집행할 수 있도록 하고, 비즈니스 아카데미를 통해서는 여성변호사의 역량 강화와 전문성 및 탁월성 고양에 주력할 생각이라고 했다.

여성변호사회는 회원들이 임의로 가입하는 자발적 단체다. 이 회장에 따르면 여변이 이토록 많은 일을 해내는 원동력이 바로 이 '자발성과 열정'이다.

"억지로 하라고 했다면 그렇게 해낼 수 없겠죠. 여변이 다루는 사회 문제 하나하나에 회원들이 자발적으로 관심을 갖고 참여했고, 사명감을 가지고 뛰어든 건데요. 여성들 특징이 또 성실성, 그리고 책임감이잖아요? 그렇다 보니 밤을 새서라도 자신의 일을 끝내려 하고, 그러다가 쓰러지고, 실려가고. 우리 여변들 정말 대단합니다(웃음)."

이 회장은 "한 가지 아쉬움이 있다면 청년들의 참여를 더 많이 이끌어내지 못한 점"이라고 했다. 따라서 그녀는 향후 청년변호사들이 현실적으로 느끼는 고충을 허심탄회하게 나눌 수 있도록 분위기와 장을 마련하고, 그것을 바탕으로 여변 차원에서 청년변호사를 위한 단기·중기·장기적 로드맵을 세울 계획이라고 전했다.

누가 봐도 이은경 회장은 하는 일, 그리고 해 온 일이 많았다. 여변 활동의 성과는 그녀의 말처럼 "책임감 있고 열정적인 여변 구성원들의 덕분"으로 돌린다고 하더라도, 그 외에도 무수하다. 대한변협 부협회장·대한변협 헌법개정특별위원회 위원·국가인권위원회 비상임위원·대한변협 사랑샘재단 이사·한국여성정책연구원 강사·경찰청 인권보호위원회 위원·대검찰청 사건평정위원회 위원·법무법인 산지 대표 등. 이 밖에 열 개도 더 나열할 수 있을 정도다.

솔직히 힘들지 않냐고, 스트레스는 없냐고 넌지시 물었더니 "왜 스트레스가 없고 어깨가 안 무겁겠냐"는 대답이 돌아왔다. "그런데 어떻게 하나도 스트레스에 찌들지 않은 모습일 수 있느냐, 멘탈 관리를 어떻게 하느냐"고 되묻자 그녀가 말했다.

"멘탈 관리가 잘 안 되는 사람들은 자기 연민이 강하거나 자책을 잘 해요. 저는 이 두 가지 생각이 엄습해 오는 것을 늘 경계하죠. '자기 연민'은 말 그대로 '내가 불쌍하다'예요. '내가 이렇게 대단한 사람이고 나는 이렇게 가치 있는 사람인데 왜 몰라주지'라거나 '이렇게 대단한 내가 왜 이따위 일을 하고 있지'라고 생각하는 거죠. 또 하나 '자책'은 자신을 지나치게 질책해요. 어느 정도 관대하게 넘어가야 하는데 마음에 안 드는 자신의 모습과 실수에 오랜 시간 묶여 있어요. 이런 멘탈은 건강하지 못하고 그 사람이 어떤 일도 잘 해낼 수 없게 하죠."

그녀가 든 또 하나의 요인은 바로 '배우자'다. "배우자는 '나'라는 존재의 완충제예요. 서로를 위하는 마음과 사랑하는 마음이 서로의 삶을 강하게 받쳐 주죠. 신뢰를 나누고, 약속을 공유하고, 내면의 깊은 교류를 나눌 상대가 있다는 것은 놀라운 차이를 가져다줍니다."

저출산 극복 방안? "획기적인 걸 해야 할 때"

이은경 회장은 자녀가 다섯이다. 그 많은 일을 해내면서 자녀까지 척척 길러 낸, 이른바 '수퍼 우먼'이다. 쏟아져 나오는 요즘의 저출산 정책에 대한 그녀의 평가는 '근시안적'이란 말로 정리됐다.

"자녀 양육의 가장 큰 부분은 교육비, 특히 사교육비입니다. 부모들이 아이를 더 낳지 않으려는 가장 현실적인 이유는 교육을 잘 시킬 자신이 없기 때문인데요. 지금처럼 단순히 출산과 육아를 위한 비용을 보조하는 방식만으로는 효율성이 없습니다. 지금까지 100조 원이나 들어갔다고 하는데, 들인 비용에 비하면 그 효과가 너무 미미하죠. 근본적인 대책, 획기적일지라도 즉각 변화를 가져올 대책을 우리가 실행해야 합니다."

'획기적'이라는 말을 다시 한 번 강조한 후 그녀가 말을 이었다. "사교육비를 줄이려는 많은 노력들이 있지만 잘 안 되는 것은, 아직도 우리 부모들이 아이들을 줄 세워 경쟁시키고 '대학 잘 가라', '취업 잘 해라'는 말로 양육하기 때문인데요. 이런 그릇된 부모 세대의 가치관까지 일거에 무용하게 만들면서 저출산 문제까지 해결할 방안으로는, 아이 셋 이상인 가정의 자녀가 일정 점수 이상만 되면 국공립대 입학을 보장해 주고, 대학 등록금도 면제해 주며, 일정 학점 이상이면 졸업 후 공기업·국가기관에 우선취업하게 해 주는 것입니다. 이런 조치들이 불평등하다고 느껴진다면 그것은 우리 사회가 아직 가지고 있는 '성적 우선주의, 대학서열문화, 공무원 선호 과열 현상'이라는 타파해야 할 의식들 때문이죠."

그녀가 물었다. "아이 낳아도 기본적인 요소들이 다 보장되는데 왜 안 낳을까요? 아이만 낳으면 부모가 그렇게 원하는 대학, 등록금, 취업이 다 보장되는데 왜 안 낳을까요? 지금껏 출산 장려한다고 그냥 돈만 나눠 주며 쓴 비용에 비하면 제가 제시한 방안을 실행하는 데 드는 비용은 그보다 훨씬 적을 거예요."

한편 이 회장은 '일·가정 양립'을 위한 방안도 방점이 잘못 찍혔다고 지적했다. 일·가정을 양립하자면서 방점을 '일'에 찍어서는 궁극적인 문제 해결을 가져올 수 없다는 것. 물론 남성 육아휴직 의무화 등과 같은 조치는 바람직하며 장려돼야 한다고 그녀는 말했다. 그러나 '일·가정 양립'을 가정의 희생 위에 세우려 해서는 안 된다고 선을 그었다.

"일·가정 양립 문제 해결의 포인트는 가정이 되어야 합니다. 일과 가정이 양립되지 못함은 부모가 가정을 돌볼 시간과 비용이 없다는 것이 핵심입니다. 부모에게 시간과 비용이 없다면 이를 대신할 자는 당연히 국가여야 하는데요. 재정 수준이 제각각인 지자체에게만 맡길 일도 아니죠. 국가는 공립 보육기관을 지금보다 2,3배 수준이 아닌 10배 이상 늘려야 합니다. 아울러 활용할 자원이 있다면 적극 활용해야 하겠죠. 이를테면 성당, 교회, 불교 사찰 등의 종교 시설에도 보육의 기능을 어느 정도 분담하게끔 방안을 내야 합니다. 부모의 종교에 따라 다양하게 선택할 수도 있구요."

인구 절벽이 코앞인 위기 상황인데 변죽만 울리는 정책들로 비용과 시간을 낭비하는 상황이 못내 안타까운 듯 보였다. 그녀가 말했다. "사회가 생산 가능 인구를 늘리고자 여성의 사회 진출을 장려해 놓고 '일 잘 해라, 애도 낳아라, 애를 많이 낳으라'고 점점 몰아 붙이기만 할 뿐 그에 맞는 토양을 조성해 주진 않고 있죠."

표정에 서린 안타까움을 이내 환한 미소로 걷어낸 뒤 그녀가 물었다. "너무 획기적인가요? 그래도 이렇게는 해야 해. 그래야 바뀐다구."

(2017년 3월 13일)

이재명 성남시장 / 前 변호사

장애 안은 빈민 소년노동자 출신, 100만 성남시장으로
인권 존중되는 공정세상 만들려 인권 변호의 길 택해

광장과 촛불의 가장 큰 수혜자라 불리며 유력 대선 후보로 자리매김한 이재명 성남시장. 일찌감치 시민과 어깨를 부딪혀 가며 광장에 자리를 잡고 앉아 소신을 행동으로 옮겨 온 그는, 촛불 주역의 정국이 되자 물 만난 듯 자연스레 부상했다. 스스로를 '국민의 머슴'이라고 칭하는 그. 이재명 성남시장이 시정을 어떻게 이끌어 왔는지를 살펴보면 그의 말이 단지 허울뿐인 겸손에 그치는 게 아님을 알 수 있다.

초등학교 졸업 학력의 빈민 출신 소년 노동자였던 그가 인권변호사이자 시민운동가를 거쳐 시장의 자리까지 온 건 명백히 사법시험 덕분이라고 그는 말한다. 기회가 공평하고 공정한 세상, 인권이 존중되는 세상을 만들기 위해 군부독재에 복무하는 판검사를 마다하고 인권변호사의 길을 택했다는 그는, 한편으로 확고한 사법시험 존치론자이기도 하다.

에둘러 말하는 법 없이 직설적이고 분명한 의견표명으로 국민의 마음을 시원케 하기로 유명한 '사이다' 이재명 성남시장이 본지 인터뷰를 통해 앞으로도 민심과 대중의 이익에 발맞추는 행보로 지지층을 넓혀가겠다는 자신감을 보였다. 다음은 이재명 시장과의 일문일답.

– 유력 대선후보가 됐다. 그 이유가 무엇이라고 보는지.

"민심을 따라 행동한 점이 가장 큰 이유인 것 같다. 국민들 입장에서는 자기를 대신해 국민의 뜻에 따라 행동하는 사람을 지지하게 되어 있다. 나는 개인의 유불리를 따지지 않고 국민의 '머슴'으로서의 행보를 했고 이것이 대중에게 인정을 받은 것 같다. 지금은 대중의 정치 패러다임이 빠르게 변하고 있다. 개인 간 네트워크를 통한 정보교환으로 더 이상 대중이 정치에 끌려가지 않게 되었다.

오히려 국민이 정치에 강요해 정치가 생각하지 못한 답을 만들어 내는 시대다. 대중이 정치의 주체로 자리 잡아감에 따라 대중은 더 이상 예전과 같이 정치인의 명성이나 스펙을 따지지 않는다. 대신 실제로 '이 정치인이 과거에 어떠한 성과와 변화를 만들어 냈는지'를 평가하기 시작했다. 즉, '이 사람을 뽑는다면 나에게 어떤 유익을 가져다 줄 수 있는지'를 따지기 시작했다는 것이다.

그런 면에서 내가 성남의 부채 청산, 복지 확대 등 작은 권력으로 큰 성과를 낸 점이 국민들에게 인정 받았다고 생각한다. 앞으로도 국민의 '머슴'으로서, 대중의 이익에 기반한 행보를 보인다면 나의 지지도는 갈수록 올라가리라 본다."

– 언급한 대로 복지에 특히 힘쓰는 것으로 유명하다. 반대도 만만치 않은데, '복지'에 대한 특별한 신념이 있다면.

"국민의 생활 향상과 사회 보장을 위한 사회 정책 및 시설을 의미하는 사회복지는 자유 민주주의 제도에서 중요한 요소다. 시대가 지날수록 국가별 사회복지의 비중은 높아지고 있다. 대한민국에서 복지는 헌법에서 정한 국가의 의무이고, 또 복지는 세금 내는 시민의 당연한 권리이다. 국가재정은 모두 국민이 낸 세금인데 이 세금은 국가 안전보장, 국민의 생명과 안전을 지키는 일, 공정한 경쟁이 가능한 사회 조성, 기타 질서를 유지하는 비용으로 써야 하고 그렇게 쓰고 남은 나머지는 국민에게 돌려 줘야 한다. 그것이 복지의 형태다.

복지를 마치 시혜적이고 마냥 베푸는 것이라고 생각하는 경향이 있는데, 이는 정부가 스스로의 역할을 외면함으로써 본래의 의미를 훼손시킨 것뿐이다. 복지를 비롯한 모든 사회서비스는 시민이 내는 '세금'을 '행정'이라는 수단을 통해 환원하는 것이다. 그것이 바로 복지시책이고 이는 많을수록 좋으며 그러므로 최대한 확장해야 맞다. 일부 언론과 정치 세력이 '복지하면 국민이 게을러진다, 나라 망한다'고 자꾸 그러는데 그러면 유럽 등 선진국은 다 망했어야 한다."

– 나라가 많이 어지럽다. 요즘의 상황에 대해 '나라란 어떠해야 한다'는 소신을 밝혀 준다면.

"나라의 주인은 국민이다. 대통령을 비롯한 국가의 모든 기관은 국민을 대신해 세운 자리로, 국민이 권력과 재정을 이들에게 위임했다. 그러나 이번 박근혜·최순실 게이트를 통해 나타난 우리나라의 큰 문제는, 이 나라 지도자이자 기득권으로 자리 잡은 자들이 자신들의 본분을 잊고 국민들 위에 군림하려고 했다는 점이다. 국민들로부터 온 게 아니라 자신들의 돈이고 자신들의 권력이라 생각했기 때문에 막중한 권력을 아무에게나 말 그대로 던질 수 있었던 것이고, 국민의 소중한 세금을 권력 유지와 사적 이익을 위해 허비한 것이다. 국민의 생명이 위협받는 위험한 상황에서도 국민을 지켜야 할 책임자로서의 대통령은 없었다. 촛불 민심은 국민을 무시하고, '머슴'으로서 일을 제대로 하지 않은 정권에 대한 분노다. 그리고 '주인'으로서 해고하겠다는 것이다. 국민이 세워 준 권력, 정부기관이든 국회든 그 모든 것은 국민 뜻을 따라야 한다. 그게 민주주의의 가장 기본 원리이다."

– 해마다 20만 명이 넘는 인원이 공무원 시험에 응시한다. 이들에게 시장님이 생각하는 '바람직한 공직자의 자세'를 제시해 준다면.

"먼저 그 노력들에 대해 좋은 결과가 있으면 좋겠다. 한편으로는 대한민국 고용 불안이 만든 현상에 내몰린 건 아닌지, 한 사람의 정치인으로서 미안한 마음과 책임감이 느껴진다.
치열한 경쟁을 뚫고 공직자의 길을 시작하면 기대했던 대로 많은 혜택도 누리겠지만, 그 길이 쉽지만은 않다는 것도 금세 알게 된다. 공무원이란 어느 직업군보다 친절이 요구되며, 국민 삶의 수준이 높아지고 사회 요구가 다양화 됨에 따라 업무량도 기하급수적으로 늘고 있는 추세다.
공직사회에서 청렴은 무엇보다 필수다. 순간의 유혹을 못 이겨 저지른 비리로 어렵게 얻은 공직에서 이탈하는 경우들을 볼 때, 조심하고 또 조심하지 않으면 나도 모르게 타성에 젖어 부패하기 쉽다는 것을 알 수 있다.
공무원이란 청렴하고 거짓이 없어야 한다. 내가 하는 모든 행위는 국민을 대신해서 하는 것이고, 마찬가지로 내가 사용하는 모든 재정도 국민을 대신하여 쓰는 것이다. 어느 조직보다 공정함과 정직함이 요구된다는 것. 이 점을 꼭 기억해 주길 바란다.”

– 인권변호사의 길을 걷게 된 계기가 알고 싶다.

“구체적으로 내 삶의 방향을 공익을 위한 삶으로 정하게 된 계기는 대학생 시절 ‘5·18 광주 민주화 운동’의 실체를 알게 되면서부터이다. 그 전까지 나는 국가에게 속아 민주화 운동 참여자들을 폭도로만 알았고 그들을 욕했다. 그러나 실상을 알고는 충격을 받았다. 내 자신이 스스로 너무나 부끄러웠다. 나라의 훌륭한 지도자라고 생각했던 집권자들이 사실은 가해자들이었다. 그때를 계기로 ‘개인적 욕망만을 채우는 삶은 합당하지 않다’고 느끼게 됐다.
개인의 삶이란 한 개인의 무능함이나 불성실함 때문에 결정되지 않는다. 개인을 둘러싸며 그 삶을 제한하는 체계적인 벽이 있음을 알고부터는 그 벽을 깨뜨려 모두가 인격적으로 존중받는 세상을 만들고 싶었다. 기회가

공평하고 공정한 세상, 인권이 존중되는 세상을 만들겠다고 결심한 것이다. 그 영향으로 군부독재에 복무하는 판검사의 길을 거부하고 인권변호사의 길을 걷게 됐다."

– 사법시험 존치를 주장하는 이유는.

"나는 초등학교 졸업 학력의 빈민 출신 소년노동자였으나 사법시험을 통해 법조인이 됐다. 인권변호사와 시민운동가를 거쳐 지금은 100만 성남시의 시정 책임자인 시장이 됐고, 나름대로 서민과 소외된 약자의 희망이 되려고 노력 중이다. 장애까지 안은 빈민 출신 소년노동자가 지금의 지위에서 역할을 할 수 있게 된 것은 명백히 사법시험 덕분이다.

사법시험 제도가 폐지되면, 법조인이 되기 위해 4년제 대학 졸업 자격을 가지고 로스쿨까지 이수해야 한다. 4년제 대학 교육에도 비싼 학비를 부담해야 하는데 로스쿨을 위해 또 연간 수천만 원의 엄청난 학비를 부담해야 한다. 이러한 학비를 감당할 수 없는 가난한 이들에게 법학전문대학원(로스쿨)이나 법조인이 되는 길은 아예 봉쇄되었다 해도 과언이 아니다. 거기다 앞으로는 판검사 임용이 어떤 기준으로, 어떤 사람이, 어떤 평가를 받아 되는 건지 알 길이 없다.

가난한 자들은 쳐다보지도 못하는 사이에 고관대작 기득권 자제들은 로스쿨을 나와 대형 로펌(법무법인)을 거치고, 객관적 검증이 가능하지 않은 평가 방법을 통해 자자손손 판검사가 되는 '법조귀족' 계층이 생겨날 거라는 우려가 광범위하게 퍼지고 있다. 만약 로스쿨이 유일한 법조인 양성 선발 방법이 된다면 고졸 학력인 노무현 대통령 같은 법조인은 나올 수가 없고, 빈민 소년노동자 출신의 인권변호사 이재명도 다시는 나올 수 없다. 개천에서 용 나는 유력한 수단이던 법조인의 길은 가난한 이들에겐 그림의 떡이 될 것이고 판검사 임용, 나아가 사법제도 자체에 대한 불신은 커져만 갈 것이다.

모든 이에게 계층이동의 기회를 보장하고, 특히 가난한 서민의 아들·딸들에게도 희망을 주기 위해서는 학력 관계없이 법조인이 될 수 있는 사법시험을 존치함이 마땅하다. 그리고 그에 더해 판검사는 누구도 의심할 수 없고, 검증 가능한, 객관적이면서 투명한 기준과 절차를 통해 선발해야 한다.

지금 같은 불신과 절망의 시대에 그나마 희망 사다리 하나쯤은 있어야 하지 않겠는가? 로스쿨 제도를 없애자는 게 아니다. 가난한 이들의 유일한 계층이동 기회인 사법시험은 존치되어야 한다. 국가의 주요 업무를 담당하는 관료, 법의 해석과 적용을 담당하는 법조인은 모든 국민에게 보장된 기회 안에서 공정·투명한 절차와 제도에 따라 실력 있는 자로 선발해야 한다. 공정한 인재 선발 제도가 국가의 흥망을 좌우한다는 점은 명백한 역사적 사실이다. 실제로 공정한 과거 제도가 잘 정비된 시기와 음서제가 횡행

했던 시기를 비교하면 차이는 너무나 크다.”

– 청년들에게 희망보다는 절망이 더 가까운 시대다. 이들을 위해 ‘청년배당’을 시작했는데.

“처지와 조건은 조금씩 다를지언정 지금 청년들은 대체로 악전고투의 현실을 살고 있다. 예전 청년 세대는 무궁무진한 가능성의 시기로 부러움을 사는 세대였지만 요즘 청년은 전 계층에서 가장 열악한 세대로 전락했다. 청년 세대를 일러 5포, 7포를 넘어 모든 것을 포기한다는 의미의 ‘N포 세대’라는 말까지 나오고 있고, 청년들은 ‘헬조선’이라며 대한민국을 원망한다. 청년의 암울한 현실이 취직, 결혼을 막아 출산율 급감, 인구 감소, 고령화 사회 문제로 연결된다. 사회 여러 문제의 밑바닥에 청년 문제가 있는 셈이다.

이런 상황에서 지자체 차원 문제 해결을 위해 나는 청년 세대 자체에 집중, 청년들이 부정적인 상황을 이겨낼 수 있도록 ‘청년배당’을 시작했다. 청년배당은 취업을 지원한다기보다 청년들의 복지 향상, 취업 역량 강화, 지역경제 활성화라는 중층적인 세부 목적이 존재한다. 궁극적으로 청년들이 버림받지 않았음을 그들 스스로 알 수 있게 정부가 나선 것이다. 즉 이 사회가 청년에게 보내는 따스한 시선이다.

청년배당이 실시된 후 많은 이야기를 듣고 있다. 청년배당으로 3년 만에 과일을 사먹었다는 얘기, 자기 계발을 위해 비로소 학원에 등록한 청년, 자신의 배당금을 어려운 이들을 위해 내놓은 청년 등의 소식을 접할 수 있었고, 수혜자의 95% 이상이 실제 생활에 도움을 받았다는 모니터링 결과도 나왔다.”

- 끝으로 독자들에게 격려의 말을 전한다면.

"우리 사회가 가진 잠재력은 사실 엄청나게 크다. 국민들은 똑똑하고 부지런하다. 정말 대단한 민족이고 국가인데 그만큼 평가를 받지 못하고 있다. 안타깝게도 희망을 잃어버린 사회, 절망하는 사회가 현실이 돼 버렸다. 민주주의에서 구성원 하나하나는 아주 소중한 주체이자 고귀한 존재들이다. 그 고귀한 존재들이 스스로 좀 더 나은 삶을 살기 위해 만든 게 사회이고 국가다. 그러한 국가인데 현실에서는 대의민주주의라는 한계를 빌미 삼아 공직자들이 자기가 원하는 일만 하고 있다.

우리가 맡긴 권한으로, 우리가 낸 세금을 가지고, 우리를 위해 존재해야 할 정부가 우리를 위해 실제 활동하게 만들 유일한 길은 '관심과 참여'다. 내 개인의 역량 강화도 중요하지만 그 투자의 10분의 1만 우리 정치 환경을 개선하는 데 투자해 보자고 말하고 싶다. 이는 결코 어려운 일이 아니다. 꼭 투표만이 아니라 SNS 활동, 뉴스나 기사 댓글 달기 등 작은 실천을 통하여 변화를 일으킬 수 있다. 환경이 개선되지 않으면 아무리 개인이 노력을 한다 한들 이 상황을 벗어날 수가 없다. '사회 문제, 국가 문제는 내 삶과 관계없는 남의 일이 아니다'라는 생각으로 사회에 관심을 가져야 한다. 내 삶에 결정적 영향을 미치는 공공의 문제에 관심을 가지면 정말 새로운 대한민국이 열릴 것이다."

(2016년 12월 20일자)

이찬희 서울지방변호사회 회장
연세대 법무대학원 겸임교수

매사 최선 다 하자는 신조로 '워커홀릭' 삶
풍부한 간접경험으로 봉사하는 노후 꿈꾸다

서울지방변호사회는 2017년 1월, 제94대 회장 이찬희 변호사를 선장으로 하여 항해의 닻을 올린 이래로 7개월이 지난 지금까지 순항 중에 있다. 넉넉한 성품과 여유로운 인상으로 뭇 사람들로부터 어렵지 않게 호감을 얻는 호인(好人) 타입인 그는, 말과 글이 유려해 더욱 돋보이기도 한다. 그는 천성이 워커홀릭(workaholic)이라고 했다. 잠이 적은 그의 체질은, 그가 일에 더욱 매진할 수 있게 윤활유 역할을 톡톡히 한다고. '매 순간 최선을 다하자'라는 그의 신념이 때로는 그를 조급하게 몰아갈 법도 한데, 이상하리만치 그는 '안정감'을 오래 입었던 옷처럼 두르고 있었다. 비결을 물었더니 '긍정적인 사고'라고 그가 말했다.
법률저널이 2017년 9월 4일, 이찬희 회장을 그의 집무실에서 만나 인터뷰했다. 서울회 운영과 법조계 현안, 개인적인 부분까지 여러 질문을 던지고서 알알이 꽉 찬 답변을 들을 수 있었다. 다음은 이찬희 회장과의 일문일답.

- 2017년 1월 23일부터 지금까지 7개월 넘는 기간 회장으로서 거침없이 달려왔다. 소회는.

"오십 평생을 바쁘게 살아 왔는데, 살아 온 중에 지금이 가장 바쁘다. 회를 잘 운영하리라 믿고 나를 뽑아 주신 회원들의 뜻을 잘 받들고 섬기기 위해 지난 7개월을 열심히 보냈다. 요즘처럼 어려운 상황에서 우리 변호사들이 얼마나 다들 열심히 생활하고 계시는가를 새삼 많이 깨달은 시간이었다. 임기 동안 자기 홍보성 활동이나 리스트를 적어 놓고 실적 위주로 사업을 하는 일은 하지 않으려 마음먹고 있다. 평가란 내 스스로 하는 게 아니고 남으로부터 받는 것이지 않나. 임기를 마쳤을 때 우리 회원들이 진심에서 우러나와 '이찬희 회장이 참 이러이러하게 잘 했어'라고 기억해 주는 것이

내 목표다.”

- 그래도 지난 7개월간 일구어 낸 성과들이 적지 않은데, 소개해 준다면. 또 지금까지 회원들로부터 들은 평가들은 어떤 것들이 있나.

“현재까지는, 더 잘 하라는 의미에선지는 몰라도 칭찬을 많이 듣는다. 출마 당시 공약한 대로 회원의 권익과 복지 향상에 노력하고 있는 점을 좋게 봐주신 것 같다. 회원들로부터 ‘회가 나를 배려함을 느끼고 있고, 그래서 더 소속감을 갖는다’는 말들을 들었다. 또 ‘회가 안정적으로 자리를 잡아가고 있다’는 말씀들도 해 주신다. 아무래도 회무에 관여한 지 10년이 넘었으니 운영 상황을 어느 정도 알고 있어 시행착오를 겪지 않기 때문인 것 같다. 일을 추진함에 있어 ‘선택과 집중’이 된다고 할까. 해야 할 일인지 아닌지에 대한 선별이 빠르고 강약 조절이 잘 되어서 일의 진행이 효율적인 측면이 있다.

내 자신이 변호사 생활을 상당 시간 해 왔기 때문에 변호사로서 어떤 점이 아쉽고 어떤 점에서 개선이 필요한지 잘 알고 있었다. 대표적인 게 구치소 셔틀버스다. 변호사들 중에는 자가용을 몰기보다 대중 교통을 이용하는 경우가 많은데, 지하철역에서 구치소 안까지 들어가는 거리가 멀어 날씨가 궂을 때는 변호사들의 불편이 이만저만이 아니었다. 셔틀버스를 운행할 수 있도록 구치소 측과 협상을 했고 결국 협조를 받아 냈다.

검찰, 경찰로부터 협조를 이끌어 낸 일은 변호인의 변론권 행사와 관련된 것인데, 작은 부분들 같지만 변론권 확대로서 큰 의미를 갖는 사항들이 추진됐다. 영장실질심사 결과를 검찰에서 문자메시지로 변호인에게 통보해 주게 했고, 경찰에서는 고소·고발 등 형사사건 관련 서류에 대한 열람등사 범위를 확대했다. 또 그간에는 피의자 옆에서 변호사들이 메모하는 것을 금지하는 경우가 많았으나 이를 허용하도록 바꾸었다.

회원들 복지와 관련해서 반응이 좋았던 사항들도 있다. 젊은 변호사들이 출산할 경우 남녀를 불문하고 출산축하금을 지급했는데, 이는 정부의 출산장려정책 기조에도 발을 맞춘 것이다. 또 신입변호사 멘토링 제도로 세대 간 교류와 소통의 장을 마련했고, 다양하게 교육프로그램을 확대한 부분에 대해서도 호응도가 참 높다. 얼마 전에는 파산회생과 관련해서 수원지방법원 전대규 부장판사께서 강의를 해 주셔서 그 내용을 책자로 발간했다. 이 책은 당초 예상했던 1천 부의 수요를 훨씬 상회하여 5천 부가 발간되어 배포되었다.

서울시와 협의하여 건물 철거 현장에서의 불법행위를 감시하고 방지하는 '인권 지킴이단'을 발족한 것은 공익 부분의 성과다. 인권 지킴이단은 참여 변호사들과 현장으로부터 호평을 받으며 활발한 활동을 펼치고 있다."

– 현재 '대학원대학교' 설립을 중요하게 추진하고 있다. 이에 대해 설명해 준다면.

"사법시험 존치 논란이 거의 사라지면서 갈등이 많이 완화됐지만, 얼마 전까지 변호사회 내에서 연수원·로스쿨 출신 간 갈등은 첨예했다. 이 갈등을 덮고 출신 구별없이 변호사들이 서로 어우러질 방도를 생각하다가 나온 구상이다. 교육이야말로 연수원 출신이든 로스쿨 출신이든 하나의 울타리 안에서 '우리'라는 인식을 형성할 수 있게 하는 최적의 장이 되리라고 본다. 연수원 출신 변호사들은 대개 학위가 없고 로스쿨 출신 변호사들은 실무교육이 충분치 못하다. 각각 학위와 실무 교육에 대한 목마름을 안고 있다. 서울회가 설립할 대학원대학교는 연수원 출신에게는 학위 취득의 기회를, 로스쿨 출신에게는 심화된 실무 교육의 기회를 제공하게 될 것이다.

현재 상당 부분 일이 진척되었는데, 그래도 끊임없이 회원들의 의견을 수렴하고 있다. 운영에 적지 않은 예산과 인적·물적 준비가 필요하기 때문에 회원들의 큰 공감과 지지가 있어야 계속적인 추진이 가능하기 때문이다. 대학원대학교 설립에 필요한 인적·물적 인프라는 이미 갖춰져 있다. 서울지방변호사회 내에는 조세·금융·특허·증권 등 10개의 연수원이 있다. 이 연수원의 강사진은 대한민국 최고의 실무가와 저명 학자들로 꾸려져 있고, 서초동의 변호사회관과 변호사교육문화관을 비롯해 광화문 변호사회관까지 세 개의 캠퍼스가 존재한다. 서울회 회원만 일만 칠천여 명이므로, 교육에 대한 수요도 충분한 상태다. 교육부의 허가만이 남은 상태다. 일반 사립대학처럼 교육의 질이나 운영 주체의 부실화를 우려할 만한 요소가 현재 아무것도 없는 이상 반드시 허가가 나리라 예상하고 있다."

– 얼핏 듣기로는 로스쿨이 상당히 긴장해야 할 것 같은데.

"분명 서울회가 추진하고 있는 대학원대학교는 현재 로스쿨이 담당하는 기능과 중첩되는 부분이 있다. 하지만 현실적으로 로스쿨에서의 3년 가지고 실무 교육을 완전히 할 수 없다는 것은 주지하는 바다. 제도의 불완전함으로 신입 변호사들이 실무에 대한 목마름을 안고 그대로 시장에 나오는 것을 두고만 볼 텐가. 그럴 수 없기에 서울회가 움직이는 것이다. 또 기본적으로 로스쿨은 이론 교육 위주로 가고 있기 때문에 대학원대학교가 집중적으로 행하는 실무 교육과는 결이 다르다. 즉 공생이 충분히 가능하다. 다만 기대하기로는 대학원대학교가 로스쿨에 하나의 자극제가 되었으면 하는 마음이 있다. 사시존치 논란이 지나갔으니 로스쿨은 평안하다? 그래서는 안 된다. 나도 한때 온갖 비난을 무릅쓰고 사시존치 주장에 맞서서 폐지 의사를 적극적으로 표시한 사람이지만, 그것은 로스쿨이 완전하기 때

문이 전혀 아니다. 오히려 로스쿨 제도 자체는 불완전하다고 보는 게 맞다. 서로에게 자극제가 되어 서로의 발전을 견인하되, 제 역할을 하지 못하거나 운영이 어려운 로스쿨은 자진해서 로스쿨 인가를 반납하고 법과대로 돌아갈 수 있는 다리를 놓아 주는 방안도 필요하다고 본다. 어차피 변호사 업계와 로스쿨은 상생해야 한다. 대화의 동반자 관계이기에 항상 대화의 창구를 열어 놓고 있다.

장기적으로는 서울회의 대학원대학교가 시민 법교육까지 담당하기를 바라고 있다. 직장인들의 사정에 맞춘 온라인 법교육도 제공할 수 있는데, 물론 강의료는 저렴하게 할 것이다. 이처럼 변호사들이 시민 교육 형태로도 법의 대중화에 일조하게 된다면, 국가적으로도 큰 유익이고 변호사들에게는 자부심과 보람을 안겨 주리라고 생각한다."

– 급증한 변호사 숫자로 인해 변호사 업계가 많이 어려워졌다고 한다. 돌파

구는 어디서 찾아야 할까.

"현재 변호사 수가 많다는 건 쉽게 체감할 수 있다. 그러나 변호사 숫자를 줄이는 일에만 착안할 경우 복잡한 문제가 얽힌다. 서울회 회장 선거에 출마할 당시 나는 한 해 변호사 배출 숫자를 천 명 정도로 하는 게 적절하다고 봤다. 하지만 다양한 의견을 듣고 검토해 보니 이게 획일적으로, 또 일방적으로 숫자를 정해 버려서는 안 될 일이다. 앞서도 이야기했듯 상생 협력 관계를 구축해야 할 로스쿨의 입장도 고려해야 하고, 로스쿨 재학생들의 신뢰도 고려되어야 한다. 변호사시험 합격률에 대한 이들의 신뢰는 보호해 주어야 하기 때문이다.

당초 로스쿨의 취지는 다양한 사회 경험을 가진 사람들을 로스쿨로 모아 법교육을 시킨 후 사회 각계각층으로 내보내려는 의도였다. 하지만 정작 이들이 진출할 자리는 만들어 놓지 않은 상태에서 무턱대고 변호사 숫자부터 늘린 것이 화근이다.

이제라도 원래의 의도대로 사회 곳곳에 자리를 만들어 나가야 한다. 행정부의 법무담당관이나 입법부의 입법담당관처럼 정부가 앞장서서 적극적으로 변호사들을 받아들여야 하고, 외교부 또한 해외 파견 인력 등으로 변호사들의 적극 채용을 검토할 수 있다. 우수한 우리 젊은 변호사들은 국제기구 진출에도 손색이 없다. 이들의 다양한 국제기구 진출을 위해 국가기관과 외교부가 더 적극적으로 나서 줄 필요가 있다.

현재 외국 변호사회와 교류를 하면서 이 부분에 대해 계속하여 기회를 모색하고 있다. 이번 9월 말에도 2015년부터 서울회와 MOU가 체결되어 있는 미국연방순회항소법원변호사회(FCBA)가 런던에서 개최되어 다녀 올 예정에 있다. 단순히 회의에만 참여하는 게 아니라 세계 최대 로펌이 소재한 런던 변호사 업계 사정과 영국 로스쿨 제도에 대해 살펴 보고, 영국에 소재하는 국제기구들에 우리 청년 변호사들의 진출 가능성 등도 타진해 보려 한다."

– 개인적으로 변호사가 되고자 한 계기는 무엇인가. 사법시험을 공부한 과정도 듣고 싶다.

"초등학교 때 시립도서관에서 주최하는 백일장에서 장원을 했다. 그때부터 도서관에 무료로 입장해 책을 마음껏 대여할 수 있는 특전이 주어졌다. 방학이면 거의 매일 도서관에 가서 책을 읽으며 지냈는데, 그때 링컨 전기를 접하고서 변호사라는 직업을 처음으로 구체적으로 알게 됐다. 당시 내가 읽은 전기는 다른 책들과는 조금 달랐다. 보통 링컨 전기가 그의 정치가적 면모와 노예 해방 등의 업적 위주로 쓰여진 것과 달리 그 책은 변호사로서의 링컨을 집중적으로 조명했다. 인권변호사 링컨, 특허 전문 변호사 링컨을 다루었다. 그때 변호사를 꿈으로 정한 후 한 번도 꿈을 바꾼 적이 없다. 변호사 되는 게 이렇게 어려운 줄 모르고 말이다.

대학에 입학하여 사시를 쳐서는 낙방했다. 40개월 군대에 다녀오고서 다시 사법시험에 도전했는데 2차만 네 번을 치른 끝에 어렵게 합격했다. 수험기간이 짧지 않았던 경우고, 상당히 힘든 시기를 보냈다. 육체적·정신적·경제적 고통의 삼중고를 안았다. 사법시험 준비를 시작할 무렵 몸무게가 74kg였는데 합격하고 나서 잰 몸무게는 62kg였다. 아침에 일어나 세수하면서 코피를 닦은 적도 여러 번이다. 그래도 그때 '너는 어떻게 항상 웃고 다니냐'란 말을 들었다. 생각해 보면 너무나 힘들었는데, 늘 웃으며 생활했다. 이유를 생각해 보니 '나는 꼭 될 거다'란 믿음이 있었다. 힘든 만큼 더 '될 거다'란 확신은 강해졌는데, 생각을 긍정적으로 품었다.

그때를 돌아보니 가슴 아픈 기억이 떠오른다. 아버님이 지방에서 작은 학원의 강사를 하셨기에 집안 형편이 넉넉지 못했다. 생계 유지를 위해 어머님이 일을 도모하시다가 크게 사기를 당하신 적이 있다. 그때 나는 군대에 있었다. 제대해서 사법시험을 준비하려고 생각했는데 가계가 급격히 어려워지다 보니 '취업을 해야 하나'란 생각도 들었다. 하지만 부모님께서 선뜻 공부하라고 등을 떠밀어 주셨고, 주변 분들의 도움도 있어 공부를 할 수 있었다. 고시원비나 수험생활 비용을 매달 보내는 게 어머니는 힘에 많이 부치셨던 것 같다. 한 번은 어렵게 장만한 작은 반지를 팔아서 고시원 비용으로 보내셨음을 뒤늦게 알았다. 그때 얼마나 마음이 아렸는지 모른다. 어머님은 평생 변변찮은 액세서리 하나 가진 적 없는 분이었기 때문이다. 그런 아픔이 더 나를 공부에 매진하게 만든 것 같다."

– 요즘 청년 변호사들을 보면 회장님의 청년 변호사 시절이 많이 떠오를 것 같다. 청년 변호사 시절은 어땠는지.

"나는 태생이 잠이 별로 없는 일벌레 체질이다. 거기다 내가 좋아서 선택한 변호사가 되고 보니 열정이 그야말로 샘솟았다. 청년 변호사 때 나는 미친 듯이 일했다. 열정이 큰 만큼 보람도 컸다. 몇만 장 되는 기록을 보느라 이틀씩 집에 못 들어가기도 했고 어쩌다 잠을 잘 때도 중간에 깨어 사건 생각에 심취하는 경우가 다반사였다. 일 자체가 너무 행복하고 좋았다. 그래서 종종 청년 변호사 분들이 밤을 새며 일한 끝에 승소한 경험, 무죄판결을 받은 경험들을 이야기하면 무척 뿌듯하다. 그 마음을 알기 때문에 더 공감이 되는 것이다.
그런데 한편으로는 안타까운 마음이 없지 않다. 조금 더 자기 시간을 보내고 건강을 챙겼으면 싶은 마음도 든다. 사람이란 무엇을 했든 조금의 아쉬움은 갖게 되지 않나. 나 역시 일에 파묻혀 보냈던 젊은 날을 되돌아 봤을 때, 후회까지는 아니어도 일말의 아쉬움은 갖고 있다. 그래서 더 내 모습이 오버랩되는 젊은 변호사들을 볼 때면 '조금 쉬어라, 개인 시간을 가져라' 등의 말을 하고 싶어진다. 다만 일에 몰두한 만큼 일에서 얻는 기쁨과 의뢰인들로부터 받는 온정은 확실히 거둘 것이다."

- 100세 시대다. 혹시 특별한 노후계획을 세워둔 것은 있는지.

"변호사를 화이트칼라 직업이라고들 하지만, 변호사는 체력적으로 상당히 힘든 직업이다. 나도 멀쩡해 보이지만 걸어 다니는 종합병원 수준으로 아픈 곳이 많다. 체력적인 면을 생각하여, 언젠가부터 변호사 일을 65세 정도까지만 하리라고 마음먹어 왔다. 어쩌면 그 이전에 그만둘 지도 모르겠다. 그후의 삶에 대한 나름의 계획은 가지고 있다. 물론 인생이 내 뜻대로만 흘러가는 건 아니지만, 워낙 이 생각 저 생각 하기를 좋아해서 그림은 그려놓고 있다.

예전에 아베 야로라는 일본 만화가의 ≪심야식당≫이라는 만화를 읽고서 '바로 이거다!'라고 혼자 무릎을 쳤다. 크지 않은 식당을 차려 놓고 손님을 맞아 그들의 스트레스와 삶의 무게를 대화로 함께 풀어 주는 삶을 살고 싶다. 변호사의 최대 강점이 인생의 간접 경험이 많다는 것 아닌가. 이혼은 수도 없이 해 봤고, 절도·사기·폭행 등 형사 사건도 수없이 겪어 봤다. 그 어떤 손님의 스트레스와 역경도 내가 가진 간접 경험이라는 쿠션으로 완충시키기에 부족함이 없을 것이다.

다만 요리는 전도유망한 젊은 청년을 영입해서 그에게 맡기겠다. 내가 그때 가서 직접 요리를 배워 하기란 조금 무리라고 여겨진다. 대신 나는 조금 더 흡족한 이야기 상대가 되기 위해 웃음치료사 자격증과 식당에 도움이 될 수 있는 사케소믈리에 자격증을 따 놓았다. 어디 가서 이런 자격이 있다고 말하기엔 애매한 것들이지만 손님들이 이런 준비를 한 나를 더 신뢰하고, 그만큼 손님들에게 줄 것도 많아지리라 생각해서 여력이 있을 때 혹시 몰라 미리 해두었다. 여담이지만 웃음치료사 자격증을 따기 위해서는 인터넷 강의를 50강 정도 들어야 하는데, 강의가 워낙 끊임없이 사람을 웃게 만드니 강의를 듣는 것만으로도 행복했다.

자격증 이야기가 나와서 말인데, 사회복지사 자격도 가지고 있다. 내가 가진 노후 계획의 키워드는 '봉사'다. '복지를 아는 봉사자'가 되고 싶어 따 놓았다. 사회복지사 자격은 특히 실무 시간을 채우는 게 힘들었다. 변호사 일을 하면서 120시간을 내기가 어려워 두 달여간 주말을 꼬박 실무시간 채우는 데 할애하고서야 얻은 자격증이다. 변호사 생활을 그만둔 이후에는 봉사로 남은 삶을 채워 가고 싶다."

(2017년 9월 7일자)

표창원 국회의원 / 前 경찰, 대학교수, 프로파일러

"경찰업무는 머리가 아닌, 가슴과 발로 하는 것"
"동물보호법, 생명 가치 생각할 때 당연한 내용"

경찰 출신인 표창원 의원은 대한민국 최초의 프로파일러이자 20여 권의 책을 저술한 작가, 활발한 방송활동을 펼친 방송인으로 설명되기도 한다. 이러한 다양한 활동들은 그가 가슴에 품은 '정의'라는 큰 뜻을 따르는 과정에서 자연스레 지나오게 된 이력들이라고 그는 말했다.

검사 혹은 검사 출신의 사회 지도층이 연일 터트리는 비위 사건들이 세간의 분노를 자아내고 있지만 법은 속시원히 이들을 응징하지 못했다. 이러한 법적 불합리를 깨트리고 검찰의 비대한 권한을 분산시키기 위해 2016년 말 형사소송법 개정안을 발의한 표창원 의원에게서 법안의 내용을 들어 봤다.

또 이해관계자들의 거센 반대에 부딪쳐 통과되지 못하고 있는 그의 또 다른 법안인 동물보호법 개정안과 청년 정책에 대한 생각도 들어 보았다. 나아가 사법시험 존치 논란 및 변호사 경감 특채에 대한 의견까지 스스럼없이 내어보이는 그였다.

문재인 전 더불어민주당 대표가 직접 영입한 '인재영입 1호' 표창원 의원은, 2017년 1월 24일 국회의원회관에서 열린 민중작가들의 작품전을 주최한 일로 홍역을 치르는 가운데서도 차분하고 분명한 논조로 인터뷰를 이어갔다. 다음은 표 의원과의 일문일답.

- 2016년 12월 27일, 검찰과 경찰의 수사권 조정을 담은 권한분산법안을 발의했다. 법안의 내용을 소개해 달라.

"과거 형사소송법 제195조, 제196조는 수사를 검사의 권한으로 규정했다. '경찰은 검사의 지휘를 받아 수사해야 한다'고 한 이른바 노예적 규정인데, 이를 고쳐 수사에 관한 권한들을 사법경찰관리가 행사하게 했다. 그러나 이는 실제 범죄사건 수사의 98%가 경찰에서 이루어지고 있는 지금의 수사 현실을 그대로 법규화한 것에 불과하다. 그렇다고 검사가 경찰의 수사에 전혀 관여할 수 없는 건 아니다. 기소권을 가지고 통제할 수 있고 재수사 요청도 할 수 있으며 경찰의 수사가 문제될 경우 검사가 직접 수사할 수도 있다.

피의자의 권리도 강화했다. 변호인 참여권 보장에 대한 문제인데, 형사소송법에는 '정당한 사유가 있을 경우' 변호인 참여를 배제시킬 수 있다고 하고 있다. 수사기관에서 드는 정당한 사유란 주로 '수사 방해, 증거 인멸, 묵비권 조언 등으로 진술에 부당하게 개입하는 것' 등으로, 피의자 입장에서 보면 자기방어권의 행사가 될 수 있는 부분이다. 그래서 변호인 참여를 배제시킬 수 있는 '정당한 사유'를 뺐다. 수사 단계에서부터 변호인 참여가 실질적으로 이뤄져야 함은 당연하기 때문이다.

한편 영장의 문제도 다루었다. 지금까지는 '검사의 영장'이라는 인식이 있어서 경찰이 영장을 신청해도 검사가 기각해 버리는 경우가 있었다. 김학의 전 차관 등과 같이 주로 검사나 검사 출신에 대한 영장인 경우 제 식구 감싸기 차원에서 일어나는 일들이다. 이런 문제를 시정하기 위해, 경찰이 영장을 신청했는데 검사가 기각할 경우 항고할 수 있도록 규정했다. '판사의 영장' 즉 영장과 관련한 문제에서 판사의 개입을 높인 것이다."

– 경찰 출신으로서 이 법안을 준비하게 된 직접적인 계기가 있다면.

"우선적으로는 검찰의 지나치게 비대한 권한이 문제라고 생각했기 때문이다. 최근 우리 사회는 검사나 검사 출신들이 일으킨 일련의 사건들에 대해 국민적 분노를 경험했지만 제대로 수사도 못하고 책임도 묻지 못했다. 예를 들자면 김학의 전 법무부 차관 별장 성접대 사건부터 진경준, 홍만표, 우병우, 김기춘으로까지 이어진다. 이들에게 적절히 책임을 묻지 못한 원인은 사람만이 문제라기보다 제도에도 문제가 있었기 때문이다. 이들을 통제할 장치가 없다. 대한민국의 검사 전부가 그렇다는 건 아니다. 그러나 단 1%라 하더라도 일반 국민이 봤을 때 막강한 권한을 갖고 있다면 반드시 이를 통제할 수 있어야 한다.

다음으로는 실제 수사 현실에 맞지 않았다. 대부분의 수사가 경찰에 의해 이루어짐에도 불구하고 형소법에는 검사의 권한으로 정해져 있어, 엄격하게 해석하면 경찰의 일반적인 수사나 내사도 불법적인 것으로 여겨질 수 있다. 그러한 반면 검사는 마음대로 수사를 해도 되고, 안 해도 된다. 한편 과학수사 같은 경우 검경 양쪽에서 이중적으로 투자가 이뤄지는 것도 문제다. 수사의 전문성·효율성 강화를 위한 노력이 집중되지 못하고 낭비되는 측면이 있다."

– 경찰의 비대한 권한을 근거로 수사권 분리를 반대하는 의견도 만만찮은데.

"인정하고 있다. 경찰의 역할이 현재 방대한 것은 맞다. 경찰이 받고 있는 이러한 비판들을 생각할 때 경찰에 대한 안전 장치 역시 생각하지 않을 수 없다. 이번에 낸 형사소송법 개정안은 경찰의 개혁이 수반돼야 하는, 즉 수사구조 개혁과 경찰 개혁이 함께 감을 염두에 두고 마련된 내용이다. 다만 '경찰 개혁이 선행되지 않으면 권한분산법안의 내용과 같은 수사권 분리를 할 수 없다'는 주장이라면 동의하지 않는다.

그 말은 경찰 개혁이라는 조건을 빌미로 수사구조 개혁을 미루려고만 하는 취지로밖에 생각되지 않는다. '부패 없는 경찰, 권력 남용 없는 경찰'이란 이상에 불과하다. 이상향을 상정해 놓고 '아직 거기에 이르지 못했으니 일단은 검찰에 맡겨야 한다'는 주장은 반대를 위해 만들어진 논리일 뿐이다.

검찰 조직이 더 완벽하거나 믿을 만해서 수사권의 지휘를 맡겼다고 생각하지 않는다. 두 조직 다 문제가 있을 수 있으니 양 조직이 서로를 통제할 수 있게 해야 한다. 최소한의 통제 장치도 없는, 지금과 같은 제도적 결함을 시정하는 일이 더 중요하다.

내가 생각하는 경찰조직의 가장 큰 문제는 경찰권력이 중앙집권적이라는 점이다. 이 큰 조직이 어느 한 방향으로 움직일 때, 특히 정치적 중립성을 지키지 않으면서 그 권력을 남용할 경우, 이는 상당히 무서우면서 위험한 조직이 된다. 일단 지금의 형해화 되어 있는 경찰위원회제도의 기능을 정상화시킬 필요가 있다. 실질적으로 민주적 통제 역할을 할 수 있도록 해야 한다. 또 자치경찰제를 도입해서 경찰조직의 지방분권화를 이룩해야 하고 일선에서 뛰는 경찰관들의 처우도 개선해 주어야 한다. 처우를 격무에 상응하는 수준으로 해 주어 자긍심과 보람을 느낄 수 있게 함과 동시에 잘못했을 때는 잃을 것이 많게 해야 한다. 또 내 자신이 경찰대학 출신이지만 경찰대학에 대한 비판도 수용해야 한다고 본다. 소수의 경찰대 출신들이 경찰권력을 독점하면서 패권적 행태를 보이는 것, 그것 역시 시정해야 한다."

- 2016년 8월에는 동물보호법을 발의했다. 동물 학대 처벌을 강화하고 누구든지 학대받는 동물을 구조할 수 있으며 동물 학대 업소의 영업 취소 및 정지와 학대받은 동물 몰수, 동물 학대자의 동물 소유 제한 등의 내용을 담았다. 이에 대한 반대도 거세다.

"법안에 담은 내용은 최소한이다. 내가 담고 싶었던 내용들을 다 담지 못했고, 어느 정도 현실과 타협한 측면이 있다. 그럼에도 불구하고 일부 이해관계자들의 극렬한 반대에 부딪쳐 법안이 넘어가지 못하고 있어 참 마음이

아프다. 생명에 대한 가치를 생각할 때 당연한 내용들을 규정했다. 반대론자들은 동물의 생명보다 인간의 생명이 귀하고, 동물은 인간을 위해 희생할 수 있다고 이야기하는데 그 인식 자체가 맞지 않다. 생명의 경중을 따지는 일 자체부터가 잘못됐다. 그런 사고가 확장된 현상이 인종 차별, 노예제도, 남녀 차별 등이다. 보다 소중한 생명, 가치 있는 생명과 그렇지 않은 생명으로 나누는 것이지 않나.

이 같은 생명에 대한 가치를 생각한다면 원칙적이고 이상적으로는 사람이 육식을 해서는 안 된다. 그러나 현실적으로 인간사회는 소, 돼지, 닭 등을 육식으로 삼고 있고, 그것을 전통이나 문화로 유지해 왔다. 하지만 분명히 할 점은 '원칙적으로 육식이 다 허용되는데 왜 개고기는 안 되느냐'가 아니라 '원칙적으로 안 되지만 그중 일부 동물을 육식으로 하고 있을 뿐'이라는 점이다. 개나 고양이를 식품으로 하는 과정에는 수많은 불법이 개입돼 있다. 즉 개, 고양이를 식용으로 하는 것은 불법이다.

세계적인 흐름도 그렇고 국내적으로도 그렇고 요즘 시대는 오히려 반려동물의 권익 보호에 더 크게 신경써야 할 때다. 법안이 조속히 넘어가기를 기대한다."

– 청년 정책은? '청년 표창원'은 어땠는지도 궁금하다.

"크게는 '청년과 함께하는 것'이 내 정책이다. '내가 이런 것들을 마련해서 청년들에게 이런 것들을 해 줘야지'라는 식으로 생각하지 않도록 애쓰고 있다. 청년들을 단순히 대상화하지 않고, 그들을 주체이자 주인공으로 만드는 방향으로 역할을 하려고 한다. 청년 스스로 자신들을 위한 방안들을 고민하게 하고, 또 요구하게 하고, 그러기 위해 청년들의 목소리를 많이 들어 보면서 정치권에 전달하기도 한다. 청년들과 함께, 청년들 곁에 있어 주려 노력한다.

내가 청년기 때, 일단은 뭐든지 열심히 했다. 적당히가 아닌, 불꽃처럼 살고 싶어 했는데 '나를 태우겠다'는 생각이 강했다. 또 '그러려니' 하고 넘어가는 걸 싫어해서 '저항과 반항'을 많이 하던 때다. 아, 물론 지금도 그렇다(웃음). 청년기 때 주변으로부터 '뭘 그렇게 그냥 넘어가지 못하고 따지고 드냐'는 말을 많이 들었지만 그런 나의 청년기는 내 인생에 가장 중요한 자산이 되어 줬다."

– 경찰, 국내 최초 프로파일러, 교수, 방송인, 작가, 국회의원 등 다양한

이력을 지니고 있다. 그만큼 계획들이 많았던 건지, 이러한 활동들을 하게 된 계기가 있다면.

“인생이란 게 계획대로만 되는 건 아닌 것 같다. 지나온 이력은 전혀 계획하지 않았던 것들이다. 고등학교 때 사고를 쳐 부모님께 죄송한 마음을 갖고 있던 중 대학도 학비가 들지 않는 곳으로 진학하고자 결심했다. 그때 선택할 수 있는 학교들 중에서 학교 홍보 책자에 캠프파이어 장면을 담아 낭만적인 점을 어필한 경찰대학을 선택해 경찰이 되었다.

프로파일러 역시 나는 그런 직업이 있는 줄도 몰랐다. 수사를 하면서 화성연쇄살인사건이나 부천 대학입시 시험지 도난사건 등 아쉬움이 많이 남는 미제 사건들을 접했다. 도저히 해결할 수가 없겠더라. 수사 실력의 한계를 느낀 것이다. 그러나 그때의 수사란 단지 권한이고 권력일 뿐 기술이나 기법이 아니었다. 수사에 대해 배워 보려 해도 국내에서는 마땅히 배울 곳이 없어 무작정 셜록 홈즈의 나라 영국으로 유학을 갔다.

영국은 수사기법이라든가 범죄심리학, 범죄수사학 등 학술적·기술적으로 상당히 발전해 있었다. 여러 가지를 배워 와 국내에서 적용하다 보니 방송에서 많이 다뤄주었고, 그렇게 카메라에 익숙해지면서 방송인 생활을 하게 됐다. 또 배워온 것들과 일련의 경험들을 책으로 내면서 작가가 되기도 했다. 2012년 국정원 대선개입 사건 때는 소신대로 하고 싶은 말을 했더니 그게 문제가 되어 교수직을 사임하게 됐고 그것을 계기로 정치에 입문했다.

여러 활동들을 했지만 기본적으로 마음 속에 품은 큰 뜻이 있었고 대원칙이 있었다. 뜻이 있는 곳에 길이 있다고, 큰 뜻에 부합하는 한 세세한 활동의 방향들이 어떤 모습일지는 크게 개의치 않았다. 그래도 나는 ‘표창원은 경찰이다’라고 말하고 싶다. 지금의 조직논리를 가진 현실적인 경찰 말고, 어린이들 마음 속에 있는 경찰 말이다. 약자를 지켜 주고 사회 정의를 구현하는."

– 사시존치 논란이 여전히 뜨겁다. 이에 대해 의견이 있다면.

"논의를 관심 있게 지켜보고 있고 여러 이야기들을 듣고 있지만 모든 주장에 일리가 있어 답이 없다고 느껴지는 사안이다. 다만 안타까운 점은 자신의 주장이 맞다는 것을 증명하기 위해 사실을 왜곡하거나 상대방을 곡해·폄하하는 양상을 띠는 경우다.

사시존치 측이 '사법시험은 공정사회를 위해 필요하다'고 주장하는 논거로 '돈이 없으면 로스쿨을 갈 수 없다'는 점을 들고 있는데, 이것은 사실을 왜곡하는 주장이라 생각한다. 실제로 돈이 없는데도 장학금 등 특혜로 로스쿨에 들어간 사람들이 많이 있기 때문이다. 사실로 드러나는 점들에 대해서는 확실히 인정을 해야 한다. 대신 로스쿨이 반드시 학부를 나와야만 법조인이 될 수 있게 하는 점에 대해 평등권 침해를 주장한다든지 하는 등의 논리로 병존을 주장한다면 훨씬 힘을 얻으리라고 본다.

한편 로스쿨 측에서는 과거의 시각으로 사시생들을 폄하하는 측면이 있다. 낭인이라든지, 골방에서 책만 봐서 세상을 모른다든지, 부모나 가족을 경제적으로 힘들게 하면서 이기적으로 자신의 출세만 고집한다든지 하는 이런 비판들은 그 자체로 상대를 폄하하는 말이면서 한편으로는 옛날 이야기다. 대다수의 사시생들이 이런 비판에 해당되지 않는 상황인 것으로 알고 있고, 로스쿨과 병존이 되었을 때도 사시생들이 과연 그런 모습의 집단일까는 생각해 볼 문제다. 로스쿨이 있는데도 스스로 공부해서 시험을 통해 법조인이 되겠다는 사람들의 입장과 의지도 헤아려 줄 필요가 있을 것 같다.

무엇보다 종전의 '법무부 사시 유예 발표 후 철회' 사건처럼 정부가 뚜렷한 방향과 일관성을 갖지 못하는 것은 문제라고 생각한다. 그런 애매한 태도로 인해 많은 사람들이 혼란을 겪고 무작정 매달리게 되었지 않나. 기존 법조인들도 눈 앞의 이해관계나 손익만을 바탕으로 이 사안을 생각하기보다는, 국가의 바람직한 법조인 양성체제란 과연 어떠해야 할지에 대해 소신을 가져야 한다고 본다. 나는 법조인은 아니므로 이 사안에 대해 어떤 입장을 표명해서 논란을 키우고 싶지는 않다. 그러나 평소에 관심을 갖고 지켜보고 있고 앞으로도 그럴 것이다."

– 예비 법조인인 로스쿨생들 사이에서 변호사 경감 특채가 큰 인기를 얻고 있다. 경찰의 시각에서 봤을 때 이런 법조인력이 경찰조직에서 어떤 기여들을 하는지. 또 경찰이 되고자 하는 예비 법조인들에게 조언도 부탁드린다.

"개인적으로는 경찰의 모든 특채를 없애고 모두가 순경부터 시작해야 된다고 본다. 경찰대학 졸업자들도 마찬가지다. 특채 제도란 것은 경찰에 대한 자질론, 즉 '너희들은 법도 모르면서'라는 비난에 대한 임시방편적 대응으로 마련된 창구다. 사법시험·행정고시 합격자들을 경정으로 특채하고, 법대 출신들을 경장으로 특채하고, 경찰대학도 같은 이유에서 만들어졌다. 하지만 이런 특채는, 인간의 몸으로 비유하자면 항생제와 진통제에 의존한 사람이 면역체계가 약해지듯이 경찰조직에 부작용을 가져왔다. 당장 없애지는 못하더라도 차츰 줄여나가는 게 맞다고 생각한다. 다만 순경부터 시작한 경찰이 뜻을 가지고 로스쿨에 진학하거나 법을 공부하는 경우는 아주 바람직하다고 생각한다.

현실적으로 법조인이 가진 법지식이 경찰조직에 대단히 유용한 것은 사실이다. 리걸마인드가 체화된 사람의 범죄수사는 분명히 중요하다. 다만 그렇다고 해도 높은 계급을 주고 지금처럼 모셔와서는 현장감이 결여된 경찰을 만들 뿐이다. 순경부터, 바닥부터 경험하면서 올라온 사람이어야 권위의 정당성을 얻기도 더 쉽다.

경찰을 꿈꾸는 예비 법조인들에게는 '경찰업무는 머리가 아닌, 발과 가슴으로 하는 것'이라고 말하고 싶다. 너무 똑똑하면 오히려 경찰 일을 잘 못할 수도 있다. 즉, 판단하고 생각하느라 행동이 금방 따라오지 않는다면 이런 사람이 경찰조직에서 인정받기는 힘들다. 법 집행과 정의는 단순하면서 명확해야 한다는 점을 생각하면, 다양한 궤변과 이해타산에 능한 사람은 오히려 방해될 소지도 있다. 즉 민초들로부터 '저 사람 말은 논리적이고 맞는 말 같아서 반박은 못하겠는데, 나는 너무 억울해'라는 원성을 사고 만다. 경찰은 법 지식만으로 일할 순 없다. 옳은 일, 혹은 옳지 못한 일이라고 가슴이 이야기하는 것을 발로 뛰며 찾아다니는 사람, 또 힘들고 어려워도, 비난이 따르고 나에게 불이익이 주어진다 하더라도 견뎌낼 수 있는 사람만이 경찰에 적합하다."

(2017년 1월 31일자)

PART 2.

전 · 현직 판사 · 검사 · 변호사

이소은 미국변호사 / 한국에선 가수, 미국에선 변호사

맑은 음색의 소녀 가수, 법률가 되어 미국 누비다
'묵묵히 견디면 끝은 반드시 온다'는 신념으로

시원한 웃음과 특유의 맑은 음색으로 많은 사랑을 받았던 가수 이소은. 그녀가 음반 활동을 쉬고 있는 지금까지도 각종 음악 프로에서는 그녀의 노래들이 여러 가수들에게 애창된다. 이런 그녀가 진정한 엄친딸이라는 사실은 여러 차례 화제가 된 바 있다. 고1 때 방송 활동을 시작했지만 고2 때 토플 만점이라는 경이로운 성적을 거뒀고 방송 활동이 전혀 학업에 지장을 주지 않은 듯 당당하게 고려대 영문과에 입학했다.

그런 그녀는 공부가 천성일까. 무대 한 가운데서 눈부신 스포트라이트를 받는 생활을 잠시 뒤로한 채 그녀가 선택한 길은 법률가가 되는 길. 미국의 명문 로스쿨을 네 곳이나 합격한 그녀는 시카고의 노스웨스턴 로스쿨에 진학한다.

최근에는 인천 송도에서 세계 각국 인사가 모여 아시아 국제 상거래법에 대해 논의한 '인천무역법포럼'에 연사로 참여한 것을 본지가 가장 먼저 정보를 입수, 소개한 바 있다. 그녀의 종횡무진 발랄한 행보가 주목되는 가운데, 현재 국제상업회의소 국제중재법원 뉴욕지부 부국장(Deputy Director)으로 있는 그녀에게서 여러 이야기를 들어 봤다.

- 평범하지 않은 이력이에요. 가수이자 변호사라는 것. 어떤 계기로 미국 로스쿨을 진학하게 됐나요.

"변호사라는 꿈은 어렸을 때부터 막연하게 가져왔던 꿈이에요. 방송 활동은 알려진 바와 같이 중2 때 EBS 창작가요제를 통해 작곡가 윤상 씨와 인연이 닿아 고1 때부터 시작하게 됐구요. 방송 활동을 하면서 개인적으로 계기가 된 몇몇 경험들이 있는데, 사회의 기본이 되는 법이라는 학문을 좀 더깊이 공부해야겠다는 생각을 하게 됐죠. 어릴 때 꿈이 내재해 있던 것이 로스쿨 진학에 큰 영향을 미쳤던 것 같아요."

– 언론에서 공개된 바 있듯 상당히 우수한 성적으로 로스쿨을 수료했어요. 고2 때 토플이 만점이었다는 점은 일찍부터 유명했고요. 괄목할 만한 결과를 번번이 거두는 것을 보면 공부에 일가견이 있다 해도 과언이 아닌데, 공부에 있어 본인만의 신념이 있다면.

"사실 로스쿨에서의 시간은 정말 고되고 어려운 시간이었어요. 지금 재학중이신 분 누구에게나 그렇겠지만, 특히 음악 활동이나 방송을 하던 것과는 너무나 판이해서 적응이 어려웠죠. 타지에서 외로움을 너무 많이 느껴 우울증까지 왔어요. 하지만 그렇게 힘든 때 저를 일으켜 준 건 '내 능력이 되는 만큼 최선을 다 하다 보면 언젠가 끝이 온다'는 생각이었어요. '묵묵히 견디다 보면 시간은 반드시 가고 끝은 꼭 온다'는 그 생각이 결과를 만들고 지금의 저를 있게 한 것 같아요."

– 파리에 본부를 두고 있는 국제상업회의소(ICC)의 국제중재법원 뉴욕지부 디렉터로 일하고 있어요. 한국에는 '부국장'의 직함으로 소개가 됐는데요. 현재 하시는 일과 직장에 대해 소개해 주시겠어요.

"Deputy Director라는 타이틀인데, 한글로는 어떻게 써야 할지 모르겠네요. 국제상업회의소 국제중재법원(ICC International Court of Arbitration)은 ICC 중재 규칙에 따라 진행되는 국제중재사건을 관리하는 기구예요. 법원은 President, Vice-President, 그리고 100명이 넘는 Court member로 구성이 되어 있구요. 현재 ICC가 관리하는 사건수가 22,000건을 넘었는데, 그만큼 역사와 경험과 전문성을 지닌 대표적인 국제중재기구죠. 파리에 본부가 있고, 홍콩과 뉴욕, 브라질에 오피스가 있어요. 저는 그중 뉴욕지부에 근무하고 있는데, 교육팀에 소속되어 있습니다.

컨퍼런스 프로그램을 개발하고, 국제중재 분야의 트렌드와 사건에 대해 조사하고, ICC 중재에 대한 자문을 제공하며, ICC 대표로서 연설을 하죠. 이번 서울 출장도 'UNCITRAL 컨퍼런스' 연설과 더불어 몇 개의 국내 기업에 세미나를 개최하러 왔어요."

- 특별히 기억에 남는 업무나 성공적으로 일을 잘 해 낸 뿌듯한 경험이 있다면 듣고 싶어요.

"ICC 오기 전 로펌에서 첫 국제 중재 사건을 맡았을 때 파트너와 함께 반대심문의 차석변호사(cross examination second chair)를 한 경험이 있어요. 짜릿했고 이 분야가 이렇게 재밌다는 걸 처음 느꼈죠. 최근 한국에서 있었던 기업 발표 역시 매우 뿌듯한 경험이었어요. 조사도, 준비도 많이 했고 쉽지 않았지만 참석하신 분들이 ICC 국제중재를 이해하는 데 큰 도움이 되었다고 했을 때 '내 역할을 잘 하고 있구나'라는 생각이 들었어요. 선천적으로 발표를 좋아하고 무대에 선 경험이 많아서 그런 것 같기도 해요. 제가 맡은 프로보노(Pro Bono) 케이스 의뢰인이 뉴욕 이민 법원에서 망명(asylum)을 받았던 경험도 참 기억에 남아요. 너무 고생을 많이 한 친구였는데, 추방되지 않고 안전하게 미국에 머물 수 있게 되었죠. 법원에서 판사가 그 판결을 내렸을 때, 솔직히 눈물이 났답니다."

- 다소 적나라한 질문을 드려 볼게요, 로스쿨을 진학할 땐 이런 기대가 있었고 이런 그림을 그렸는데 실제로는 어떻더라, 혹은 가수 생활과 비교했을 때 어떻더라 하는 부분을 솔직히 이야기해 주실 수 있나요?

"많은 로스쿨생들이 그런 때가 있을 거예요. 저 같은 경우 곧바로 인권 분야에 뛰어들어 일을 하게 될 줄 알았어요. 제 이상이었을 수도 있는데, 역시 현실은 그렇게 되지 않았어요. 가수 생활과는 정말 비교 자체가 불가능할 정도로 달라요. 역할도 다르고, 목적도 다르죠. 창의적이면서도 규칙과 룰이라는 틀 안에 있고, 업무가 복잡하면서도 반복적인 면도 있어요. 단, 가수 생활을 하면서 몸에 밴 여러 능력을 적용시킬 기회는 꽤 있어요. 하지만 여전히 '어떻게 하면 나답게 일을 할 수 있나, 나다운 커리어를 가꿔갈 수 있나'를 늘 고민하고 발견해 나가는 중에 있죠."

- 노스웨스턴에서의 생활이 어땠는지를 들어볼 수 있을까요. 공부 분위기라든가, 수업 방식, 교우 관계 등. 한국의 전반적 대학 분위기와 비교해 주시면 좋겠어요.

"공부 분위기는 매우 좋았구요, 무엇보다 교수님들이 너무 좋으셨어요. 제 로스쿨 생활에 단비 같은 존재가 바로 교수님들이었죠. 학문적으로, 인간적으로 너무 뛰어난 분들이 많았어요. 사실 노스웨스턴은 로스쿨 중에서도 분위기가 좋기로 유명한 편이에요. 경쟁이 없을 수는 없지만 전반적으로 서로 도와주고 서포트해 주려는 문화가 정착되어 있는 학교죠. 수업 방식은 1학년은 소크라틱 메소드, 2·3학년은 토론식 수업이 많았어요. 소크라틱 메소드 수업 방식이 영화에서 보는 것 만큼 공포스럽진 않았는데도 지나고 보니 그 당시에는 긴장을 많이 한 것 같아요. 버벅거리고 머리가 하얘지는 경험을 한두 번 한 게 아니죠. 그러나 수업 방식에 대한 만족도는 꽤 높았어요. 아무래도 우리나라보다는 토론식 문화가 자리잡혔기 때문에 의견 개진하고 토론하는 방식이 한국 대학 시절 때보다 많았구요. 직접 법원에서 조정 절차를 하고 모의 재판에 참여하다 보니 실질적인 능력이 로스쿨에서 키워진 것 같다고 느끼고 있어요."

- 법률가로서의 행보가 언론에 보도될 때마다 많은 사람들이 소은씨를 격려하며 응원하고 있어요. 법률저널 독자들도 같은 마음일텐데요, 그들에게도 응원의 말씀 전해 주시겠어요.

"제 로스쿨 시절을 떠올리면 스트레스도 많이 받았고, 잠도 거의 안 잤고, 잘 챙겨 먹지도 못했고, 운동도 안 했고, 건강 관리를 참 못 했죠. 그 점이 많이 후회돼요. 관리 못한 건강 때문에 지금 일 하면서 고생을 많이 하고 있거든요. 최선을 다하면서 능력껏 버티다 보면 어떻게든 잘 될 거라 생각해야 해요. 자신을 혹사하지 말고 자신을 아껴 주면서 공부하시면 좋겠어요."

(2016년 6월 15일자)

박준연 미국변호사 / 외무고시 수석, 세계 최대 로펌 변호사로

활약 돋보이는 외무부 공무원 출신 미국변호사
"화려한 마술 뒤엔 비둘기 키우는 일상이 있다"

2003년 당시 25살의 나이로 그 어렵다는 외무고시의 수석을 꿰찬 재원이다. 그런 그녀의 이름 뒤에 또 '미국변호사'라는 타이틀이 붙는다. 촉망받던 젊은 공무원이 안정된 직장을 버리고 모험의 길로 접어들었다. 그녀를 의아해 할 독자들에게 박 변호사는 전한다. '어쩌다가' 그렇게 됐다고... 가벼운 듯 들리는 대답 뒤로 "거대 담론이나 정책·전략을 다루기보단 현실적인 것을 따지길 좋아한다"라는 말이 뒤따랐다. 자신의 성향에 비추어 본 진지한 고민이 있었던 것.

정말 '가벼운 마음'으로 미국 로스쿨 입학시험인 LSAT(Law School Admission Test)를 쳤는데 생각과 달리 점수가 잘 나와 다른 지원 서류를 벼락치기로 준비해서 뒤늦게 냈다는 그녀. 지식보다 논리력을 측정하는 LSAT 공부는 초조함이나 스트레스가 걸림돌이 될 수 있는데 그녀는 가벼운 마음으로 준비했기에 오히려 결과가 좋았던 것 같다고 전했다.

세계적으로 10위권 내에 드는 글로벌 로펌인 '레이섬 앤 왓킨스(LATHAM & WATKINS)'에서 일하고 있는 그녀의 클라이언트는 주로 기업이다. 담당하고 있는 기업 카르텔 정부 조사에서 클라이언트를 한 번도 형사처벌 받게 하지 않은 점을 가장 뿌듯한 순간으로 꼽았다. 미 법무부의 카르텔에 대한 엄격한 법 적용으로 인하여 로펌들이 사법 거래의 일환으로 개인을 형사처벌 하도록 하는 상황도 있는데 그녀는 그런 타협을 하지 않았다고.

외무 공무원과 변호사로서의 삶은 어떻게 다를까. 그녀는 "외무 공무원으로서는 국가와 국익을 위하는 자부심을 갖고 일했다면 변호사로서는 과분할 정도의 업무 지원과 충분한 연봉을 받으면서 스스로 업무의 질을 높이며 일한다"고 전했다.

한국에서 미국 로스쿨에 진학하려는 독자들에 대한 조언도 잊지 않았다. 그녀는 시시각각 변하는 미국의 전반적인 경제 상황부터 진학 분위기 및 업계의 리스크까지 충분히 조사해 로스쿨 진학을 결정하라고 권했다. 나아가 자신이 그리는 가장 멋지고 화려한 모습의 이면에는 미처 계획하지 않았던 소소한 일상이 항상 뒤따른다는 점을 기억하라고도 당부했다. 마치 유명 마술사가 무대에서 화려한 마술을 선보이기 위해 무대 뒤 일상에서 비둘기들을 먹이고 돌보는 것처럼.

서울대 정치학과를 졸업한 미국 명문 로스쿨 출신 한국인으로서 세계적인 로펌에 입사해 글로벌 커리어우먼으로 성장하고 있는 박준연 변호사를 법률저널이 만났다. 2016년 7월 4일 업무차 잠시 귀국한 덕분에 서울 여의도 한 카페에서 만나 2시간 가량 인터뷰를 진행할 수 있었다. 다음은 박준연 미국 변호사와의 일문일답.

– 이력이 독특하다. 외무고시 수석에다 미국 로스쿨을 거쳐 변호사로 변신했다. 계기가 궁금하다.

"특별한 계기가 있었다기 보다는 '어쩌다가'라는 표현이 걸맞지 않나 싶다. 외무 공무원 생활을 일정 기간 한 다음 미국 변호사가 되어야겠다는 계획을 미리 세운 것은 아니고, 외무 공무원 해외 연수로 미국 로스쿨에 진학할 수 있지 않을까 생각해서 시험삼아 미국 로스쿨에 지원했는데 운좋게 NYU 로스쿨에서 합격 통지를 받았다. 해외 연수로 3년이 걸리는 로스쿨 JD 과정에 진학할 수 없게 되어 합격 통지를 받은 후 1년 정도 입학을 연기하고 고민하다가 결국은 로스쿨 진학을 결심했고, 그러다 보니 여기까지 오게 되었다."

– 왜 로스쿨인가.

"로스쿨 교수님 중 한 분이 수업 중에 이런 얘기를 하셨다. '우리가 왜 정치학 대학원에 안 가고 로스쿨에 갔겠어. 물론 로스쿨 졸업하면 돈을 더 많이 벌기도 하지만 우리들이 더 현실적(closer to the ground)이니까.' 나는 학부에서 정치학을 전공했는데 이 농담처럼 나온 얘기가 참 마음에 와 닿았다.

살아가면서, 또 일을 하면서 거대한 고민을 하고 전략을 결정하는 것도 중요하지만, 나는 성격상 현실적이고 시시콜콜한 걸 따지기를 좋아한다. 그런 면에서 로스쿨에 가고 싶었고 실제로 로스쿨 공부도 힘들긴 했지만 적성에 맞았다.

아, 또 다른 로스쿨 교수님은 문학의 언어와 법의 언어를 비교하면서 후자가 특별한 것은 언어 자체에 세상을 바꿀 수 있는 힘이 있다는 이야기를 하셨다. 그 교수님은 헌법을 가르치셨는데, 마지막 수업 때 꼭 자신보다도 현명하고 강한 사람이 되라고도 하셨다. 노트 필기를 하면서 받아 적어 놓고 지금도 가끔 되새겨 보는 이야기다."

- 미국 명문 로스쿨에 들어가기 위한 준비는 어떻게 했나.

"로스쿨 입학 준비 중 가장 큰 부분이 LSAT다. 준비는 다들 하는 것처럼 LSAT 기출문제를 풀면서 공부했다. LSAT 점수가 잘 나오면 로스쿨 지원을 한번 해 볼까 하는 가벼운 마음으로 시작하긴 했지만, 직장 생활을 하면서 시험 준비하는 게 쉽지 않았다. 기출문제를 한두 번 정도씩 풀어보고 12월에 첫 시험을 쳤는데 예상보다 점수가 잘 나왔다. 시험 결과가 나온 1월부터 벼락치기로 에세이나 다른 지원 서류를 준비했다. 빨리 지원하는 것이 유리하다고 하는데 나는 지원 마감이 임박한 2월에야 서류를 겨우 갖추어 지원했다. 지원한 로스쿨 중에 제일 빨리 합격 연락을 준 학교가 NYU 로스쿨이다."

– LSAT는 어떻게 공부했나.

“다들 그렇게 할 텐데 시간을 정해 놓고 기출문제를 푼 다음 틀린 문제는 왜 틀렸는지, 정답에 이르는 사고 과정이 뭔지를 생각했다. LSAT의 경우, 지식을 측정하는 시험이라기보다는 논리적인 사고 과정을 측정하는 시험이기 때문이다. 오래 생각해도 정답이 왜 정답인지 모르는 문제도 있었는데, 그때는 그냥 넘어갔다. 많은 시험 준비가 그렇듯이, LSAT도 시험 공부만큼이나 시험공부 과정의 초조함과 스트레스를 어떻게 해결하는가가 중요하다. 직장에 다니면서 퇴근 후나 주말에 시험 준비를 하는 일이 힘들기도 했지만 비교적 가벼운 마음으로 시험을 준비했기 때문에 스트레스는 상대적으로 적었던 것 같다.”

– 영어권 생활이 전무한 상태에서 영어는 어떻게 극복했나.

“로스쿨에 진학하기 전에는 영어권에서 생활해 본 적이 없고, 그래서 영어로 업무의 많은 부분을 처리하고 있는 지금도 꽤 고생을 하고 있다. 하지만 이 일을 계속하면서, 언어와 관계없이 글을 쓰고 말을 하는 일이 어렵다는 생각을 많이 한다. 모국어인 우리말로 글을 쓰고 말하는 것 역시 어려운 일이다. 따라서 어느 언어로 말하고 글을 쓰는지 이전에 주제에 대해 충분히 알아 보고 또 고민하는 것이 중요하다는 점을 잊지 않으려고 한다.”

– 서울, 뉴욕을 거쳐 현재는 도쿄에서 생활하고 있는데 세 도시는 생활하기에 어떠한가.

“서울에서 어린 시절을 보내고 미국 유학을 가기 전까지 생활했기 때문에 장점이든 단점이든 당연하게 생각한 부분이 있다. 가끔 서울로 출장을 가면 서울에서 제일 오래 살았으면서도 생활권 밖의 지역에 대해서는 ‘참 몰랐구나’ 하는 생각이 든다.

뉴욕에 가서 로스쿨에 다닌 3년은 도시를 즐길 여유가 거의 없었다. 졸업하고 뉴욕주 바 시험을 마치고 일을 시작하기 전에 조금 시간이 있었는데 그때 뉴욕에 대해 배우고 즐기려고 노력을 했다. 미국건축가협회의 가이드북을 손에 들고 무작정 걷는다거나 뉴욕의 역사를 바탕으로 한 투어 프로그램에 참여한다거나… 하지만 그것도 회사생활을 시작하면서 자유시간이 많이 없어서 계속할 수 없었다.

도쿄에는 교환학생 과정으로 와서 1년간 생활한 경험이 있다. 지금 회사의 위치와 사는 곳이 예전 캠퍼스나 기숙사와는 완전히 다른 지역이라, 같은 도쿄지만 많이 다르게 느껴진다. 서울도 뉴욕도 마찬가지이지만 도쿄 역시 조금만 걸으면 아주 다른 동네가 나타나기 때문에 그게 신기하고 또 즐겁다. 그래서 시간이 날 때 멀리는 못가도 주변의 동네를 '탐험'해 보려고 한다."

– 미국 로스쿨에 입학하기 위한 가장 중요한 자질을 무엇이라 생각하나.

"글쎄, 로스쿨에는 워낙 다양한 배경과 경험을 갖춘 학생들이 진학하기 때문에 로스쿨에 맞는 자질 몇 가지를 꼽기가 참 어렵다. 로스쿨도 그렇지만 졸업 후의 관련 업무도 강도가 높고, 스트레스 요인도 많이 존재한다. 요즘 특히 이런 상황에 유연하게, 유머감각을 잃지 않고 대처해 나가는 것이 중요하다는 생각이 든다.
로스쿨에서 공부하는 내용도 물론 중요하지만, 교육 과정 자체가 스트레스를 받기 쉬운 상황에 대처할 수 있도록 훈련을 해 주는 측면도 있는 것 같다. 예컨대 나의 경우 2학년 가을 학기에 학과 공부는 물론 2학년 마치고 여름방학 때 일할 회사와의 면접, 로스쿨 저널 편집 업무, 모의 법정 준비 등을 했다. 많은 일들을 우선순위를 정해 처리한 경험은 졸업 후의 업무에도 도움을 주었다."

– 미국 로스쿨을 선택할 때 중요하게 고려해야 할 점은 무엇인가.

"로스쿨은 전문대학원인 만큼, 학교 선택시 공부하는 과정뿐만 아니라 졸업 후의 진로까지 감안해야 한다. 채용 과정에서 로스쿨 순위를 고려하는 만큼 진학할 곳을 선택할 때 로스쿨 순위를 고려하지 않을 수가 없겠지만 순위가 전부는 아니다. 예컨대 로스쿨의 지리적 위치는 나처럼 미국 생활 경험 없이 로스쿨 유학을 결정한 유학생들에게 중요한 문제라고 생각한다. 다들 중요시하는 부분이 다르겠지만 내 경우는 유학생이나 이민이 많은 뉴욕, 그것도 상대적으로 리버럴한 분위기의 NYU 로스쿨에서 미국 생활을 할 수 있어 비교적 수월하지 않았나 하는 생각을 한다."

- 현재 재직하고 있는 '레이섬 앤 왓킨스'는 어떤 로펌인가.

"내가 일하고 있는 '레이섬 앤 왓킨스(LATHAM & WATKINS)'는 미국뿐 아니라 아시아, 유럽, 중동 지역에 위치한 오피스에서 2,000명이 넘는 변호사가 일하고 있는 전세계적 규모의 로펌이다. 업무는 대부분의 분야에서 법률 서비스를 제공하는 풀 서비스(full service) 로펌이다. 최근 수입액 기준 통계로는 미국뿐 아니라 전 세계적으로 가장 큰 규모의 로펌이지만, 운영상에서는 전세계의 오피스가 개별적으로 서비스를 제공하는 형태가 아니라, 하나의 회사 ('one-firm' firm)로 클라이언트에게 통합 서비스를 제공하는 방식을 지향하고 있다."

- 로펌에 있는 동안 처리한 일 중 가장 뿌듯했던 순간을 하나 꼽는다면.

"담당하고 있는 업무 중에 카르텔 관련 정부 조사의 경우, 클라이언트 회사의 임직원들이 형사처벌 받을 가능성이 있는 안건들이 있었다. 미국 법무부도 정책적으로 카르텔 행위에 가담한 개인을 보다 강력하게 처벌하겠다는 방침을 발표했고, 사법거래의 일환으로 개인이 형사처벌을 받는 경우도 드물지 않다. 그런 와중에서도 내가 담당한 안건과 관련해서는 운 좋게도 아직까지 개인의 형사처벌이 없었다. 형사조사 자체가 비공개이기 때문에 어떤 안건인지는 공개할 수 없으나, 아무도 형사처벌 받지 않고 조사가 마무리되면 안도감과 뿌듯함을 느끼게 된다."

– 미국 주요 로펌의 어소시에이트 연봉은 어느 정도인가.

"미국 대형 로펌의 어소시에이트 연봉은 회사별로 큰 차이가 없다. 특정 회사의 연봉이 다른 회사에 비해 많이 높으면 실력을 갖춘 어소시에이트들이 그 회사로 몰리기 때문이다. 그런 이유로 한 회사가 연봉 인상을 발표하면 다른 로펌들도 따라서 인상을 하는 경우가 많다. 실제로 6월에 일련의 연봉 인상이 발표되어 많은 로펌의 1년차 어소시에이트 연봉이 18만 불 정도이고, 연차가 올라가면 금액은 점점 증가된다. 그 외에 업무 시간이나 업무 평가를 통해 별도로 연말에 보너스가 지급된다."

– 3년간 외무 공무원이라는 공적 영역에 있다가 사적인 영역으로 옮겼는데 장단점이 있다면.

"아무래도 지금 하는 업무로는 국익을 위해 일한다는 자부심은 느끼기 어렵다. 하지만 클라이언트가 대부분 기업이라도 기업을 구성하는 것은 개인이기 때문에 클라이언트 기업의 임직원을 만나 이야기를 하다 보면 '내가 이런 분들을 돕는구나, 더욱 열심히 해야겠다'는 생각을 하게 된다.
또 다른 차이는, 비단 한국 외교부뿐 아니고 정부 기관이 다 그렇겠지만 업무 지원 기능이 충분하지 않은 경우가 많다. 반면 로펌은 업무 지원 기능이 충실해서, 우리 회사의 경우 업무 시간에는 근무하는 사무소의 지원을 받고, 근무시간 이외에는 GSO(Global Service Office)라고 불리는 지원 부서가 전세계에 위치하고 있어 그로부터 24시간 도움을 받을 수 있다. 이

바탕에는 변호사의 업무 편익이 클라이언트에 대한 서비스 증진으로 이어진다는 생각이 깔려 있다."

– 한국인으로서 미국 로펌에 들어가려면 어떤 준비가 중요한가.

"로펌 채용 과정에서 한국인이라서, 혹은 외국인이라서 특별히 혜택을 받거나 불이익을 받는 측면은 없다. 따라서 다른 미국 변호사와 같은 자질을 갖춘 데다가 우리말과 글로 업무를 처리할 수 있고, 또 우리 사회와 문화에 대한 이해를 갖추고 있다면, 채용하는 미국 로펌에서는 다른 후보자보다 더 매력적인 선택지로 볼 수도 있다. 물론 미국에서 일하는 경우, 로펌이 고용주로서 미국 비자 취득 과정에 관여해야 하기 때문에 이 부분을 추가적인 비용으로 인식하는 경우도 있을 수 있지만, 규모가 큰 로펌에서는 외국 국적의 변호사에 대한 이민, 비자 관련 수속을 당연한 과정으로 생각하고 처리해 주는 편이다."

– 법률 시장의 세계적인 흐름은 어떻다고 생각하는가.

"특별하지 않은 이야기인지는 모르겠지만, 요즘 새삼스럽게 느끼는 점은, M&A나 프로젝트 파이낸스 분야는 물론이고 내가 담당하는 경쟁법, 부패방지법 분야에서도 업무가 글로벌화되고 있다는 점이다. 기업 활동이 국제적으로 전개됨에 따라, 이를 규제하는 정부도 국제적인 협력을 강화하고 있다. 그래서 내가 담당하는 안건 중에도 미국 외의 다른 사무소는 물론이고 해당 국가의 로펌과 함께 정부 조사에 대응하는 경우가 많다. 앞으로도 이런 흐름은 더욱 강화될 것 같다."

– 미국 로스쿨이나 로펌에 도전하려는 사람들에게 조언을 해 준다면.

“법률저널에 연재를 시작하고 독자들께 가끔 이메일을 받는데, 그중 제일 많은 문의가 ‘이런이런 상황인데 나의 미국 로스쿨 진학에 대해 어떻게 생각하는지’라는 질문이다. 개인적으로는 참 어려운 질문이라고 생각한다. 내가 로스쿨 입학할 때와 졸업할 때 사이에 미국 로스쿨 졸업생의 취업 환경이 많이 변했다. 또 미국 법률 시장의 일반론과 별개로 한국 출신의 유학생이 경험하는 특수한 측면이 있다. 주변을 봐도 한국뿐만 아니고 미국 대학 이외의 대학 학부를 졸업하고서 미국 로스쿨을 졸업하여 로펌에 취업한 경우가 많지 않다.
실제로 그런 진로를 선택하는 경우가 얼마 되지 않아서일 수도 있지만, 또 그런 진로가 어려운 부분도 있다. 내가 로스쿨 진학을 결정했을 때는 미국 학생, 유학생을 막론하고 로스쿨 졸업 후 취업이 비교적 쉬울 때여서 내 자신도 많은 고민을 하지 않았다. 하지만, 내가 졸업할 때쯤에는 미국발 금융 위기가 상당히 진행되어 상황이 급변했다. 그래서 미국 로스쿨을 졸업하고 로펌에 취직하고자 하는 후배들에게는 중요한 결정을 내리기 전에 그 결정과 관련된 리스크를 조사해 보기를 권하고 있다.”

– 앞으로 개인적 포부는 무엇인가.

“사실은 아직도 생각 중이다. 좋아하는 이야기라 연재에도 한 번 적었는데, 예전에 도쿄대학에서 1년간 교환학생 프로그램을 수학하던 중에, 마술부 서클 활동을 하던 학생과 이야기를 나눈 적이 있다. 그 학생이 내게 ‘마술부 서클룸에서는 비둘기를 많이 키운다’는 이야기를 해 주었다. 그때 새삼스럽게 화려한 마술의 뒷면에는 비둘기를 키우는 일상이 있다는 걸 느꼈다.

이 일을 시작하고 매일매일 일이 쉬워지기는커녕 점점 어렵게 느껴질 때가 많다. 그럴 때마다 나만 힘든 게 아니고, 마술같이 보이는 화려한 겉모습 뒷편엔 비둘기에게 먹이를 주는 일상이 있다는 생각을 해 본다. 대학을 졸업할 때, 처음으로 직장생활을 할 때는 뉴욕에서 로스쿨을 졸업하고 변호사 자격증을 딴 후 로펌에서 일하게 될 줄 몰랐다. 또 뉴욕에서 처음 로펌 생활을 시작할 때는 여기서(일본) 지금 하는 일을 하게 될 줄 몰랐다. 조바심이 날 때도 없지는 않지만 일상이 누적되어 장기가 되는 만큼, 다음 단계의 계획과 목표를 조금씩 생각해 보려고 한다."

(2016년 7월 19일자)

박준영 변호사 / 이제는 국민 변호사 "모르면 안 돼"

재심 전문 변호사, 파산 위기에서 희망 보다
"벼랑 끝에서 전부를 던졌더니 기적 찾아와"

국민적 성원과 지지를 받는 사람 앞에는 '국민'이라는 수식어를 붙여 국민배우, 국민가수 등이라 일컫는다. 2016년 여름, 우리 사회는 명실상부 '국민변호사' 한 명이 탄생하는 것을 목도했다. 재심(再審)이란 이미 내려진 확정판결에 대한 사실인정의 오류를 시정함으로써 그 확정판결에 의해 불이익을 받은 피고인을 구제하는 절차다. 아직 확정되지 않은 재판에 대한 불복신청인 상소와는 구분되는 바, 한번 내려진 판결을 뒤엎어야 하는 만큼 결코 만만한 일이 아니다. 형사전문 변호사, 가사전문 변호사는 우리에게 익숙해도 '재심전문'이라는 박준영 변호사의 타이틀은 여전히 생소한 이유가 여기에 있다.

아무도 가려 하지 않는 이 좁은 길을 우직하게 걸어온 덕에 그는 파산위기를 맞기까지 했다. 변호사 사무실 월세는 열 달치가 밀렸고 상속 등으로 인해 떠안은 빚은 3억 원에 달했으며 변호사로서의 수입은 보장되지 않는 상태였다.

벼랑 끝에서야 전부를 던졌다

이렇게 벼랑 끝에 몰린 그가 반신반의하며 붙잡았던 동아줄은 스토리펀딩(story funding). 그는 말했다.

"애초에 제가 기대했던 것은 펀딩의 방식이 아니었어요. 제가 하는 일의 사회적 중요성과 필요성에 공감한, 뜻있는 독지가의 후원이 있기를 기다렸죠. 경제적으로 더 이상 밀려날 수 없는, 말 그대로 벼랑 끝에 다다랐을 때에야 제게 더는 시간이 없다는 것을 인정하게 됐어요. 펀딩을 시작하면서도 반신반의 했는데요. '저렇게 외고집으로 돈 안 되는 일만 하더니 파산이라고, 꼴 좋다' 이렇게 볼 사람도 있겠지 싶은 마음이 한 켠에 있었습니다. 3달간 1억 원 모으는 것을 목표로 했는데 놀라운 속도로 후원이 몰리더니

3일 만에 1억을 돌파했죠. 독지가 한 명의 공감을 얻는 게 쉬울 거라 생각했는데 이렇게 많은 사람들의 공감을 얻는 것이 더 빨랐다는 것을 보면서 저는 우리 사회가 참 따뜻하다는 걸 처음 느꼈습니다."

자신의 상황을 숨김없이 드러내야 하는 스토리 펀딩. 그런 자신의 모습을 곱지 않게 볼 사람도 있으리라는 두려움이 있음에도 불구하고 그는 기꺼이 자신을 내던졌다.

"부담과 두려움이 없었다고 할 순 없습니다. 그런데 다 내던지고 나니 상상할 수 없던 기적이 찾아오는 걸 보게 되더군요."

재심으로 밀고 나가야 한다는 확신

점점 벼랑 끝으로 내몰리면서도 그가 소위 '돈 안되는 사건'에만 매진했던 이유는 무엇일까.

"저는 한가지 분명한 확신이 있었습니다. 제가 하는 재심사건이란 국가의 실수로 피해받은 국민들의 사례, 나아가서는 국가부조리와 맞닿아 있는 사건들이기 때문에 공론화가 될 수밖에 없을 거란 확신이 있었죠.

저는 출신이나 배경이 없는 사람입니다. 중학교 때 어머님이 돌아가시고 고등학교 때 방황을 많이 했어요. 자퇴하고 정비단지나 공사판, 프레스 공장 등을 전전하며 일했죠. 그러다가 마음을 바꿔 고등학교에 다시 들어갔고, 대학을 진학하려는데 제가 수능 1세대였습니다. 그 시절 수능은 저처럼 고등학교 공부가 펑크난 사람이 중학교 때 공부한 지식만으로 어느 정도 문제를 풀 수 있게 나왔거든요. 목포대학교 전자공학과에 진학할 수 있었죠. 이런 제가 변호사로서 뭐 내세울 게 있겠습니까."

그가 말을 이었다. "연수원 때도 공부 못했습니다. 경제적 어려움이 또 찾아왔죠. 아버지 돌아가시고 남긴 빚, 잘못 빌려준 돈. 어쩔 수 없이 휴학하고 돈을 벌었어요. 연수원 수료 성적은 제가 밑바닥일 겁니다. 아무것도 뒷받침해주는 배경이 없는 저로서는 결과로 증명해야 했어요. 설움이 왜 없었겠습니까. 좋은 일 해 보겠다고 구청이나 주민 센터에 무료 변론과 무료 법률 상담하도록 자리 하나만 만들어 달라고 아무리 요청해도 답변조차 해주지 않았어요. 그들이 제 배경을 봤더니 아무것도 없어서 그랬겠죠. 이해는 합니다. 사람이 그렇게 남을 판단하는 게 쉬우니까요. 그래서 더 나를 보일 수 있는 건 오로지 사건 뿐이라는 걸 알았습니다."

사건으로 증명하다

박준영 변호사는 기어이 그가 맡은 사건으로 자신의 존재를 알렸다. 국민 변호사로서 부족함 없는 실력과 열정을 갖춘 법률가임을 사건의 결과로써 증명한 것.

2016년 7월 첫 촬영을 시작해 2017년 상반기 개봉을 앞두고 있는 영화 〈재심〉은 박준영 변호사가 맡은 일명 '약촌오거리 택시 기사 살인사건'을 다룬 것이다. 2000년 8월 새벽, 오토바이를 운행하다 택시 기사와 시비가 붙은 범인은 흉기로 택시기사를 수차례 찔러 살해했고 용의자로 지목 된 당시 15세 소년은 징역 10년을 선고받고 2010년 만기출소했다. 박 변호사는 모 방송사 기자의 권유로 이 사건을 함께하게 됐으며 그 과정에서 진범이 나타나 재심 결정을 이끌어 내 현재 공판이 진행 중에 있다.

그가 또 재심 결정을 받아 낸 사건으로는 일명 삼례 나라슈퍼 강도치사 사건이 있다. 1999년 2월 전북 완주군 삼례읍 나라슈퍼에 3인조 강도가 침입해 잠자던 슈퍼 주인을 사망케 한 후 현금과 패물을 훔쳐 달아난 사건이다. 당시 경찰은 지적장애자, 보호자 없는 미성년자, 극빈층에 속한 자 등 3인을 구속해 폭력과 폭언으로 자백을 받아 냈다. 1년 뒤 제보를 기초로 한 내사과정에서 진범이 밝혀졌음에도 불구, 가짜 범인인 사회적 약자 3인조는 끝내 풀려나지 못했다.
박 변호사는 약촌오거리 사건을 준비하던 중 〈그것이 알고싶다〉에 보도된 이 삼례 사건을 보았고 직접 방송사에 자료를 요청, 자발적으로 사건을 맡았다고 전했다. 그의 노력과 양심적인 진범의 협조 끝에 지난 6월 재심이 확정됐고 9월 7일 첫 공판을 시작으로 사건은 다시 심리될 예정이다.

절실함으로 두려움을 뛰어넘다

사건을 접하게 된 경위는 어쩌면 우연일 수도 있다. 하지만 우연이 그냥 스쳐 지나가지 않도록 적극적으로 붙잡아 기회로 만든 것은 순전히 박 변호사의 의지였다.
"변호사들은 의뢰인이 만들어 주는 자료를 가지고 책상에 앉아서만 일할 수도 있어요. 하지만 저는 발로 뛰었습니다. 범행이 가능한지 몇 번씩 직접 현장을 오가며 새벽에 택시도 불러 타 보고 흉기로 똑같은 자세를 취해서 시늉도 해 봤죠. 절실함이 있었어요. 대충해서는 안 된다는 절실함. 저는 가족의 희생을 담보로 잡힌 채로 일을 하는 중이니 더더욱 절박했습니다."
살인했다는 사람들 옆에 나란히 서는 것, 수사기관에 대항해 홀로 싸워야 하는 것이 두렵지는 않았냐고 묻자 그가 말했다.
"저는 뒤늦게라도 자신의 범행을 인정하고 나타난 진범에게 감사하는 마음이 이루 말할 수 없습니다. 진범이 존재하는 상황에서 진실게임은 끝난 거죠. 수사기관이 저지른 악행은 입에 담기조차 어려워요. 처음에는 왜 안 두려웠겠습니까. 그러나 저는 그들의 잘못 앞에서 당당합니다. 죄 지은 자는 엎드리게 되어 있어요. 저는 두려울 이유가 없죠. 진실을 쥐고 있으니까요. 자신의 잘못을 뉘우치고 있는 사람의 손을 잡는 건 아무 어려움

이 없습니다."

돌연 그가 언성을 높이며 말했다. "진실을 덮어 버린 수사기관으로 인해 삼례사건의 진범이 얼마나 힘든 시간을 보냈는지 아십니까. 당시 그는 자백을 했음에도 불구하고 풀려났죠. 진범을 인정하고 사건을 바로잡으면 수사기관이 저질렀던 잘못을 수습하기 어려워지니까 그냥 사건을 묻어 버린 겁니다. 제때 죗값을 치르지 못한 채 자기 대신 벌을 받는 가짜 범인들을 보며, 진범은 우울증과 악몽에 시달려 일상 생활을 정상적으로 할 수가 없었어요. 괴로움을 이기고자 방 안에서 불교 경전만 달달 외우며 지냈다고 합니다. 당시 권력자들은 진범과 가짜 범인, 양 쪽 모두의 인권을 짓밟은 겁니다."

사법시험 준비 시절

박준영 변호사는 사법시험 준비를 어떻게 했을까. 그가 긴 이야기를 시작했다.

"고등학교를 두 번 다녔으니까 대학 들어가고 얼마 되지 않아 영장이 나왔습니다. 제대한 후 바로 복학하지 않고 군대 한 달 고참 따라 신림 9동에 들어왔죠. 한방에 제 인생을 뒤엎고 싶었습니다. 사법고시가 답이었죠. 그때 산 정상과도 다를 바 없는 9동 꼭대기에 12만원짜리 방을 잡고 식비와 생활비 14만원 해서 26만원으로 한 달을 살았어요. 생활이 물론 어려웠지만 그마저도 돈이 없었죠. 난생 처음 법학을 접했는데 저희는 당시 민법을 곽윤직 교수 책으로 공부했습니다. 학원을 직접 다닐 형편은 못 됐고 강의테이프는 구해서 들었죠. 옥편 옆에 놓고 한자에 독음 달며 하루 종일 책을 읽으면 20페이지 봤어요. 법학의 특징이 그런 거 아니겠습니까. 윗줄 읽고 그다음 줄 읽으면 윗줄이 무슨 뜻이었는지 새까맣게 잊어버리죠. 그래도 한자가 익숙해지니까 이 공부가 내게 맞는다는 확신이 섰어요. 법적 사고에 크게 어려움을 못 느꼈고 문제를 풀면 객관식 점수도 좋았죠.

제가 5년을 공부해 합격했는데요, 주관식이 객관식에 비하면 난관이었어요. 일단 손 글씨를 쓰는 속도가 느려서 2시간 이내 아무리 열심히 써도 3면을 채우면 시간이 끝나 버렸습니다. 제가 없는 돈에 글씨를 빠르게 잘 쓰는 학원은 다녔다는 거 아닙니까. 그래도 크게 극복은 못했어요. 시간만 넉넉했다면 내가 아는 걸 더 써냈을 텐데 하는 아쉬움이 늘 있었죠.

4년 차 되는 11월에는 설상가상으로 아버지까지 돌아가셨어요. 공부가 됐겠습니까. 무기력을 이겨낼 수 없어 술만 마셔댔죠. 형님들이 그래도 공부는 하라고 사서 보내 준 책도 다 헌책방에 팔았습니다. 돈이 없으니까요. 준비는 거의 못한 채 그다음 1차 시험을 보러 갔습니다. 그런데 그해에 딱

사법시험이 신경향 출제로 바뀌어 시간이 70분으로 늘어났어요. 늘 시간에 쫓기며 풀다가 여유를 가지고 풀어서 그런지 합격선을 넘는 성적이 나오더라구요. 그래도 아직 공부에 매진하기에는 상심이 채 가시지 않았는데 그다음 2차 시험 때에는 월드컵이 있었거든요. 당시 응시생들이 영향 많이 받고 공부를 잘 못했습니다. 저는 그 특수를 누리고 합격한 거나 다름 없죠. 운칠기삼이라고밖에 이야기할 수가 없네요.
전 연수원 시절도 썩 뛰어나지 못했어요. 제가 연수원 형사실무 성적이 D입니다. D는 받을 수가 없는 성적이에요. 그런 제가 형사사건 무죄를 지금껏 백 건도 넘게 만들었습니다. 그러고 보면 줄세우기식 성적 평가는 저 같은 사람을 놓칠 수 있는 한계가 있죠."

사법시험 존치에 대한 생각

지금의 그를 있게 한 출발점은 어쩌면 사법시험일 수 있다. 그는 사법시험 존치 논란에 대해 어떻게 생각할까. 이에 대해서도 그는 할 말이 많은 듯 했다.
"법조인의 수를 늘릴 필요가 있으면 사법시험 인원을 늘렸어야 했습니다. 그런데 그렇게 안 하고 새로운 제도인 로스쿨을 도입했고 이미 그렇게 된 이상 앞으로 제도의 주축은 로스쿨이 돼야 한다고 생각합니다. 지금 사시 존치 논란을 보면 할당되는 인원수가 많아야 200명 선에서 이야기되더군요. 그 숫자는 소수의 시험 천재만 가려낼 뿐 그 이상의 의미는 못할 거라는 생각을 하고 있습니다. 우리 사회처럼 개인의 직업적 윤리와 양심이 확고하게 자리잡지 못한 사회 분위기에서 특권층을 양산할 수 있는 자리는 만들지 말아야 한다고 보거든요."
그가 말을 이었다. "논란이 된 진경준 같은 인물은 '자리가 사람을 만든' 전형적인 예일 겁니다. 로스쿨과 사법시험이 병존하면서 그것도 소수만 뽑는다면 엘리트 의식이 안 생길 수 있겠습니까. 사람인 한 그런 의식이 생길 수밖에 없습니다. 사법시험이 더는 희망의 사다리 역할을 할 수 없을 거란 점도 자명해 보입니다. 이전에는 분명 저 같은 사람이 타고 오를 수 있는 희망의 사다리였죠. 저는 합격할 때 천 명 합격자 중 등수가 690등이었는데요. 시험 성적은 합격선에서 1점 높았습니다. 제 아래 310명이 시험점수 1점 안에 다 모여 있는 거죠. 합격선 아래 1점에는 또 그만큼의 인원이 있어요. 시험 결과를 그래프상으로 보면 그렇게 나타납니다.
정말 월등하게 뛰어난 열 명 정도의 사람을 제외하면 실력차가 아닌 '운이 따르느냐'로 합격 여부가 갈리는 게 사법시험입니다. 이런 모험을 서민들이 감수할 수 있을까요? 물론 서민들이 로스쿨 갈 엄두를 못내는 건 당연합니다. 하지만 사법시험이 존치된들 200명 뽑는 시험, 결정적으로는 운이 크게 작용하는 시험을 위해 서민들이 5년 넘는 시간을 매달릴 수 있을까요. 저는 예비시험 형태가 맞다고 생각하고 있어요. 누구든 예비시험을 볼 수 있게 해 주고 그것으로 변호사시험 응시자격을 부여해 줘야 합니다. 희망의 사다리는 이제 예비시험 형태일 수밖에 없다고 생각합니다."

그래도 아직은 노력이 결실 맺히는 사회

박준영 변호사는 예비 법률가들에게 어떤 말을 하고 싶을까. 그에게 격려의 말을 청해 봤다.
"변호사 시장이 어렵다는 건 부인할 수 없는 사실입니다. 법률가를 꿈꾸는 분들에게 하고 싶은 말은 '열심히 공부하면 그 이후 편하게 즐기며 돈 버는 직업' 자체가 이제 대한민국엔 없다고 생각해야 한다는 겁니다. 그런 시점은 지나갔다는 말씀을 드립니다. 하지만 저는 아직 우리 사회가 자신이 애쓰고 노력한 만큼은 결실이 맺히는 게 분명한 사회라고 보고 있습니다. 저의 재심 사건들만 보더라도 그렇죠. 예전에는 우리 사회 권력자들이 잘못하고 딱 잡아떼면서 덮어 버리면 그냥 묻혀졌어요. 무조건 잡아떼면 얼마 지나지 않아 다시 떵떵거릴 수 있었단 말입니다. 친일파들 그렇게 살지 않았습니까. 하지만 저는 제 사건을 맡아 발로 뛰어다니면서 한가지 사실을 체득했습니다. 이제는 진실이 드러나게 되는 사회 분위기가 형성돼 있다는 점입니다. 사회가 투명해져 누군가는 진실을 터트리게 돼 있고 진실에 대한 사회적 관심은 그 어느 때보다도 높습니다. 이런 분위기에서 잡아뗀다고 거짓이 진실 될까요. 절대 그렇지 않습니다. 무너질 것 같지 않은 벽을 향해 돌을 던지면 필히 견고했던 벽이 무너져 내리는 날이 온다는 걸 많은 분들이 저를 통해 확인하시길 바라는 마음입니다." 그는 분명하게 말했다.

사람과 돈 모아 조직적·체계적으로 일하고 싶어

스토리펀딩을 통해 그에게 마음을 보내 주는 사람이 현재 1만 명에 육박하고 있다. 무거운 숫자만큼 그가 사회를 향해 느끼는 책임감은 묵직해 보인다. 앞으로의 계획을 묻자 그가 답했다.

"펀딩은 제가 파산 위기를 맞고서 빚을 갚는 게 우선이라는 생각에서 시작했어요. 현재 쥐고 있는 일들의 끝을 보려면 제가 일단 살아 있어야 하니까요. 지금 제 빚이 모두 청산될 만한 액수가 모였는데요. 이 사회가, 시민들이 저를 살려 주셨습니다. 저는 저의 전문성을 살려 형사사건 과정에서 생긴 사법 피해자들을 더욱 조직적이고 체계적으로 돕는 일들을 하고 싶어요."

그의 구상을 조금 더 구체적으로 듣고 싶었다. 그가 부연했다. "변호사들이 법률적인 일들을 맡고 뜻 있는 기자들이 이를 사회에 알리는 공론화 작업을 해 주길 원합니다. 일종의 공익 단체를 만들고 싶은데, 구체적인 구성은 변호사와 기자의 조합을 중심축으로 하는 형태가 될 것입니다. 또 하나 이런 재심사건은 실질적으로 조사 권한이 없는 상태에서는 일이 상당히 어렵습니다. 자료를 요청해도 무시당하고 조사를 해도 협조가 없으면 일이 진척이 안 되죠. 국가를 상대로 협조 요청을 할 수 있는 권한을 가진 어떤 위원회 형태의 기구가 생기기를 원하고 있고요, 사람과 돈이 모이면 적극적으로 추진할 계획입니다. 국가인권위원회의 산하 기관 형태도 좋겠고, 독립적인 형태도 좋습니다. 핵심은 조사에 필요한 권한이 있어야 한다는 겁니다."

그의 사무실 문 앞에서 하염없이 기다리다 그를 보면 눈물을 보이는 사람들, 전국 각지에서 억울함을 호소하며 보낸 편지와 택배들, 밤낮을 가리지 않고 울려대는 전화벨이 그의 주변을 온통 둘러싸고 있다. 돈 없고 백 없는 수많은 사람들이 의지할 수 있는, 그 한 사람을 우리 사회가 가졌다는 사실에 많은 이들이 위안과 힘을 얻고 있다.

(2016년 8월 31일자)

박찬운 교수 / 국제인권법? 개척자에게 물어봐!

인권고전 현대적으로 접근해 자유권 설명한 책 출간
"법률가는 법률가이기 이전에 보편적 인간 되어야"

문화, 예술, 역사, 정치사상, 여행. 국제인권법 개척자 한양대학교 박찬운 교수가 법 이외에 다루는 분야는 이토록 다양하다. “답답한 교육을 받은 꽉 막힌 법률가가 되지 않기 위해 항상 자신을 돌아보며 자신의 영역을 끝없이 확장해 왔다”는 그는, 근자에 들어 그러한 삶의 열매들을 후배들에게 물려주기 위해 양서로 남기는 작업을 하고 있다고 전했다.
더 깊은 연구를 위해 이번 한 학기 런던대학의 방문교수로 가 있는 박찬운 교수에게서 최근 발간한 신간 ≪인권고전강독; 자유란 무엇인가≫에 대한 설명과 함께 그의 전공인 인권 이야기, 그가 몸담은 로스쿨에 대한 생각, 그가 몸담았던 변호사 업계에 대한 견해, 청년들에게 제시하는 이상적인 법률가의 모습까지 청해 들어 봤다. 다음은 박찬운 교수와의 일문일답.

– 한 학기 동안 런던대학 방문교수로 연구를 하시게 되어 2016년 8월 초 출국하셨습니다. 요즘 영국에서 어떤 나날들을 보내고 계신지 소개해 주시겠어요.

“기본적으론 연구자이니 그 본분에 충실하려고 학교에 매일 출근해 자료를 찾아 글을 쓰고 있습니다. 몇 가지 연구 논문도 준비하고 있고 또 새로운 책도 구상 중입니다. 주말이면 런던 이곳저곳을 돌아다니며 영국이란 사회를 살피고 있습니다. 런던은 유럽 최고의 도시잖아요? 유구한 역사가 있고 산업혁명의 발상지인 만큼 볼만한 게 널려 있습니다. 저에겐 너무나 매력적인 도시입니다.
1885년에 유길준이 미국에서 이곳을 들렀다가 한국으로 돌아가 쓴 게 그 유명한 ≪서유견문≫이잖습니까? 저는 제 자신이 ‘새로운 유길준’이란 생각으로 런던, 나아가 영국을 살피면서 ‘신서유견문’을 틈나는 대로 쓰고 있습니다. 제 블로그에 〈영국이야기〉라는 글을 연재하고 있는데 벌써 20회가 넘었습니다. 그리고 체류 기간 중 몇 번 계획을 세워 유럽 이곳저곳을 돌아볼 겁니다.
제가 로마문명을 비롯해 유럽역사에 관심이 많은데 서울에 있으면 여행경비가 많이 들지요. 따라서 이곳에 있는 동안 잘 계획을 세워 알뜰한 여행을 하면서 가능한 많은 곳을 돌아보고 귀국할 생각입니다."

- 최근 책을 출간하셨는데요. ≪인권고전강독; 자유란 무엇인가≫란 책입니다. 책을 집필하신 의도와 책의 특징 등을 저자로서 소개해 주신다면.

"제가 지난 6년간 전공서와 함께 매년 교양도서를 출간해 왔습니다. 올해는 ≪경계인을 넘어서≫를 비롯해 두 권 째 교양서를 냈군요. 그동안 제 교양서는 주로 역사와 예술 그리고 독서에 관한 것이었습니다. 이번 책은 분류상으론 독서와 관련 있지만 저의 전공인 인권법의 연속선상에서 쓴 교양서입니다.
우선 ≪인권고전강독; 자유란 무엇인가≫는 제가 지난 학기부터 매 학기 열고 있는 학부 교양과목인 '자유의 인문적 사색'의 기본 교재로 사용될 겁니다. 물론 교양서이기 때문에 학교 교과서 스타일로 쓰진 않았습니다. 학생들과 함께 일반대중이 읽을 수 있도록 최대한 쉽게 쓰려고 노력했습니다. 이 책에서 저는 인권, 그 중에서 자유를 어떤 식으로 설명할 것인가를 고민했는데, 그 방법으로 인권의 고전들(예컨대, 토마스 홉스의 ≪리바이어던≫, 존 로크의 ≪통치론≫ 등)을 직접 읽어가면서 그 의미를 현대적으로 접근해 보았습니다. 단순한 고전 해설서가 아니라 오늘 우리가 사는 이 땅에서 자유란 어떤 의미가 있는지를 탐구한 책입니다. 오랫동안 저 자신이 법률가 생활을 했기 때문에 이 책에는 그 경험도 넣어 보려고 노력했지요. 이 책은 대학에서 본격적으로 사회사상사와 관련된 고전을 읽길 원하는 학생들이나 이 사회에서 중추적 역할을 하길 바라면서 고시나 로스쿨 입시를 준비하는 학생들이 읽으면 좋을 것 같아요. 또 현실적으론 책을 읽어야 하지만 시간이 부족한 사람들이 읽어도 그 대강을 이해하는데 도움이 될 것 같습니다. 제가 장담하지만 어렵지 않습니다. 아주 쉽습니다!"

– 국가인권위 인권정책국장을 지내셨고 지금은 인권정책연구소 이사로 활동하고 계신데요, 국내 손꼽히는 인권법학자로서 현재 가장 시급한 인권법상 화두를 꼽으신다면 무엇인가요.

"저는 지난 20년간 우리 인권을 국제적 시각에서 보면서 그 개선을 주장해 왔습니다. 그런 연유로 국제인권법 분야를 개척했지요. 이 시각에서 볼 때 우리나라의 현 인권 문제는 최근 유엔에서 많이 지적한 대로 새로운 전기를 맞이했습니다. 과거와 같이 물리적으로 자유를 침해하는 일은 줄어들었지만 사회경제적 약자에 대한 인권 침해는 아주 심각합니다. 소위 사회권 영역을 집중적으로 개선해야 하는 상황이지요.

나아가 차별을 해소하는 문제 또한 중차대한 이슈입니다. 예컨대 성적 소수자나 양심적 병역거부자에 대한 차별을 빨리 해결해야 합니다. 또 우리가 가입한 국제인권조약에 따라 우리 인권제도와 현실을 부합시키도록 노력해야 합니다.

우리나라는 인권기구에 의해 시정을 요구받은 여러 가지 인권 현안에 대해 아직 이렇다 할 해결책을 내놓고 있지 못합니다. 부끄러운 일이지요. 그래서 저는 이런 것들을 해결하고 국가의 책임을 좀 더 강화시키기 위해 인권기본법의 제정을 주장하고 있습니다."

– 변호사로 활동하던 시절 공익 변호를 직접 맡기도 하셨는데요, 가장 기

억에 남는 사건을 소개해 주실 수 있을까요.

"여러 건이 있습니다만 하나만 소개하면 1970년 대 초 일어난 춘천파출소장 딸 강간살인 사건의 피고인을 위해 재심사건을 제기한 일입니다. 당사자 정모씨는 이 사건으로 무기징역을 선고받고 15년 이상 복역한 뒤 출소해 저를 만나 재심을 청구했습니다. 그게 1999년입니다. 재심 청구 과정은 아주 드라마틱했습니다.

십수 년이 지난 사건에서 새로운 증거를 찾는다는 게 얼마나 어렵겠습니까. 증거를 찾기 위해 함께 일한 변호사님들과 사건이 일어난 춘천을 비롯해 관련자들이 사는 남원, 진주 등지를 돌아다녔습니다. 그럼에도 재심에서 석연치 않은 이유로 기각되어 실망이 컸지요. 하지만 그 후 이 재심 사건이 발판이 되어 진실화해과거사위원회에서 '고문에 의한 허위자백사건'으로 이 사건을 진실규명하게 되었어요. 그런 다음 당사자가 다시 재심을 청구해 최종적으로 대법원에서 무죄가 선고되었습니다.

제가 이 전 과정을 대리하진 못했지만 무죄의 물꼬를 튼 사람인데다 처음부터 끝까지 당사자를 지원했기에 무죄가 되는 순간 어느 누구보다 보람이 있었지요. 지금도 재심 무죄가 났던 춘천지방법원에서 기자회견을 하던 그 날을 생각하면 눈물이 납니다."

– 얼마 전 변호사시험법에 대한 헌재 판결이 5:4로 나왔습니다. 이번 헌재 판결의 의미에 대해 논해 주신다면.

"사법시험 존치 문제는 원래부터 헌재에서 해결될 사안은 아니었습니다. 그것은 입법적 판단이기 때문에 국회가 최종적으로 정리할 문제입니다. 따라서 헌재 결정이 곧 사시존치와 관련된 논쟁을 종식시켰다고 볼 수는 없

습니다. 이 문제는 결국 우리나라의 법조인 양성에서 로스쿨 외의 방법을 허용할 것인지에 대한 정책적 결단의 문제입니다. 저는 이 문제에 대해 여러 차례 이야기해 왔습니다만 예외적 방법을 허용해야 한다고 생각합니다. 로스쿨 시대에서 법률가의 주류는 로스쿨을 나온 사람들이 되어야겠지만, 다른 방법으로 법학을 공부한 사람들이 법률가가 되는 길을 원천적으로 막아선 안 된다고 생각합니다. 제가 지금 영국에 있는데 영국도 그렇습니다. 법대를 안 나온 사람도 법률가가 될 수 있는 길을 열어놓고 있습니다. 특히 우리처럼 양극화가 심하고 교육에서 빈익빈부익부가 심한 나라에선 돈이 없어 배울 수 없는 사람들의 기회를 완전히 박탈해서는 안 됩니다.

다만 그렇다고 해도 사시를 존치하는 방향으로 해결하기보다는 다른 방법에 의해 이 문제의 돌파구를 여는 게 좋다고 봅니다. 바로 예비시험제도입니다. 사시를 존치하면 법조인의 배출 출구가 두 곳이라 출신 간의 극심한 반목이 있을 수밖에 없습니다. 이미 그 폐해가 심각하지 않습니까. 따라서 법조인 배출은 한 개의 문으로 하는 게 맞습니다.
대신 로스쿨에서 공부하지 못한 사람들을 위해 일정한 시험(지금의 사시 1차와 유사)을 시행해야 합니다. 이에 합격한 사람들에게 로스쿨 졸업을 인정해 로스쿨 졸업생들과 함께 변호사시험을 볼 수 있는 자격을 주는 것입니다. 예비시험 합격생 수를 변호사시험 전체 응시자 수의 10% 정도에서 운용한다면 로스쿨에 큰 부담을 주지 않을 것이라 생각합니다.
많은 분들이 일본의 경우를 거론하면서 '일본이 예비시험을 실시하는 바람에 로스쿨 운영이 어렵다'고 하는데 이는 상황을 잘못 본 것이라 생각합니다. 일본은 합격률과 관련해 우리와 사뭇 다른 정책을 취하고 있기 때문에 일본의 상황이 우리에게 그대로 해당될 것이라고 보는 시각에는 동의할 수 없습니다."

- 로스쿨 일원화가 시작된 이후에는 로스쿨의 문제점들에 대한 개선 논의가 더욱 집중될 여지도 있는데요. 교수님께서 보시는 현재 가장 시급한 로스쿨의 문제점은 무엇이며, 그 해결 방안은 무엇이 되겠는지.

"사시존치 문제도 중요하지만 그보다는 로스쿨 개혁과 법학교육 전반에 관한 대책이 더 중요하다고 봅니다. 로스쿨 개혁과 관련해 실무계에선 '현재의 로스쿨은 사시체제에 비해 교육의 질이 현격히 차이가 난다'고 비판합니다. 그것은 현재의 상황을 고려할 때 당연합니다.
비법학도를 중심으로 이루어지는 3년짜리 로스쿨 프로그램이 질적 수준에서 사시제도와 비교되긴 어렵습니다. 교육 연한이 턱도 없이 짧기 때문입니다. 로스쿨 개혁만 생각한다면 교육 연한은 최소한 4년은 해야 하고 그 내용도 실무 지향적으로 개편되어야 합니다. 이를 위해 현재 로스쿨의 실무교원 비율도 법정비율 20%에서 50%로 올려야 합니다.

그런데 이렇게 한다고 해서 우리나라 법학교육 문제가 해결되는 게 아닙니다. 로스쿨이 만들어진 다음 우리나라 학부 법학 교육이 완전히 실종되었습니다. 법학이 꼭 법률가를 위해서만 존재하는 게 아닙니다. 법학은 민주주의와 법치주의를 지향하는 국가에선 모든 국민이 배워야 할 교양이자 기본학문입니다. 그런데 로스쿨 이후 법학교육은 전국 25개 대학 로스쿨로 축소되었고 질 높은 학부법학교육이 불가능해졌습니다. 로스쿨은 법학을 학문적으로 배우는 곳이 아닙니다. 실무를 기초로 법률가를 양성하는 곳입니다.
법학의 학문화에 지금 빨간 불이 켜진 것을 직시해야 합니다. 이렇게 십 년만 가면 우리나라는 전 세계에서 '법학이라는 학문이 없는 국가'가 될 지도 모릅니다. 가장 좋은 방법은 지금이라도 실수를 인정하고 로스쿨 대학에 법학부를 부활시켜야 합니다. 그래서 수준 높은 법학을 학부생들에게 가르치고 학문 후속세대를 키워 내야 합니다. 이렇게 되면 로스쿨도 실무 교육에 치중할 수 있습니다. 지금 로스쿨은 실무 교육도 안 되고 학문 후속세대도 키우지 못하는 진퇴양난의 상황입니다."

– 변호사 업계에서는 변호사 적정수 논의가 시작되고 있습니다. 변호사 적정수 논의는 필연적으로 로스쿨 통폐합이나 정원 축소 논의로 이어지는 상황입니다. 이 점에 대해 교수님은 어떤 견해를 갖고 계신지.

"정말 만시지탄의 상황입니다. 저는 이미 때가 늦었다고 봅니다. 지금 상황에서 변호사의 수를 논하는 건 적절하지도 않고 현실적이지도 않습니다. 그것은 로스쿨 도입 이전에 논의했어야 하는 문제입니다. 지금 상황에서 적정 변호사 수를 논의한다는 건 변호사 수를 줄이자는 말입니다. 그게 되겠습니까? 이는 곧 로스쿨 수를 줄이거나 합격자 수를 줄이자는 말입니다.

그 가능성이 현재로선 전무합니다. 새로운 사회적 논란만 하다가 끝날 공산이 큽니다. 오히려 그것보다는 변호사의 활용도를 높이는 정책과 변호사의 질을 높이는 대책이 중요합니다.
변호사들을 많이 뽑아 놓고 유사 법조 직역은 그대로 두거나, 오히려 그들 직역이 변호사 고유 영역까지 잠식하려고 시도하는 것은 황당한 일입니다. 이런 일을 저지하고 우리 사회 어디에서도 변호사들이 활동할 수 있도록 해야 합니다. 지금은 그 점을 위해 노력할 때입니다."

- 관심 분야가 다양하세요. 문학, 예술, 역사, 정치사상, 여행뿐 아니라 현실정치에도 깊은 관심을 갖고 계신데요. 팔방미인의 면모를 갖추고 계신 교수님을 본받으려는 법학도나 예비 법률가들이 적지 않습니다. 인생 선배로서 이들에게 교수님의 경험에서 나오는 조언과 격려 말씀을 해 주신다면.

"저는 법률가로 살아 왔지만 저 자신의 모습을 항상 돌아 보았습니다. 답답한 교육을 받아 온 꽉 막힌 법률가로 살아가고 싶진 않았습니다. 법률가는 법률가이기 이전에 보편적 인간이 되어야 합니다. 그래야만 온전히 법이 보이고 그 속에서 삶의 보람을 찾을 수 있습니다. 그러기 위해선 법학 공부 외에 세 가지가 필요합니다.
첫째는 운동을 해야 합니다. 몸은 정신의 기초입니다. 단단한 몸을 만들어야 합니다. 그것을 바탕으로 정신을 키워야 합니다. 둘째, 독서를 해야 합니다. 다양한 분야의 책을 읽어야 합니다. 법서가 주지 못하는 지식이 너무나 많습니다. 법률가는 그 최소한을 알아야 다양한 의뢰인과 대화가 가능합니다. 이건 단순한 교양이 아닙니다. 앞으론 먹고 살기 위해서라도 다른 영역을 알아야 합니다. 셋째, 여행을 해야 합니다. 여행은 단순한 쉼이 아닙니다. 그것은 세상이란 책을 읽는 살아 있는 독서입니다. '책을 읽는 것은 앉아서 하는 여행, 여행은 걸어 다니는 독서'라는 말을 기억하십시오. 이 세 가지를 할 때에만 비로소 보편적 법률가가 됩니다. 저는 그래보고자 지난 30년 노력해 왔고, 근자에 와서 그 결과를 후배들에게 보여주기 위해 꾸준히 책을 내고 있습니다."

(2016년 10월 20일자)

노명선 교수 / 검사 출신 교수, 과학수사(CSI)학과 만들다

"우리 사회 과학수사 영역 크게 확장되는 추세"
"공정성과 전문성을 두루 갖춘 인재 양성할 것"

과학수사 분야 최고 전문가와 연구자를 양성하기 위한 일반대학원 과정의 과학수사학과(가칭 'CSI'학과)가 국내 최초로 성균관대학교에 개설됐다. 과학수사학과는 수사 및 조사·감사·검증·감정 업무의 전문지식을 습득한 과학수사 분야의 글로벌 인재를 양성하고, 수사기법과 도구 또한 개발하는 것을 목적으로 하고 있다.

18년간 검사생활을 했던 노명선 교수는 2005년부터 성균관대 교수로 재직해 왔다. 본지와의 인터뷰가 있던 2016년 10월 26일 오전, 그는 미국에 갔다가 막 귀국한 시점이었다. 미국의 주 범죄수사국 중 가장 큰 범죄연구소인 SAN BERNADINO COUNTY SHERIFF'S DEPARTMENT에 과학수사학과 학생들의 견학 협조를 요청하고 연구 교류 등을 제안하고 왔다는 노 교수에게서, 과학수사학과에 대한 애정과 열정을 엿볼 수 있었다.

"검사 생활 하는 동안 직접 부검한 시체가 50여 구 되는데, 이번에 미국가서 법의학실을 들어가 봤어요. 마침 총기사건이 얼마 전 있었는데, 여기가 그 사건을 직접 다룬 곳이거든요. 부검실에 갔더니 100여 구 가량 되는 시체가 늘어서 있더군요. 대단했죠. 18년 동안 부검한 양을 한 번에 다 봤어요."

국내 과학수사의 체계화와 전문화의 길을 내기 위해 그 동안 묵묵히 터를 다져왔던 노명선 교수에게서 그가 설립한 과학수사학과 및 디지털 포렌식에 대한 이야기를 자세히 들어 봤다. 또한 로스쿨 제도에 관한 그의 생각 또한 아울러 들어볼 수 있었다. 다음은 노명선 교수와의 일문일답.

– 이번에 신설하신 과학수사학과의 첫 신입생 모집이 얼마 전 끝났는데요. 아직 과학수사학과가 생소하기만 한 청년들도 많을 것 같습니다. 과학수사학과 설립의 의도와 교육목표는 무엇인가요?

"이번 모집에 법의학이나 컴퓨터 공학 등을 전공한 아주 건설적이고 역량 있는 학생들이 국내외를 막론하고 지원해 주었더군요. 저는 2008년 디지털 포렌식 시험 제도를 만들어 시행했고, 2013년에는 법무부 국가공인을 받았죠. 이번이 8회째 시험이고 현재까지 500여 명의 합격자가 나왔습니다. 저는 이들이 수집·분석한 증거를 법정에 제출할 수 있도록 해야 한다는 생각을 갖고 있습니다, 그런데 시험은 있지만 이런 전문가들을 체계적으로 길러내는 교육기관이 없다는 점에 안타까움을 느꼈죠.
우리의 과학수사란 직무교육 형태로 실무가들이 어깨 너머로 보고 배우는 식으로 전수될 뿐이에요. 미국은 대학 단계에서부터 과학수사가 이론적이고 체계적으로 교육됩니다. 우리는 국가가 '이런 기술 필요하다, 이런 도구 필요하다' 하면 그때마다 대학에 용역을 주는 식으로 하나씩 개발해 왔는데요. 그러다 보니 '이론 따로 실무 따로' 가게 되는거죠. 산학협력이 대학 안에서 이루어지도록 할 필요가 있었어요. 현재도 그렇지만 앞으로 수요가 더 커질 수밖에 없는 과학수사 분야에서, 우리 과학수사학과가 직무윤리부터 철저히 교육된 공정성과 전문성을 갖춘 인재들을 양성해 성과를 내리라 기대하고 있습니다."

- 신설한 학과의 세부전공과 예상되는 사회 진출 분야를 소개해 주세요.

"성균관대 과학수사학과의 세부 전공으로는 디지털 포렌식·법 과학·법 안전 등 3개 분야가 있습니다. '디지털 포렌식'은 컴퓨터, 모바일 등 특수저장매체에 기록된 전자적 정보의 수집·이동·분석 절차에 관한 이해와 감정기법 등을 주 내용으로 한 교육을 받을 텐데요. 관련 수사기법과 도구의 개발·검증 등 R&D사업과 법원의 감정업무 등에도 참여할 예정이에요. '법

과학'은 DNA감정·법의학·마약 및 독극물 분석 등을 주 내용으로 하고, '법안전'은 교통사고 분석과 보험사기·화재감식 등에 관한 체계적 지도와 연구가 이루어질 것입니다. 소정의 과정을 마치면 실무역량을 갖춘 연구 리더 및 전문가로서 사회진출이 가능하도록 디자인 됐죠.
국가기관·공공기관의 수사 및 단속 업무 등은 물론 민간기업의 산업기술유출, 회계부정, 불법행위, 사건사고 등에 대한 조사와 감사·분석·감정 등을 할 것입니다. 향후 포렌식 수사와 법 감정에 대한 수요가 날로 증가할 예정인 만큼 실용가능성이 매우 높은 학문 분야입니다."

- 그렇잖아도 지난 5월 디지털 기기의 증거 능력을 확대하는 형소법 개정

안이 국회를 통과하면서 디지털 증거법 시대가 열렸다는 평가가 나오고 있습니다. 앞으로 과학수사의 영역이 크게 확장될 것 같은데, 어떠한가요?

"형사소송법 제313조의 문제입니다. 성립의 진정의 문제에 있어 제312조 조서의 경우에는 당사자가 법정에서 부인하더라도 영상녹화물 그 밖의 객관적 방법에 의해 증명이 되면 증거능력이 인정됐어요. 그러나 제313조 진술서의 경우에는 그런 조항을 미처 넣지 못했죠. 그래서 요즘같이 컴퓨터, 모바일 등 매체를 이용한 정보저장이 일상화된 때, 피고인이 스스로 컴퓨터에 작성한 내용을 법정에 증거로 제출하여도 당사자가 부인하면 성립의 진정을 인정할 방법이 없었어요. 제312조와 같은 '영상녹화물 그 밖의 객관적 방법'으로 증명하면 된다는 조항이 없으니까요.
그래서 이번에 제313조에 들어간 것이 '진술서의 작성자가 공판준비나 공판기일에서 그 성립의 진정을 부인하는 경우 과학적 분석 결과에 기초한 디지털 포렌식 자료, 감정 등 객관적 방법으로 성립의 진정함이 증명되는 때에는 증거로 할 수 있다'는 내용이죠. 형사소송법에 '디지털 포렌식'이라는 문구가 들어간 게 굉장히 의미가 크다고 봅니다.
뿐만 아니라 민간조사업(탐정업)이 허용되면 그 활용은 훨씬 확대될 겁니다. 법조 시장의 세계화 등으로 영미법계의 전자증거개시절차에 대한 이해가 필수적인 추세에 있는 만큼 컴퓨터 포렌식 분야의 전망은 매우 밝다고 할 수 있어요."

– 디지털 포렌식 자료만으로 문서의 진정성을 확보할 수 있는가요. 한계점은 없는지.

"증거능력과 관련한 한계로는, 디지털 포렌식으로 작성자가 누군지와 작성한 시간대가 언제인지는 밝혀낼 수 있습니다. 인위적으로 삭제해도 남고 조작마저 가능하지 않은, 컴퓨터에 자동적으로 나타나는 영역이 있는데, 조작한 흔적이 있다면 그것까지 전문가들은 알 수 있습니다.
다만 아까 이야기한 형사소송법상 '성립의 진정' 문제에 있어 피고인이 자신이 작성한 문서임에도 불구하고 '나는 모르는 문건이다'고 부인할 때, '너는 언제 이 문서를 분명히 작성했어'라고 이야기할 수는 있지만 그때 그 사람이 작성한 문서가 바로 이 내용의 문서인지에 대해서는 증명할 길이 아직 없습니다. 현재 언급하고 있는 동일성, 무결성 이론만으로는 이를 커버할 수는 없겠지요. 이에 대해서는 판례가 어떤 식으로 받아들일지 기다려 봐야 합니다."

- 교수님께서는 과학수사에 있어 감정, 직무윤리를 강조하시고 계시는데, 그 내용은 무엇인가요?

"저희 과학수사학과는 기초과정에서 직무윤리를 상당히 강조할 예정입니다. 사람에 대한 검증이 이뤄져야 하기 때문인데요. 수사현장에서는 이런 일들이 종종 있었습니다. 이 사람이 마약을 하는 것은 절대적으로 확실한데 마약만 나오지를 않을 때, 수사관들이 직접 마약을 들고 가서 서랍 같은 곳에 넣고는 모른 척하면서 '여기 마약이 나왔다!' 하는 식이죠. 이런 아날로그식 수사에서의 위법을 막기 위해 요즘 변호인과 피의자 측은 압수수색 과정에서부터 변호인 참여권을 강조하고 있습니다.
입회하면 수사의 위법을 막을 수 있다는 건데, 컴퓨터 수사 같은 경우엔 단순히 비전문가가 입회하는 방식만으로는 공정성이 담보될 수 없어요. 컴퓨터가 돌아가는 것을 쳐다보고 있어 본들 전문가가 아닌 이상 이게 잘 되고 있는 건지 문제가 있는 건지 알 턱이 없는 겁니다. 컴퓨터 수사에서 이런 입회인 역할을 할 사람 또한 포렌식 전문가가 될 것입니다. 이런 사람들에게 직무윤리는 무엇보다 중요하죠.

소송에서도 마찬가지이지요. 전자증거개시절차(e-discovery)에서는 상대가 요구한 자료, 이를테면 지난 석 달 동안의 결재서류를 제출해 달라고 했을 때 자기한테 불리하면 몰래 삭제하거나 조작해서 넘겨주다가 과징금 폭탄을 맞기도 하는데요. 일전의 삼성-애플 소송 때 우리가 봤죠. 그런 검증 또한 포렌식 전문가가 해야 될 부분이고요.

앞으로 탐정업이 허가되면 이런 민간 조사업자들이 위법행위를 많이 할 수 있습니다. 미국의 경우 사인의 위법행위는 문제삼지 않아요. 독일의 경우 형량을 해보고 증거능력을 인정하는데요. 위법하게 수집한 증거가 공익에 기여하는 바가 더 크면 증거로 인정해 버리죠. 우리는 판례의 입장이 독일을 따르고 있지만 미국과 같이 영장 없이 남의 컴퓨터를 가져다가 조사해서 증거를 제출하는 등의 경우들이 자주 생길 겁니다. 이들을 감시 감독하는 등 직무윤리를 세우는 문제도 앞으로 우리가 다뤄야 할 부분이죠."

- 교수님께서 생각하시는 로스쿨 제도의 장단점은 무엇인가요.

"서울지검 형사6부 수석검사 시절인 때 지적재산권과 컴퓨터 수사를 맡았어요. 나는 당시 지재권에 대해 배운 적도 없고 컴퓨터 프로그램을 알지도 못했거든요. 그때 맡았던 사건 중 삼성이 IMT2000이라는 핸드폰 사업을 하는 중 LG와 경쟁 관계에 있었는데, LG도 연구소를 차리고 모바일 사업을 시작하면서 삼성의 그 분야 핵심인력을 스카웃한 일이 발단이 된 사건이 있죠. 삼성이 영업비밀 누설 및 부정경쟁방지법 위반으로 고소를 해 왔어요. 막막할 수밖에요. 삼성이 개발했다는 기술 자체를 이해해야 하는데다 그 기술이 LG의 사업에 어떻게 이용되고 어떤 형태로 구현되었는지 알

길이 없으니, 수사를 잘 마치고 법원을 설득하기도 어려웠습니다. 판사나 검사도 잘 모르는 분야니까요... 전문가들이 만들어 준 자료를 가지고 검사나 변호사는 법정에서 읽기만 하고, 판사도 곤란했을 겁니다.

지금 로스쿨은 법률가들이 현장에서 느끼는 이러한 딜레마들을 해소하려고 설계된 측면도 큽니다. 각자 다른 전공인 회계, 세무, 경제, 컴퓨터 공학 등을 학부 과정에서 배운 사람들이 대학원인 로스쿨에 와서는 소송 기술을 배웁니다. 이렇게 자신의 전공 영역에 법 실무가 결합된 사람들이 현장에 나가면 각자의 전문 영역에서 수월하게 일을 할 수 있죠. 우리 때처럼 법학만 하다 온 사람은 법이 다루는 다양한 분야를 소화하기엔 한계가 있어요.

또 한 가지, 이런 로스쿨 체제하에서는 법무사·회계사·세무사 등 유사 직종은 자연스럽게 통합되도록 예정됐습니다. 저는 특히 법무사와 관련해 지난 2011년 ≪법무사제도론≫이라는 책을 발간했는데, 로스쿨 제도에 맞춰 직역 통합이 이뤄질 것이니 법무사 시험을 통한 신규 법무사 선발을 그만하고, 대신 과도기적 상황에 있는 기존의 법무사들에게 소액 대리권을 허용하자고 주장했습니다. 법정변호사처럼 법정에 들어가지는 않아도 대리인의 역할을 수행할 수 있는 자격을 주자는 취지인데, 과도기적 상황에만 국한되는 일시적 조치로 말이죠. 로스쿨 제도는 인재들이 자신의 전공 분야에 맞게 변호사로서 사회 각 영역으로 진출하도록 했다는 점에서 분명 장점이 있습니다."

– 변호사시험 제도에 대한 견해는 어떠신가요?

"로스쿨의 가장 시급한 개선점이 변호사시험 부분입니다. 변시는 선택형과 사례형에서 이론과 실무의 비율을 6대 4 정도, 기록형 시험에서 3대 7

정도 비율로 묻고 있습니다. 현재 전국 로스쿨의 이론 교수와 실무 교수의 비율이 5대 5 정도인데, 이러한 변시에서의 이론과 실무 비율 때문인지 교수 비율 역시 적정하다는 주장이 있죠. 그러나 제가 보기엔 이론 교수 대비 실무 교수 비율을 좀 더 늘려야 한다고 생각합니다. 로스쿨은 실무 교육기관이니까요.

무엇보다도 3년이라는 짧은 기간에 이론과 실무를 다 가르칠 수 없는데도 불구하고 시험만은 이론과 실무를 다 소화한 학생들이 치를 정도로 내는 게 문제입니다. 이렇게는 이론도, 실무도 학생들은 수박 겉핥기로 배울 뿐입니다. 지금 학생들이 들고 다니는 책을 보면 교수가 쓴 교과서는 거의 없습니다. 교수들 책은 팔리지도 않아요. 학원 책으로 통일했습니다. 지금 고시학원화가 다시 되고 있는 거죠. 이건 변호사시험이 문제이기 때문입니다.

실무는 어차피 이론의 토대 위에 세워집니다. 기록형 시험을 없애든지 해서 로스쿨 3년 내 학생들이 이론이라도 충실히 정립하게 하고, 실무는 나가서 배우는 식의 방법을 생각해야 합니다. 학생들이 별도로 학원을 통하여 변호사시험에 대한 기술적 대처방식만을 배우면서 로스쿨 과정을 보내는 것을 막으려면, 변호사시험에 대한 논의가 다시 이뤄져야 합니다."

– 끝으로 과학수사학과에 관심을 갖는 청년 등 독자들에게 한 말씀 부탁드립니다.

"과학수사의 영역은 그 중요도와 필요성이 날로 커지는 데 비해 우리 변호사들이나 청년 세대들이 이에 대해 아직 너무 모르고 있습니다. 과학수사에 대한 이해만 있어도 기초실무가들은 그 업무가 한층 도약될 것입니다. 변호사들만 하더라도 변론할 내용이 상당히 생길 거예요. 많은 관심 가져주시길 바랍니다."

(2016년 10월 31일자)

염형국 변호사 / 공익변호의 아이콘, 공감능력 '절대 갑'

13년 차 베테랑 된 대한민국 공익변호사 1호
"청년들, 정해진 길 이탈할 때 행복 찾을 것"

돈 되는 일인지를 따져야 하는 영리활동 자체가 그려지지 않는다는 그였다. 공익변호만을 전담으로 하는 '대한민국 공익변호사 1호' 염형국 변호사 이야기다. 올해로 공익변호 13년 차. 그 오랜 시간 동안 언제나 그의 자리는 그늘진 곳의 소외된 이웃들 곁이었다. 수줍은 듯 은은한 미소로 한결같이, 그는 언제나 사회가 주목하지 않고 오히려 외면하며 무시하는 사람들 옆에 서 왔던 것이다.
"앞으로도 그럴 것 같아요. 돈 잘 버는 변호사가 아니라, 약자 곁에 서서 그들의 이야기를 들어주고 공감해 주는 그런 변호사로 있을 겁니다. 그게 저와 공익인권법재단 공감이 추구하는 근본 가치이구요."

소박한 생각에서 시작한 공익변호사의 길

그가 사법연수원 1년 차인 때 당시 변호사이던 박원순 시장의 특강을 들었다. 공익변호를 전담하는 전업 공익변호사가 당시까지는 없었는데, "공익단체들의 활동에는 법률지원이 늘 필요하므로 공익변호사는 소위 '블루오션'이다. 용기있게 뛰어드는 사람들이 나와야 한다"는 것이 박원순 시장의 말이었다. 염형국 변호사의 가슴에 깊이 새겨진 그날의 특강은 연수원 2년 차 때 본격적인 진로 고민을 하는 시점에 다시 피어올랐다. '변호사로서 보람 있게 사회 기여를 할 수 있다'는 박원순 시장의 말에서, 돈이나 명예보다 사회적 기여가 되는 삶을 살고자 했던 그의 갈 길을 어렴풋이 발견한 걸까.
"저는 소심한 성격이었어요. 자문을 구해 볼까 하는 심정으로 박원순 시장님께 이메일을 보냈죠. 이런 고민들을 하고 있다고 썼는데, 그 자체는 용기를 많이 낸 거였어요(웃음)."
공익변호사 염형국은 그렇게 시작됐다. 이메일을 받은 박원순 당시 변호사는 바로 염형국 변호사를 부르더니 자신이 몸담고 있는 아름다운 재단에서 일할 것을 권유했다. 염 변호사는 '공익변호사로서의 첫 걸음 자체는 그리 큰 용기를 필요로 한 것이 아니었다'고 말했다.

"아름다운 재단이라는 울타리 안이었으니까요. 당시 시민단체나 활동가들의 삶은 정말 열악했어요. '변호사 치고 적은 수입을 얻는다'고 볼 수는 있겠지만 '내가 정말 비장한 결심을 하고 공익변호사로서의 삶을 시작했다'고 말한다면 그건 포장일 거예요."

염 변호사는 대뜸 참여연대에 상근하는 김선휴 변호사를 언급했다. "며칠 전 최순실 사태로 인한 정권 규탄 시위를 교통방해라는 이유로 경찰이 막았잖아요. 그런데 김선휴 변호사가 경찰의 금지통고에 대한 정지처분을 신청해서 집회를 가능하게 한 일이 있죠. 그 소식을 접하니 매우 기특하고 자랑스러운 마음이 들더군요. 공익변호사들의 일이 그런 거예요. 집회·시위는 약자의 권리잖아요. 그들의 권리 행사를 지켜주고 법적으로 도와주는 일이 우리가 제일 잘 할 수 있는 일이면서 꼭 해야 하는 역할이죠."

공익변호사가 되면서 그가 애당초 가진 생각도 딱 그와 같았다. 약자들의 이야기를 듣고, 그들이 목소리를 내게 도와주고, 그들의 권익을 지켜주는 일. 일찌감치 그것이 자신이 평생 할 일이라고 여겼다는 것이다.

한 날 전원일치 위헌 판결 두 건을 받다

"그런 순간이 이전에도 없었고, 아마 앞으로도 없겠죠. 정말 기뻤어요."

활짝 웃느라 반달이 된 그의 눈이었지만 반짝이는 눈빛은 어디 가지 않았다. 2016년 9월 29일 헌법재판소는 전원일치로 정신보건법 조항에 대해 헌법불합치 결정을, (구)집시법 조항에 위헌 결정을 내렸다. 두 사건 모두 그가 맡은 사건이다.

"강제입원이 쉽게 이루어지는 부분에 대해서는 그간 헌법소원이 일곱 번이

나 있었어요. 직접성 요건 결여로 다 각하가 내려졌지만 그만큼 악용이 많았던 사안이고, 저도 공감 활동 초기부터 관심을 가졌죠."

이번 헌법불합치 결정은 권오용 변호사가 진행해 오던 인신구제청구 사건 도중 해당 법조항에 대해 제기된 위헌법률심판 제청이 받아들여져 이루어진 것이다. 경미한 우울증에 불과한 어머니를 돈 문제가 얽혀 있던 딸이 이 조항에 기해 강제입원을 시킨 사안이다. 염 변호사는 이 사안을 권오용 변호사와 함께 다루다가 공개 변론 때 변호사로 선임돼 헌법불합치 결정을 이끌어냈다. 일찍부터 장애인들의 시설 문제를 쭉 다뤄 왔던 그는 정신보건법 제24조의 악용과 남용으로 부당하게 시설에 감금되는 사람들의 경우를 많이 접했다며 "이번 판결에 기해 최소한의 악용 방지 장치를 마련한 것에 의의가 있다"고 말했다.

(구)집시법 조항의 경우, 유신헌법 당시 긴급조치로 인해 유죄판결을 받았던 사람들의 재심 청구 사례를 몇 건 맡아 진행하던 중 일부가 해당 조항에 기한 경우여서 하게 된 것이라고 한다.

"민주적 기본질서에 반하는 집회를 금지하겠다는 그 조항은 집회와 시위를 원천적으로 봉쇄하겠다는 뜻에 다름 아니죠"라며 다소 격앙된 반응을 보인 그는 "집회 및 시위의 분명한 의미 정립을 위해서라도 명백히 위헌결정을 받을 필요가 있다고 생각해 위헌심판청구까지 나아간 경우"라고 전했다.

서울지방변호사회 프로보노지원센터 센터장 맡아

서울지방변호사회는 지난 4월 공익활동을 전문으로 하는 프로보노 지원센터를 열고 염형국 변호사에게 센터장의 자리를 맡겼다.

"그동안 뜻 있는 변호사들이 공익을 위해 많은 활동을 해 왔지만 변호사회 차원에서 센터를 만들어 네트워크 구축의 플랫폼을 만든 건 처음 있는 일이에요. 김한규 회장이 참 대단한 일 하셨습니다"라며 타인부터 추켜세우는 그였다.

서울변회의 프로보노 지원센터는 공익활동을 지원하는 변호사와 공익 단체를 연결하고 공익변호사를 양성·지원하며 이로써 변호사의 공익활동을 일상화 하는 데 목표를 두고 있다.

"최근 대형로펌들의 공익 활동이 과거에 비해 상당히 활성화되는 추세에 있어요. 로펌마다 공익법인을 설립하고 공익 전담변호사를 두어 공익활동을 활발히 하고 있는데요. 하지만 이렇게 자체적으로 활동이 가능한 경우란 대형로펌 이야기고, 중소형 로펌이나 개인변호사들은 현실적으로 그런 활동이 어렵습니다. 마땅한 네트워크도 없고 방법도 모르죠. 프로보노 지원센터의 첫째 미션은 그런 분들에게 공익 활동을 중개하고 그들을 지원하는 것입니다."

나아가 영역별 세미나를 개최해 공익 활동에 대한 이해를 돕고 리더십 프로그램 등을 통해 공감대 형성에도 주력하고 있다. 현재 활동하고 있는 공익변호사 77명의 연구비 지원과 해외연수 지원도 하고 있으며 매해 새로이 유입되는 변호사들에게 재정 지원도 하고 있다.

염 변호사에 따르면, 직접 발로 뛰는 봉사활동에 대한 변호사들의 열기도 상당히 뜨겁다고 한다. 봉사활동 공고를 내면 한 시간도 채 지나지 않아 신청이 마감된다는 것. 한편 염 변호사는 같은 영역에 뛰어든 후배 변호사들에게 미안한 마음도 있다고 밝혔다. "공감이 처음 활동을 시작할 때는 아름다운 재단이라는 든든한 지원군이 있었던 데 반해 지금 후배들 중에는 아무런 배경과 지원 없이 열악한 환경에서 활동을 시작하는 사람들도 있습니다. 미안한 마음이 있죠."

그 때문인지 염 변호사는 더 공익변호 활동에 대한 사회 공감대 형성에 주력하고, 후배 변호사들의 처우와 인식 개선을 위해 힘쓰고 있다. 다만 공감 초기에는 선배 변호사나 유사 단체도 없고 사건 해결이 그야말로 '맨 땅에 헤딩' 하는 식으로 처음 부딪히는 경우가 많았던 데 비하여, 지금은 새내기 공익 변호사들을 법률적으로 도와주고 이끌어 줄 조력자들이 충분히 형성돼 있는 것이 그나마 다행이라고 전했다. 공익변호사 단체로는 현재 공감 뿐 아니라 희망법, 어필 등 대중에 충분히 알려진 인지도 있는 단체들이 여럿 있다. 이들은 후배 변호사들을 위해 법적으로든 그 외의 문제로든 기꺼이, 또 수시로 자문을 해 주고 있다.

"지금은 공익변호로 다룰 수 있는 거의 모든 영역에 사례와 해결례들이 축적돼 있어 후배들이 사건을 해 나가는 과정이 그리 막막하지만은 않을 것"이라는 게 염 변호사의 생각이다. 그는 지속가능한 공익변호 활동에 대해 누구보다 많은 구상과 노력을 하고 있는 듯 보였다.

청년들에게…'이탈한 자가 문득'

"제가 좋아하는 시인데요, 이 부분을 인용해 주세요"라며 스마트폰을 기자 쪽으로 돌려 보여 줬다.
'캄캄한 하늘에 획을 긋는 별 / 그 똥, 짧지만, / 그래도 획을 그을 수 있는 / 포기한 자, 그래서 이탈한 자가 / 문득 자유롭다는 것을' 김중식 시인의 <이탈한 자가 문득>이라는 시다.
오래 전 박원순 시장의 말 한마디에 자신의 길 뿐 아니라 대한민국 공익변호사라는 길까지 개척한 지금의 그가 있는 것처럼, 염 변호사의 한 마디 조언에 어떤 새로운 길을 내는 청년이 또 나와 줄지 모르는 일이었다. 그래서 요청한 '청년들에게 주는 조언'에 대하여 그는 "청년 세대가 처한 상황은 기성 세대들이 쉽게 이해하거나 공감하기 어려운, 우울한 상황이라는 것은 분명해요. 무언가 훈계조로 이야기할 수는 없는 부분이죠"라며 조심스레 말을 꺼냈다.
"그러나 우리 청년들에게 한 가지 아쉬운 점이 있다면, 이 점도 물론 우리 부모 세대들 때문인데요. 맹목적으로 안전한 길만을 좇으려는 인식은 아쉽게 생각하고 있어요."
그는 앞서 소개한 시의 의미를 풀어 주었다. "기존의 궤도에서 이탈하지 않으면 별똥별이 되지 않아요. 물론 그 자리에 박혀 있는 별들도 아름답죠. 그러나 삶으로 한 획을 그을 수 있는, 자신이 간 길이 흔적으로 남는, 그런 인생은 정말 의미 있지 않을까요? 이 시는 그런 인생이 궤도를 이탈할 때, 정해진 길로 가기를 포기할 때 만들어진다고 이야기하죠."
한 번쯤은 정해진 길 이외의 길을 청년들이 스스로 생각해 봤으면 한다는 것이다. 청년들의 삶이 '공무원, 법조인' 이렇게 짧은 단어 안에 담기기보단, 각자의 꿈과 가능성이 별똥별의 긴 꼬리처럼 그들의 삶 뒤에 따라붙었으면 한다는 바람을 보였다.

"사람은 누구나 행복해지기를 원해요. 하지만 막연히 '무엇이 되면 행복할 것이다'라고 생각하면 안 될 것 같아요. 남들 다 가는 길에서 깨달음이나 자유를 찾기는 어렵죠. 자신만이 갖고 있는 꿈과 가능성을 자유롭게 펼칠 수 있을 때, 행복은 거기서 찾아지는 거라고 봐요."

(2016년 11월 17일자)

류영욱 미국변호사 / 골리앗 잡는 집단소송 전문 한인 변호사

힐러리 클린턴 前뉴욕주 상원의원 법률연구원 역임
미국법·판례 재미있게 풀어쓴 ≪이야기 미국법≫ 저자

'골리앗과 한판 대결 벌이는 한인 변호사'라는 표현으로 미 현지 언론에 소개되는 인물이 있다. 덩치 큰 골리앗 같은 대기업을 상대로 물맷돌을 던지는, 쉽지 않은 법정 다툼을 겁도 없이 벌이는 류영욱 미국 변호사.

호전적인 반골 기질 탓에 누구도 쉽게 상대하려 들지 않는 대기업을 상대로 무작정 판을 벌이나 싶은 의구심도 드는 것이 사실. 하지만 법정에선 분명한 논리와 치밀한 화술로 예리한 날을 세우다가도, 사석에선 상대를 말로 내리누르기보다 공감과 동조로 부드럽게 대화를 이끌어가는 넉넉한 분위기를 가진 그였다.

서강대를 졸업하고 미시간 주립대에 편입해 조기 졸업한 류영욱 변호사는 2000년에 LSAT를 보고 2001년 페이스 UNIV. 로스쿨에 입학, 2004년에 졸업했다. 뉴욕바 시험을 시작으로 뉴저지, 워싱턴 DC, 캘리포니아 주 변호사 자격을 획득, 뉴저지 연방법원 및 국제무역재판소, 캘리포니아 연방법원의 연방변호사 자격까지 획득한 그는 그저 "운이 따라줬을 뿐"이라고 말한다. 국제법학회 회장을 역임하고 힐러리 클린턴 前 뉴욕주 상원의원의 법률연구원(Legal Fellow)으로서 석면보상기금 법안, 국토방위법, 이민개혁법안 및 NATIVE AMERICAN 지위개선법안 등에 참여하기도 했다.

그가 미국 로스쿨을 준비하던 때는 인터넷에서 정보도 찾기 어려웠고 같은 진로를 생각하는 사람도 흔치 않았다. "당시 내게 로스쿨에 관한 여러 정보가 주어졌다면, 나의 로스쿨 생활이나 졸업 후의 생활이 많이 달라졌을지 모른다는 아쉬움이 있다"고 말한 그는, 사람들이 자신과 같은 어려움을 겪지 않도록 지난 2009년부터 로스쿨 진학 및 미국법에 대한 칼럼을 법률저널에 연재하기도 했다. 그의 칼럼은 미국 로스쿨 진학을 준비하는 사람뿐 아니라 미국법을 알기 원하는 많은 사람들로부터 뜨거운 호응을 얻었고, 급기야 지난 2013년에는 그 내용들을 모아 한 권의 책으로 출간하기에 이

르렀다.(≪이야기 미국법≫, 류영욱, 책과나무)
특유의 말솜씨로 어려운 미국법과 판례를 쉽고 흥미있게 풀어낸 그가, 재치 넘치는 답변으로 법률저널 독자들에게 근황과 현재 진행 중인 소송, 독자들에 대한 격려 등을 전해 왔다. 다음은 류영욱 미국변호사와의 일문일답.

- 오랜 기간 법률저널을 통해 미국법에 대해 재밌고 상세한 말씀 나눠 주셨는데요. 그때도 뜨거운 반응이었지만 지금도 궁금해 하시는 독자들이 많습니다. 요즘 어떤 나날 보내고 계신지 근황을 알려주시겠어요.

"오랜만입니다. 법률저널에 연재하면서 원고 마감일 때문에 끙끙대던 게 엊그제 같은데 벌써 이렇게 되었네요. 저는 제 분수에 맞게 대기업들을 고소하고 대기업측 변호사들과 욕하고 다투면서 사건들을 진행하는 나날들을 보내고 있습니다."

- 연재하셨던 칼럼들을 모아 지난 2013년 말에는 ≪이야기 미국법≫이라는 명저를 내놓으셨어요. 어렵고 무거운 미국법을 알기 쉽게 풀어 내셔서 지금까지도 호평이 자자합니다. 책이 어떤 사람들에게, 어떻게 읽혔으면 한다는 개략적 의도를 집필과정 소개와 함께 말씀해 주신다면.

"명저라는 말씀은 과분합니다만, 매달 팔려나가는 걸 보면 제 책이 시중에서 라면 냄비 받침으로 판매하는 상품보다 혹시 더 싼 게 아닌가 하는 의심도 듭니다. 제 개인 블로그를 통해 활발하게 질문하는 학생들이 아직도 많은데요. 대부분 높은 수준의 질문이라 대답할 재주가 없어 바쁜 척하며 답변을 회피하는 경우도 많습니다(웃음).
제 책은 일단 미국법의 개괄적 내용을 쉬운 예를 통해 접할 수 있다는 점이

독자분들로부터 선호를 받는 가장 큰 이유라고 생각합니다. 갓 졸업한 대학생부터 미국에서 실제 활동하시는 변호사 분들까지 이 책을 보시고 여러 의견과 질문을 보내 주시는데요. 쉬운 부분은 쉽게, 어려운 부분은 한 발 더 들어가려 노력했던 점을 인정해 주시는 듯합니다."

– 미국변호사가 되기로 결심하신 특별한 계기가 있나요?

"이대로 백수로서 죽을 수 없다'는 생각이 동기를 부여한 것 아닐까 생각합니다(웃음). 대학 시절 아무것도 모르는 주제에 학생운동에 기웃거리다 학점을 다 망치고 결국 인생도 더불어 망쳐 버릴 위기에 처했는데요. 1999년 당시 어려운 형편이심에도 불구하고 어머니께서 유학 자금을 선뜻 내주신 덕에 미국으로 온 일이 한 번 더 기회를 갖게 된 터닝포인트가 아니었나 생각합니다. 어머니는 지금도 그때 이야기를 하시며 큰 돈을 내주신 일을 땅을 치고 후회하시더군요(웃음).

뉴욕 브로드웨이의 극장에서 일하면서 '엔터테인먼트 쪽 법률 일을 해 보고 싶다, 그러면서 미국 연예인들과 친해지고 싶다'는 다소 저급한(?) 욕망을 품기도 했죠. 하지만 실제로 미국 로스쿨에 진학해서는 공공 부문으로 진로가 틀어지기도 했습니다."

- 로스쿨이 출범함에 따라 많은 학생들이 국제 무대, 특히 미국변호사의 진로를 생각하고 있어요. 변호사님 보시기에 국제 무대에서 한국변호사의 경쟁력은 어디에 있다고 생각하나요? 또 학생들이 국제적 경쟁력을 갖추기 위해 어떤 점에 주안점을 두고 어떤 점에 유념하며 대비해야 할까요?

"한국뿐만 아니라 세계 어느 나라를 가도 청년 실업이 가장 큰 문제인 것 같습니다. 한국인으로서 국제무대에서 변호사 생활을 하는 것이 국내에서 변호사 생활을 하는 것보다 업무적으로 크게 편하거나 쉬운 것은 없습니다. 하지만 우리 국민은 다른 나라 사람들보다 평균적으로 더 끈기가 있고 집중력이 좋기 때문에 항상 더 좋은 결과를 만들어내지 않나 생각합니다. 상투적인 표현밖에 쓸 수 없어 죄송합니다만, 기회는 항상 찾아오기 마련이므로 평소에 잘 준비해 두는 게 좋습니다."

- 노동법과 집단소송법 전문가신데요, 직접 하신 소송 중 기억에 남는 사례를 소개해 주신다면.

"노동법과 집단소송법이 별개로 분리되기보다 노동법 관련 소송이 집단소송으로 가는 경우가 많습니다. 기억에 남는 노동법 관련 개인 사례로는 몬테소리 학원에서 17년간 뼈빠지게 일하셨던 한 아주머니 케이스인데요. 굳이 맡아서는 안 되는, 금전적으로 보상받기 힘든 게 뻔한 사안이었는데 그날 무슨 바람이 불었는지, 혹은 소영웅주의 때문이었는지 그 케이스를 덥석 맡았습니다. 2년 가량의 소송 과정을 거치면서 함께 일하는 다른 변호사들로부터 욕도 많이 먹었죠. 결국은 17,000달러 정도 선이었나 그쯤에서 합의를 이끌어냈는데 아주머니가 제 손을 잡고 하도 펑펑 울어서 저까지 약간 눈물을 흘릴 뻔 했던 일이 기억나네요.
집단소송은 한국 기업을 상대로 한 케이스들은 모두 기억에 남지요. 암을 고쳐주는 기적의 후코이단, 3개 모델 이외에는 중금속 니켈 문제가 없다고 하는 코웨이, 허위과장광고로 회원을 모은 듀오 등. 이런 사건은 대기업이 돈을 조금이라도 더 벌기 위해 시장질서를 어지럽히고 소비자를 우롱한 경우들입니다. 이러한 재벌과 결탁해 그들의 배를 불려주는 데만 일조하는 한국의 국회, 금감위, 공정위의 솜방망이식 처벌이 미국에선 통하지 않는다는 걸 보여주려 노력하고 있습니다. 이들이 처벌받고 최대한 많은 배상금을 물도록 본때를 보여줄 겁니다."

- 주로 힘 없는 노동자들과 소비자들을 대리해 대기업을 상대로 하는 소송을 하고 계신데요. 의미있는 역할을 하시는 만큼 심리적 부담이나 난관도 만만찮을 것 같아요. 대기업을 변호하는 대형 로펌들과 맞서 싸우는 노하우랄까, 변호사님만의 특별한 전략이나 마음가짐이 있다면?

"의미 있는 역할이라기보다는 대기업을 상대로 하는 소송 외엔 딱히 배운 것도 없고 잘 하는 것도 없다는 점이 가장 큰 이유가 아닐까 합니다(웃음). 물론 대기업을 상대로 하면 보험회사가 고용한 대규모 로펌들과 상대해야 하므로 더 힘이 듭니다. 특히 이분들이 잘난 체를 하고 거만한 경향이 많기 때문에 스트레스를 더 받기도 해요. 하지만 저도 이제는 한 성질 하는 걸로 그 쪽 바닥에 소문이 자자하다고들 말하더군요.
대기업의 횡포에 맞설 법률적 장치가 미비된 국가에서 소비자나 노동자의 권익을 그들이 스스로 확보한다는 것은 대단히 힘든 일입니다. 의료 사고도 마찬가지의 경우겠고요. 변호사가 정당한 사유를 가지고 법적, 제도적 장치에 따른 소송을 제기해 약자들이 정당한 보상을 받도록 하는 것은 민주국가의 기본입니다. 딱히 대단한 결심을 하면서 소송에 임하는 건 아니예요. 물론 제가 둔하다는 점은 대기업 상대 소송을 많이 할 수 있는 중요한 이유 중의 하나겠지요."

– 한국 상황도 잘 알고 계시는데요. 한국과 미국의 소송 현실에서 가장 두드러지게 나타나는 대비점은 무엇인가요.

"아마도 서면을 통한 정보교환(written discovery)이나 증언청취(deposition)가 없다는 점 같습니다. 이는 미국 민사소송의 기본 중에 기본인데, 한국의 법 시스템은 이런 과정 없이 어떻게 재판까지 가는가 의아하게 생각될 때도 있습니다.
또 하나는 미국 민사소송에선 정당한 사유가 있다면 천문학적 손해배상액이 선고되는 일이 가능합니다. 이는 바른 법질서 확립에 상당히 중요한 대목이지요. 어린 아이가 학교 앞 횡단보도를 신호에 맞춰 건너가다가 위험운전을 하는 운전자의 차에 치여 사망했는데도 불구하고 '아이의 책임이 20% 인정되므로 2,500만 원만 배상해라'와 같은 비상식적 결론은 나오지 않습니다."

– 법률 시장 개방에 따라 국제 경쟁력을 갖춘 변호사들의 역할이 점차 중

대해지고 있습니다. 미국 변호사 등 법조계 진출을 꿈꾸는 청년들에게 응원과 격려의 말씀 부탁드립니다.

"저 같은 사람이 하는 일을 똑똑한 여러분이 못하겠습니까? 이 쪽으로 가고 싶다는 생각을 하신다면 확실히 결정을 내리고 쭉 한 우물을 파셔야 합니다. 물론 돈이 많이 드는 건 사실이고 돈이 안 받쳐 준다면 미리 포기하시는 게 좋을 수도 있습니다. 하지만 묘한 것이 일단 밀어붙이면 이 정도 금전적인 부분은 어떻게든 해결이 될 가능성도 많습니다. 뜻이 있는 곳에 길이 있다고 하지 않습니까. 힘내시기 바랍니다."

(2016년 12월 27일자)

이병화 변호사 / 사내변호사, 블루오션이라구?

"사내변은 새 직역창출의 첨병, 변호사 업계 큰 축 될 것"
"변호사이면서 기업구성원인 사내변 특징 잘 활용해야"

현재 2만여 명을 조금 웃도는 국내 변호사 시장에서 사내변호사의 숫자는 15% 정도를 차지하는 것으로 나타나고 있다. 불과 3년 만에 그 숫자가 두 배로 증가한 사내변호사는 로스쿨 출범 이후 대다수 예비법조인들로부터 중요한 선택지의 하나로 여겨지고 있다. 이에 본지는 독자들에게 사내변호사에 대해 보다 심도 있고 유익한 정보를 제공하기 위해 2016년 1월 한국사내변호사회 제3대 회장으로 취임한 한국3M 상무 이병화 변호사를 인터뷰했다.

한국사내변호사회의 태동은 2006년 여의도 부근 금융회사 소속 사내변호사들에 의해 결성된 '여의도사내변호사회'로 시작된다. 이것이 차츰 세력이 커져 강남, 강북 사내변호사회가 조직되면서 2011년 초 연합체로 활동하다가 2011년 말 '(사)한국사내변호사회'가 창립되기에 이른다. 임의 단체인 한국사내변호사회는 '사내변호사들을 위한, 사내변호사들에 의한, 사내변호사들의 모임'이라는 기치를 내걸고 있다.

다음은 한국사내변호사회(이하 한사회) 이병화 회장과의 일문일답.

– 한사회 제3대 회장으로 취임했다. 한사회의 역할은 무엇인지, 구성과 활동 및 큰 지향점을 소개해 달라. 또 회장으로서 임기 내 어떤 부분들에 주력해 성과를 이루고자 하는지.

"한사회는 사내변호사의 권익을 보호하고 사내변호사에 대한 각종 교육을 하며 사내변호사 간 경험과 지식을 공유하는 장이 되어 사내변호사의 역량을 강화하는 역할을 한다. 외부 관련기관과의 업무 제휴를 통해 사내변호사의 경력개발 기회 확대에도 힘쓰고 있으며, 문화행사나 동호회 활동을 활발하게 개최해 사내변호사 간 친목도모의 역할도 하고 있다. 준법경영 지원과 공익활동 역시 빠뜨릴 수 없는 중요한 활동이다.

구체적으로는 매년 사내변호사 아카데미 및 세미나, 심포지엄 등을 개최하고, 해마다 회원들이 1박 2일간 다양한 프로그램이 담긴 워크샵을 가기도 한다. 문화행사나 동호회 활동, 정기적인 점심 모임 등으로 사내변호사간 네트워킹도 강화하고 있다. 현재 대한상사중재원, 법제처, 로스쿨, 로앤비, Asian Legal Business 등 여러 관련기관과 MOU를 체결한 상황인데, 대외 협력과 제휴에도 힘을 쏟고 있다.

한사회의 회장, 부회장, 사무국 이외에도 6개의 분과(운영분과, 학술분과, 문화분과, ADR분과, Compliance분과, 공익분과)와 5개 업종별 커뮤니티로 구성되어 있으며, 30여 명의 이사와 50명 가량의 운영위원들이 각 분과와 커뮤니티에서 열심히 활동하고 있다.

회장으로서 2년 차가 된 금년의 목표라면, 더 많은 사내변호사들이 한사회에 참여할 수 있도록 기존 활동을 좀 더 활성화하고 새로운 참여 제고 프로그램을 마련하는 것이다. 한사회가 제공하고 있는 사내변호사들에 대한 혜택이나 기회를 더 많은 사내변호사들에게 제공하는 것이 내 바람이다."

– 사내변호사를 위한 권익 보호 활동이란 주로 어떤 부분에서 이루어지는가. 사내변호사들이 '회사원이면서 변호사'라는 특수한 지위로 인해 겪는 고충들도 많을 것 같은데.

"사내변호사의 지위 설명을 위해 비교를 하자면, 회사가 아닌 법률사무소에 근무하는 일반적인 변호사들은 그 법률사무소의 수익 창출 및 경영을 주도하는 명실상부한 주인공이라고 볼 수 있다. 그러나 사내변호사들은 속한 조직이 기업이건 공공기관이건 간에 이들이 주인공이라고 인식되진 않는다. 법무나 컴플라이언스 등 국한된 영역만을 다루는 사람으로 여겨지는 게 일반적이다.

따라서 조직 내 변호사들은 회사의 핵심 업무나 핵심 영역으로의 진입이 제한되는 경우가 많고, 그 때문에 변호사들을 정규직보다는 계약직으로 채용하려는 경향이 여전히 많다. 뿐만 아니라 기업에 따라서는 사내변호사들의 의견을 존중하기보단 기업의 부적절한 의사결정에 대한 책임회피용으로 사내변호사를 활용하는 경우도 있다. 이때 변호사로서의 직업윤리와 회사의 요구 사이에 갈등을 겪을 수도 있다.

하지만 각 사내변호사들의 처우문제를 위해 어느 기업에 대항하여 한사회의 이름으로 성명을 내거나 압력을 행사하는 등의 활동은 지양하고 있다. 그런 활동이 오히려 조직 내에서 해당 사내변호사의 지위를 위태롭게 만들 소지가 더 크다고 본다. 기업마다 문화가 다르고 급여 체계가 다르며 외부에서 일률적으로 이야기할 수 없는 다양한 요소들이 작용한다. 한사회는 오히려 변호사 의무 가입 단체인 대한변호사협회나 각 지방변호사회에 대하여 권익 보호를 주장한다. 기존의 변호사와 사내변호사를 다르게 취급하는 부분, 사내변호사로서의 특수한 사정을 고려해 주지 않는 경우 등에 대한 문제제기가 주된 권익보호 활동이다.

최근에는 근무시간 내 선거권을 행사하기 어려운 사내변호사의 사정을 주장해 변호사 단체 수장을 뽑는 선거에서 투표시간을 늘리는 성과를 이끌어 낸 바 있고, 조금 된 일이지만 오래 전에 만들어진 변호사법의 문리해석에만 국한해 사내변호사의 지위를 충분히 보장하지 않으려는 주장들에 대하여 견고하게 맞서 한사회 차원에서 성명을 내고 활동한 바 있다."

- 로스쿨 출범 이후 사내변호사의 인기는 급격히 치솟아 현재 사내변호사 수는 3천 3백 명에 이르는 것으로 추산된다. 불과 2013년에 1,500명이던 것을 생각하면 폭발적으로 그 수가 증가했는데. 이처럼 사내변호사의 인기가 높아진 원인은 어디에 있다고 보는가.

"내가 연수원을 수료한 1998년까지만 해도 사내변호사는 드물었다. 전관 출신으로 대기업의 법무임원으로 영입되는 경우는 간간이 있으나, 법무 실무를 담당하게 할 목적으로 젊은 변호사를 사내변호사로 채용하는 경우는 많지 않았다. 1999년에 삼성을 포함한 대기업에서 처음으로 사법연수원 수료생을 변호사로 채용하기 시작했는데, 그 수는 여덟 명에 불과했다. 그땐 사내변호사가 법조계 아닌 쪽으로 가는, 일종의 비주류라는 인식이 강했다. 차츰 변호사의 기업진출이 활기를 띠게 된 시점은 2002년~2003년 정도라고 파악하고 있다. IMF 이후 기업의 체질개선이 이뤄지면서 직원에 대한 보수가 높아지고, 세계화 추세와 준법경영의 필요에 따라 기업들이 법 전문 인력을 찾게 됐다. 그에 반해 늘어나는 변호사 숫자로 인해 변호사 시장은 경쟁적이 되면서 변호사의 기대보수가 종전에 비하여 낮아

졌고, 그것을 기업이 수용할 수 있는 정도가 되는 등 변호사의 기업 진출 현상을 촉진하는 환경이 조성되었다.
더 직접적으로는, 법률시장의 불황으로 인해 경쟁이 치열해지고 위기감이 커지면서 안정적인 급여 및 복리후생제도의 적용을 받는 사내변호사에 대한 선호도가 올라간 것으로 생각된다. 클라이언트 확보·유지를 위한 활동을 할 필요가 없고 야근이나 휴일 근무가 적기 때문에 일과 생활의 균형이라는 측면에서도 장점이 크다. 준법경영을 위한 조직 내 법률전문가로서 사내변호사의 역할은 점점 중요해지고 이미 회사 내에서 임원의 자리에까지 승진한 사내변호사들도 많이 나왔다. 사내변호사가 이제는 변호사로서 고려할 수 있는 중요한 선택지의 하나가 된 것은 분명하다."

- 변호사로서 11년 차인 때 한 법무법인 소속으로 근무하던 중 한국3M으로 이직했다. 사내변호사가 흔하지 않던 시절 특별히 사내변호사가 되기로 결심한 계기가 있다면?

"한국3M은 내가 몸담고 있던 로펌의 오랜 고객이었고, 나는 한국3M 담당 변호사로서 10년 넘게 자문을 하고 있었다. 2008년 미국3M 본사에서 한국3M의 법무역량을 강화하기 위해 경영지원본부 소속이던 법무팀을 분리·독립해 법무지원본부를 설립했고 그 본부장을 외부 변호사로 채용하기로 결정했는데 그 제안이 나에게 왔다. 예기치 않게 찾아 온 특이하고 운 좋은 케이스였다. 아직까지 이런 사례는 국내에서는 흔하지 않은데 외국은 변호사들이 이런 식으로 자리를 옮기는 경우가 많다. 우리도 곧 이런 경우가 많아지리라 생각한다. 나로서는 비교적 잘 아는 회사로의 이동이었고 사내변호사의 경험을 쌓는 것도 변호사로서 도전할 만한 일이라는 생각에 이직을 결정했다."

– 최근 대한변협 회장 선거가 치러졌다. 이번에 당선된 변협 회장이나 앞으로 선출될 지방회 회장에게 사내변호사를 위한 당부와 주문을 한다면.

“한사회는 매년 1월 정기총회 및 신년회를 개최하고 있고 올해에도 1월 9일에 행사를 개최했는데, 선거 직전이다보니 대한변협과 서울지방변호사회 회장 선거의 모든 후보자가 와 주셨다. 사내변호사를 위한 훌륭한 공약을 제시해 주었는데 특히 이번에 변협 회장으로 선출된 김현 변호사님은 서울지방변호사회 회장으로 재직 당시 사내변호사 특별위원회를 처음으로 만들어 사내변호사들을 적극적으로 지원한 분이다.

이제 사내변호사는 새로운 직역 창출의 첨병으로서 그 숫자도 더욱 늘어날 것이고, 이미 변호사 업계의 큰 축을 담당하게 되었다고 자부한다. 각 변호사 단체 회장님들께 당부하고 싶은 점은 사내변호사는 법률 관련 교육 기회가 적기 때문에 좀 더 특화된 교육 지원을 하여 주시고, 또한 영향력 있는 변협 차원에서 사내변호사의 고용안정성 및 지위 향상을 위해 노력해 주시면 큰 도움이 될 것 같다는 점이다.”

– 사내변호사를 진로로 생각하는 로스쿨생 등 예비법조인들에게 격려와 조언을 해준다면.

“사내변호사는 무엇보다 한 조직의 구성원으로 들어간다는 점을 기억해야 한다. 조직인이 조직 내에 묻어나지 못하고 개인적으로 겉돌거나 지나치게 튀어서는 어려운 상황에 자주 직면하게 된다. 회사의 상하관계 적응이나 비변호사와의 관계 설정에도 공을 들여야 하고, 조직의 논리와 문화는 무시한 채 자신이 지녀온 신념과 가치관으로 바른 소리만 하려 해서는 조직생활을 잘 해내기 어렵다. 이 점은 어느 조직 구성원에게나 요구되는 일반적인 것들로, 사내변호사도 엄연히 한 조직의 일원이기에 똑같이 요구되는 부분이다.

아직까지 한 기업에 많은 숫자의 변호사가 근무하는 분위기는 아니다. 변호사인 직원이 소수이다 보니 기업 입장에서도 변호사를 잘 활용하지 못하고, 변호사 역시 자신의 역량을 잘 발휘하지 못하는 상황들이 종종 있다. 사내변호사로서 임원의 지위로까지 승진하신 한 지인은 처음 입사했을 때 아무도 일거리를 주지 않았다고 한다. 회사에서 무얼 시켜야 할지도 몰랐을 뿐더러 변호사인 직원 자체가 이질적이었던 것이다. 그래서 이분은 직접 문을 두드리고 먼저 다가갔다. 앉아서 기다리기만 하지 않고 스스로 할 수 있는 일을 찾아다녔고, 이야기마다 법적 해결책을 제시해 주자 머지않아 조직은 이분을 꼭 필요한 사람으로 인식하게 됐다. 사내변호사가 자신이 속한 조직에서 한 가족으로, 꼭 필요한 사람으로 인정받기를 원한다면 이런 적극적인 태도를 갖출 필요가 있다.

일반적으로 송무를 주로 하는 변호사와 달리 사내변호사는 '변호사 자격을 플러스 알파로 가진 유능한 기업의 구성원'으로 인식되기를 노리면 좋다. 즉 기업 조직원으로서의 정체성을 가지고 기업 내에서 자신만의 특화된 영역을 구축하되 그에 더하여 변호사 자격까지 가진 구성원이 되라는 것이다. 그럴 때 포부는 더욱 크게 가질 수 있다. 단순한 법률 기술자가 아니라 기업의 의사 결정과 운영 방향에까지 영향력을 미칠 수 있는 조직의 중요한 위치를 얼마든지 맡을 수 있다. 사내변호사는 블루오션이다."

(2017년 1월 19일)

정형근 교수 / 중졸 9급 공무원이던 그의 사시 패스 스토리

"한번인 인생, 순간적 어려움으로 포기할 수 없어"
변호사로서 전문성 쌓고자 박사과정 밟아 학자로

험악하게 굴곡진 삶을 의지적으로 이겨낸 그이기에, 그저 시련에 눌려 원망과 한탄으로 고난의 시간을 보냈던 사람들과는 다른 것 같았다. 미간에 깊게 패인 주름은 평소 그가 얼마나 골몰히 연구하며 지내는지를 나타내 주었고, 그의 내면에 견고히 자리잡은 듯한 여유와 기쁨은 인터뷰 내내 자연스레 새어나왔다. '외유내강(外柔內剛)'의 전형인 정형근 교수는, 듣던대로 결이 다른 부드러움과 차원이 다른 강인함을 지니고 있었다.
본지와의 인터뷰를 통해 오랜만에 자신이 지나온 길을 되돌아 봤다는 그는 "단 한 번뿐인 인생을 순간적인 어려움으로 포기할 수 없다는 신념이 계속적으로 도전하는 삶을 살도록 이끌었다"고 회상했다.

남들이 중학교 갈 때 나무하던 소년

날 때부터 주어진 가난은 초등학교를 갓 졸업한 그를 나무꾼으로 만들었다. 친구들이 중학교에 입학할 때 그는 산으로 가 땔나무를 해오며 지냈다. 그러던 끝에 간신히 중학교에 입학했기 때문일까. 중학교 2학년이 된 그는 사법시험을 통해 자신의 삶을 일으켜야겠다고 마음 먹었다. 이후 19세가 되어서야 중학교를 졸업했지만, 가정 형편상 고등학교 진학을 꿈꿀 수 없어 바로 사법시험에 도전했다. 그길로 시내의 큰 서점에 가서 '사법시험'이라고 적힌 서적은 몽땅 사 왔다.
고등학교 과정을 밟지 못한 그의 배경지식은 사법시험 책을 독학하기엔 한계가 너무나 컸다. 하지만 그는 '불가능'이란 단어를 떠올리지 못했다. 대신 중간 단계로 7,9급 검찰공무원을 목표에 넣었다. '공부도 서울에서 해야 한다'는 말을 들은 그는 상경해서 한 독서실의 총무로 들어갔다. 청소와 각종 소일거리를 해 주고 독서실 자리를 얻어 썼다. 밤에는 의자 세 개를 붙여 쪽잠을 잤으며 그마저도 집에 가지 않고 남아 있는 학생이 있으면 여의치 않았다. 주식은 라면이었다.

중졸 학력으로 공무원이 되려 한다는 비웃음과 수군거림도 간간이 들려왔다. 초라해지고 작아지는 스스로를 일으키기 위해 소설 책에서 본 것처럼 손가락을 베어 '필승'이란 혈서를 써 보기도 했다. 생계를 이어가야 했기에 새벽엔 신문 돌리는 일을 했고, 공장에서 철야 작업을 하다 동 트는 것도 여러 번 보았다. 그렇게 자신의 위치가 어디쯤인지 가늠할 수도 없이 어두컴컴한 일상이 반복됐지만 '언젠가는 이 시절이 아름다웠다고 회상할 날이 온다'는 희망의 끈을 놓지 않았다.

두 손에 꼭 쥔 희망을 놓게 하려고 그렇게도 운명은 사납게 그를 흔들어 댔지만, 끝까지 그는 희망을 놓지 않았다. 나약한 사람은 희망을 오래 품지 못한다는 것을 생각할 때, 그는 나약함과는 거리가 먼 사람이었다.

늦깎이 대학생, 사시합격 꿈을 이루다

22세 되던 해 그는 중졸 학력의 9급 검찰공무원이 됐다. 부산지검·서울지검에 근무하면서도 틈틈이 최종 목표인 사법시험을 생각하며 책을 봤다. 그러던 어느 날의 퇴근길, 땅에 떨어진 석간 신문을 책상 위에 올려놓다가 '사법시험 응시자격에 법대 졸업 요건이 들어간다'는 기사를 접했다. 그 기사는 단지 공청회에서 나온 의견을 전한 것뿐이지만, 대학 졸업장이 없는 정 교수로서는 당혹감과 불안감이 컸다. 법과대 진학이라는 중간 목표가 또 다시 생기는 순간이었다.

정 교수는 시간을 쪼개 대입 검정고시를 준비했다. 재수를 했지만 28세에는 벚꽃이 만발한 경희대학교 교정을 밟을 수 있었다. 하지만 정 교수에게 그 해는, 또 다른 의미에서도 결코 잊을 수가 없는 해다. 허름한 셋방에 함께 살던 어머니와 형이 연탄가스 중독으로 세상을 뜬 것.

그는 말했다. "내가 대학을 다니지 않고 검찰청을 계속 다녔다면 그런 일이 일어나지 않았을 거란 생각에 두 분께 미안하고 또 미안해요. 그래서 나는 두 분 몫까지 더 열심히 살아야 한다고 늘 생각합니다."

비탄에 잠겨있는 시간도 길지는 않았다. 더욱 사법시험이라는 최종 목표까지 가야만 하는 이유가 생겼다. 사법시험 1차도, 2차도 여러 번 낙방을 했지만 드디어 법대에 입학한 지 8년째 되는 해, 그의 나이 36세에 사법시험을 합격했다. 중학교를 막 졸업한 어린 아들이 사법시험으로 집안을 일으키겠다고 책 보따리를 메고 비장하게 산사로 향할 때, 묵묵히 이불짐을 머리에 얹고 산길을 따라 오르시던 그의 어머니도 분명 하늘에서 함께 웃으실 순간이었다.

예기치 않게 찾아 온 학문의 세계

변호사로서의 삶은 바쁘긴 했지만 경제적으로 과하지도, 모자라지도 않은 넉넉한 환경을 가져다 주었다. 그렇게 삶이 안정기에 들어섰다고 느낄 무렵, 정 교수는 문득 전문분야를 개척할 생각을 하게 됐고 다시 학교로 돌아와 박사과정을 밟았다. 변호사 업무에 한층 전문성을 더하려 한 당초의 생각대로, 사건 수임과 해결에 있어 전문 박사과정을 밟은 것은 크게 도움이 됐다.

그런데 예기치 않은 기회가 찾아왔다. 로스쿨 도입을 앞두고 모교에서 로스쿨 실무교수로 오지 않겠냐는 제안을 해 왔다. 기회는 준비된 자에게 온다지만, 준비할 땐 전혀 예상하지 못했던 기회가 찾아오자 정 교수는 깊은 고민에 빠졌다.

종교가 기독교인 그는 답변을 주어야 하는 3일의 기한 동안 신앙으로 기도한 끝에 말씀 한 구절을 접했다. 히브리서 10장 20절 '그 길은 우리를 위하여 열어놓으신 새로운 살 길이요 휘장은 곧 그의 육체라'는 구절이다. '새로운 살 길'이라는 말이 그의 마음에 들어왔다. 교수로 가는 게 '새로운 살 길'일지 모른다는 생각이 들었다. 그러나 과연 '살 길'이 맞았던 걸까. 학자가 된 이후 다시 고시공부하던 때처럼 공부했다니 말이다.

강의를 시작한 이래로 그는 해마다 빠짐없이 저서를 출간했다. 2008년 대학 은사인 박윤흔 교수의 ≪최신행정법강의 상·하≫ 개정작업에 참여해 2009년에는 공저자로 이름을 올렸다. 2010년에는 변호사법과 법관·검사윤리강령을 중심으로 한 ≪법조윤리강의≫를 출간했는데 이것은 꾸준히 개정판을 내 현재 7판까지 나와 있다. 2011년에는 행정소송과 행정심판 및 헌법재판의 사건기록을 조제해 ≪공법기록형 공법소송실무≫를 냈다. 이것은 국내 최초로 나온 것으로, 사법연수원에도 민형사 기록책은 있지만 공법기록책은 없다.

2012년에는 판례 중심의 행정법 사례문제 해결 능력을 기르는 ≪행정법연습≫을 출간했다. 그해 여름엔 헌법과 행정법의 선택형 문제집인 ≪공법선택형강의≫가 나오기도 했다. 2014년에는 변호사시험 공법기록형 기출문제의 해답을 제시한 ≪기출 공법기록형≫을 출간했으며 2015년, 행정법을 처음 공부하는 초심자들을 위하여 ≪행정법입문≫을 냈다. 지난 해에는 도로의 설치·관리의 하자로 인한 배상책임을 내용으로 하는 ≪도로하자소송≫을 출간, 나아가 국내 최초로 ≪변호사법 주석≫을 출간하기도 했다. 특별히 ≪변호사법 주석≫은 1996년부터 변호사법에 대한 주석을 갖고 있던 일본 변호사들이 한국 변호사법 주석을 찾았을 때 당시 없어서 제공 못한 이야기, 판사들이 종종 변호사법에 대한 자료를 요청해도 딱히 줄 것이 없었다는 등의 이야기를 듣고 안타까운 마음에 '나라도 해야겠다'는 생각이 들어 집필했다고. 그는 지난 2013년, 법무부 변호사제도개선위원회 위원으로서 대대적인 변호사법 개정작업에 참여하기도 했는데 그것이 ≪변호

사법 주석≫ 집필의 든든한 밑바탕이 됐다. 그가 위원으로서 얼마나 열심히 일했는지 그 공을 인정받아 법무부장관상까지 받았다.

이처럼 정형근 교수의 이름 뒤에는, 누구보다 열심히 연구해 온 결실이 길게 서적의 이름으로 따라붙는다. 뿐만 아니라 2010년 한해 동안만 무려 아홉 편의 논문을 썼다. 한국의 대학에서 부교수에서 정교수로 승진하는 데에는 5년이 걸리고, 심사 시 이 기간 동안 쓴 논문 일곱 편을 요구하는 것을 생각할 때 한해 아홉 편은 엄청난 양이다.

그가 가진 '무한한 역량'의 근원이 어딘지 궁금했다. 그가 말했다. "첫째는 사명감이죠. '나라도 해야겠다'는 마음으로 성실히 했어요. 몸은 너무 힘들어도 마음만큼은 항상 기뻤던 것도 원인일 테고. 자다가도 사례가 생각나거나 쟁점이 떠오르면 새벽 미명에 일어나서 컴퓨터를 켭니다." 책을 쓰는 데는 어마어마한 정신적·육체적 에너지가 필요하다. 그 역시 집필 작업이 한창일 때는, 매일 밤 기력이 소진되어 잠자리에 누우면서 '내가 이러다 내일을 맞이하지 못하는 건 아닌가'란 염려를 수도 없이 했다고 전했다.

명실공히 청탁금지법 전문가

최근 그는 청탁금지법 덕에 소위 '떴다'. 권익위에서 청탁금지법 제정 작업에 관여했던 계기로 국가기관과 언론사, 학교 등에 초청받아 30회 가량 강의했다. 2017년 1월에는 대한변협 연수회에도 초청받아 강의를 했는데, 당장 이번 주에도 국방부 강의가 예정돼 있다. 연구 논문은 이미 발표했고, 그간의 연구와 현장 강의 경험을 바탕으로 추후 관련 서적을 출간할 계획에 있다.

정 교수는 현재 청탁금지법이 잘 정착되고 있는 상태라고 진단했으며 또 잘 되어야만 한다고 강조했다. 부정청탁과 금품수수를 금지하는 청탁금지법은 연고주의가 강한 우리 사회의 인식과 관행의 변화를 이끌어 낼 것이라고 전망하기도 했다.

정 교수가 몸담고 있는 학교만 해도 큰 변화가 일어났다고 한다. 학생들의 성적을 평가하는 시기가 되면 어떤 학생은 '재수강하게 학점을 내려달라', 어떤 학생은 '졸업해야 하니 성적을 올려달라'는 등 '부정한 청탁'이 끊이지 않았다고. 그러나 청탁금지법이 시행됨과 동시에 '싹 사라졌다'고 한다. 로스쿨에서는 졸업시험과 관련해서 같은 문제가 있었다. 졸업시험에 불합격한 학생들이 삼삼오오 몰려와 '변호사시험을 볼 수 있게 해달라'고 강하게 주장하는 분위기가 있었는데 이 역시 청탁금지법 시행과 동시에 '싹 사라졌다'.

그는 "엄밀히 말하면 그게 다 부정 청탁입니다. 부정에 대한 인식이 있건 없건 우리 사회는 아쉬운 소리를 하는 데 크게 거리낌이 없었는데, 청탁금지법이 하나의 기준이 되어 바른 사회로 나아가는 방향을 잡아줬죠"라고 말했다. 이어 "식사나 선물 등 일상적이고 가벼운 경우까지 규율하고 있어 관행과의 충돌을 이유로 불편을 호소하는 목소리가 아직은 크지만, 사소한 것이라도 나중에는 오히려 받은 사람에게 올무로 작용함을 생각할 때, 점진적인 문화의 변화로 법이 의도하는 바에 맞춰나가는 게 오히려 바람직할 것"이라는 생각을 전했다.

로스쿨 일원화는 법이 예정한 것, 받아들여야

정 교수는 '2017년 사시 폐지'를 규정한 변호사시험법이 일반 국민 누가 봐도 '사시는 없어지는구나, 로스쿨로 일원화 되는구나'란 것을 알 수 있도록 명확히 규정했다는 점을 강조했다. 만일 법조문에 '사시가 폐지된다'고 명시하지 않았다면 많은 학생들이 사법시험이 유지될 가능성을 염두에 두고 끝까지 사법시험을 준비했을 텐데, 대다수 학생들이 법을 신뢰하고 로스쿨로 방향을 돌렸다는 설명이다.

한편 정 교수는 "개인적으로 혹독하게 어려운 상황에서 사법시험 하나만을 바라보고 젊은 날을 다 바쳤던 나도 주변으로부터 '그러다가 이도저도 아닌 게 되어버리면 어쩌냐'란 우려의 말을 참 많이 들었다"고 회고했다. 합격생을 300명 뽑던 시절에 매달렸으니 그것이 전혀 근거없는 우려는 아니었다. 정 교수는 사법시험을 공부하다 제때 발을 빼지 못해 정말 주변의 우려대로 직장도, 가정도 꾸리지 못한 채 환갑을 맞이한 경우도 심심찮게 보았다고 말했다. 그는 과거의 자신처럼 어려운 형편에 있는 사람들에게 "등록금과 생활비 일정 부분을 지원해 주는 로스쿨로 와서 법조인의 뜻을 펼치라"고 독려하며 "과거에 로스쿨이 있었다면 나도 훨씬 쉽게 법조인이 되었을 것"이란 생각을 내비쳤다.

정형근 교수는 '엄격히 한정된 집단에게 예비시험을 허락할 필요도 있을 것'이라는 의견을 보이기도 했다. 대학을 가기 힘든 형편의 사람들이 고졸 학력만으로 예비시험을 볼 수 있게 하자는 것이다. 대학 졸업자들만 로스쿨에 진학할 수 있다는 비판에 대하여 제기하는 방안인 듯 했다. 다만 이 예비시험을 기존의 사법시험처럼 '누구에게나 응시 기회를 준다'는 개념으로 운용하는 것이 아니라, 엄격하게 고졸자에게만 한정하여 응시자격을 주어야 한다고 했다. 그는 "이럴 경우 어떤 학생들은 대학을 다니다가 자퇴하고 사법시험을 보는 등의 편법을 생각할 수 있다. 따라서 사전에 정교하게 '대학에 입학했던 학생은 예비시험에 응시할 수 없다'는 식으로 기술적인 장치를 법에 해 두어야 한다"고 덧붙였다.

한편 현재 서울지방변호사회 분쟁조정위원회 위원으로 있는 그는 "변호사들이 자신이 속한 회사의 대표 변호사로부터 월급을 받지 못해 조정을 신청하는 경우가 참 많다"며 '밥은 먹고 살아야 한다'는 변호사 업계의 울부짖음이 결코 과장이 아니라고 말했다. 변호사 적정수 논의는 상당히 중요하고 필요한 논의라는 것. 다만 "로스쿨 입학정원 감축 등의 문제는 충분한 논의를 거쳐 사회적 합의를 이끌어 내야 하며, 해당 학교에는 법대 부활을 허용하는 등의 메리트도 주어야 한다"는 의견을 보였다.

야간·온라인 로스쿨의 문제에 대해서는 신중한 견해를 제시했다. 그는 "현재 변호사 배출수 감소 논의와 아울러 생각해 볼 때 신규 인가를 내주는 식으로는 가능하지 않고, 기존에 있는 정원, 이를테면 100명 정원의 학교가 그 중 30명은 온라인으로, 150명 정원의 학교가 그중 50명은 야간으로 배분하는 식의 형태라면 충분히 논의해 볼 여지가 있다"고 말했다.

(2017년 2월 16일자)

이상민 변호사 / '법률 IT 스타트업' 창업, 그를 파헤친다

청년창업의 좋은예…'헬프미' 법률사무소 공동창업자
"남의 일 아닌 내 일 하고파 이직 아닌 창업 선택"

'관행'이라는 견고한 벽을 깨고 법률 정보의 대중화, 법률서비스의 대중화를 위해 직접 나서기란 결코 쉬운 일이 아니다. 법률 스타트업 '헬프미 법률사무소'의 공동창업자 이상민 변호사가 남다른 이유는 여기에서 찾을 수 있다. 그는 '법률정보 불균형 해소', '법률서비스 진입 문턱 낮추기'라는 이상을 실현하고자 익숙한 것들을 내던졌다. 대형 로펌이라는 안정적인 둥지를 벗어나 발자국 나 있지 않은 새로운 길에 기꺼이 뛰어들었다.
다섯 살 배기 아이의 아빠이자 사십에 가까운 나이라고 밝힌 이상민 변호사는 실제로 보니 나이보다 훨씬 어려보였다. 법률저널은 2017년 2월 28일 이상민 변호사를 그의 사무실에서 직접 만나 대형로펌에서의 생활, 창업의 계기·과정, 방송 활동 경험, 본지 독자들에게 주는 조언 등에 대하여 들어봤다. 다음은 이상민 변호사와의 일문일답.

– 헬프미 사이트 '변호사 찾기'에 보니 '대형 로펌인 법무법인 태평양에서 6년간 경력을 쌓은 형사전문 변호사로서 검찰·법원 단계에서 처리한 사건이 무려 400건이 넘는다'고 소개되어 있어요. 대형 로펌은 대우가 좋고 실력 향상이 보장된 만큼 업무강도가 센 것으로 알려져 있는데, 변호사님은 어떠셨나요?

"소위 도제식 교육이라고 하죠. 신참 변호사들이 입사하면 그들을 맡아 함께 일하는 파트너 변호사가 배정돼요. '사수-부사수'의 관계라고 볼 수 있죠. 저도 그렇게 일하기 시작해서 신참 때는 한달에 250시간에서 280시간 정도, 하루로 치면 오전 10시에 출근해서 새벽 1시~2시에 퇴근하는 일과를 보냈어요. 저희 아내는 김앤장에 다녔는데 저보다 더 늦게 들어왔죠. 이게 왜 그런가 하면, 가령 공직선거법 재판 등이 걸리면 6개월 내 처리를 해야 하는데요. 지방의 법원들을 오가야 하고 검찰·법원은 낮에 가야 하지 않습니까. 그러면 서면 등을 쓰는 일은 다 밤과 새벽 사이에 몰아서 하게 돼요. 변호사가 사람 만날 일은 얼마나 많은지, 이런 것들을 다 하다보면 퇴근이 기약 없게 되고 주말도 반납하는 일이 빈번해져요. 1,2년 밖에 안 된 신참 변호사들은 업무 자체가 능숙하지 못하니 시간이 더 걸리기도 하고요. 다행인 건지 안타까운 건지 변호사 사회는 이상하게 바쁘면 더 '일을 잘하는가 보다' 생각해요(웃음). 변호사들끼리 서로 '내가 더 바쁘다'고 자랑하는 모습도 심심찮게 볼 수 있죠.
물론 체력적으로 힘에 부치는 건 사실이에요. 하지만 서른 살 나이에 대형 로펌 다니면서 어디 가도 받을 수 없는 대우를 받으며 일을 배우니, 다들 정신력으로 잘 버텨 내요. 실력이 성장할 수밖에 없는 환경이 주어지는 것이니까요. 일에만 집중할 수 있는 분위기고 일을 직접 얻으러 다닐 필요도 없어요. 선택과 집중이라고, 강도 높게 시간을 들이지만 그것이 오로지 일에 투입되니까 그런 업무 스타일이 다 자기 역량으로 형성되는 거죠."

- 돌연 법률 IT 스타트업 창업에 나섰어요. 익숙한 것을 떠나는 일이 쉽지는 않았을 텐데요. 결심의 계기가 있으시다면?

"제가 혹시 말아먹더라도 일 잘 하는 제 아내가 가정을 책임질 수 있으니 '믿는 구석이 있었다'고나 할까요?(웃음) 농담이고요. 당시 여러 생각들이 있었어요. 제가 소속한 형사팀에는 전관 변호사가 많았거든요. 지금 황교안 대행님도 저 있을 때 고문으로 계셨고, 권익위 성영훈 위원장님도 계셨고요. 즉, 의뢰인들이 '이상민'을 보고 사건을 맡기는 게 아니란 생각이 들었을 때, 또 '태평양'이라는 브랜드를 보고 찾아온 사람들의 사건을 맡을 때, 그 일들을 '나의 일'이라는 생각으로 하기가 힘들더라고요. 내 신념과 배치되는 일이 맡겨졌을 때도 소속 변호사는 그저 맡겨진 일을 해야 하니까 안 할 수가 없죠.
그런 고민들을 가질 무렵 저는 유학도 준비하고 있었어요. 의무복무기간까지 채우면 9년 차 변호사가 되는데, 그땐 더 이직을 생각하기 어렵거든요. 사실 다른 곳으로 이직을 해서 될 일도 아니었던 게 어딜 가든 '나의 일'이 아닌 '남의 일'을 할 테니까요.
사법시험이나 연수원에서 형사 성적이 특히 좋았던 전 처음에 검찰과 로펌 중에 고민을 했어요. 그런데 검찰 특유의 조직 문화에 동화될 자신이 없어 대형로펌 중에서도 윤리 경영을 중시한 태평양 행을 결심했던 건데, 직접 겪어 보니 밖에서 생각한 것과는 또 다른 면들이 있더군요. 대형 로펌 업무 강도 이야기 드렸죠? 수명이 단축될지도 모른다는 위기 의식을 느끼거든요(웃음). 이직을 하지 않고 창업에 뛰어든 건 '나의 일'을 주도적으로 하고 싶다는 생각 때문인 것 같네요."

– 헬프미 법률사무소는 독특한 형태로 서비스를 제공하는데요, 소개 부탁드릴게요. 어떤 구상을 통해 시작했고, 설립에 어떤 과정을 거쳤는지, 또 스스로 중간 평가를 내리신다면?

"O2O(Online to Offline) 플랫폼을 제공하는 많은 서비스들처럼 저희도 첫째로는 정보불균형을 해결하려는 데 주안점을 뒀어요. 법률 정보가 대중에 고루 전파되지 못하는 데서 야기되는 많은 문제점들에 착안했죠. 평범한 개인에게 법률 이슈는 자주 생기지 않을 수도 있어요. 그러나 법적 문제에 말려들면 그것이 개인의 삶에 미치는 영향은 막대하거든요. 그런데 사람들이 변호사를 구하는 방식은 어떤가요. 내가 처한 문제에 대한 '전문' 변호사나 이 분야에 '뛰어난' 변호사를 찾는 게 아니라 단지 '주변의 아는' 변호사를 찾기에 급급해요. 그렇게 찾아도 변호사를 만나기 힘들기 때문인데요. 그 결과 의뢰인 입장에선 그 변호사가 내 문제를 잘 해결해 줄 수 있을지에 대해 알지도 못한 채 사건을 맡겨요. 이런 것이 정보불균형에서 오는 문제점이거든요.

변호사 사무실의 사무장들이 하는 주요한 역할 중 하나가 무언가 하면, 의뢰인들의 이야기를 듣고 그 사건이 돈이 되는지, 안 되는지를 파악해서 걸러내는 일이에요. 돈 안 되는 사건을 들고 있는 사람들은 더욱 변호사를 구하기가 어려워지죠. '무료 법률 상담'이 실제로는 변호사 아닌 사무장들을 통해 이뤄지는 경우가 대부분인데요. 저희는 이렇게 사무장이 개입할 부분을 시스템으로 극복할 수 있다고 생각했어요. 상담 단계부터 변호사의 전문적인 조력을 받는 것이 중요하기도 하고요. 그래서 우리가 처음 시작한 것이 변호사 매칭 시스템입니다.

처음에 제가 박효연 대표와 둘이 머리를 맞대고 시작했을 때는 사실 저희도 저희의 구상이 어느 정도까지 실현 가능할 것인지 확신을 갖지 못했어요. 그러다 스타트업 인큐베이터인 디캠프를 찾아갔죠. 처음에는 그곳에서 저희를 신뢰하지 않았어요. '대형 로펌에서 나왔다는데 하다가 잘 안되면 그냥 개인 변호사 사무실을 차리겠지'라고 생각했을 거예요. 그러나 저희는 오랜 기간 그 공간에 있으면서 진실성 있게 다가갔고 그곳에서도 곧 우리를 믿어주고 좋게 평가해 주기 시작했어요. 많은 도움을 받고 또 많이 배웠죠.

저희 변호사 매칭 시스템은 영화표를 예매하는 방식처럼 고객이 홈페이지에서 직접 변호사를 고르고 원하는 시간대를 선택해서 예약하는 건데요. 처음엔 외주를 주지 않고 직접 만들었어요. 사람들이 변호사 사무실을 찾아가 문을 두드리고 사람을 만나는 게 다 진입 문턱이 될 수 있거든요. 그와 같은 부담을 제거하고자 했죠. '과연 수요가 있을까'라는 생각으로 지켜봤더니 충분히 수요가 있다는 게 확인되더군요. 그때부터 개발자를 모셔오고 웹 디자이너도 영입해서 네 명이 본격적으로 출발했죠.

스타트업 인큐베이터 공간에서 매달 데모데이 행사라고, 50개 이상의 팀이 모여 자신의 사업 아이템을 소개하고 검증받는 자리가 있어요. 저희도 참여해서 우승을 차지하고 창업공간을 지원받았는데요. 그러면서 사람은 7명으로 늘어났고 새로운 서비스도 시작하게 됐죠.

법률 사무란 것이 변호사의 노동이 들어가면 그것이 다 금액으로 매겨져요. 그럼 별 것도 아닌 게 100만 원이 넘는 사건이 되거든요. 저희는 이렇게 불필요하게 금액으로 매겨져 있어 자동화가 가능한 부분을 찾아내려고 노력했어요. 그 결과 2016년 10월부터 지급명령 서비스를 시작했고, 현재는 상업등기 서비스도 하고 있죠.

평가라면, 일단은 1년 8개월 동안 망하지 않았다는 사실에 점수를 주고 싶어요(웃음). 변호사 매칭 서비스 같은 경우 초기에는 법률시장을 교란한다는 비난을 받기도 했는데요. 저희로서는 기존의 브로커들이 하는 영역을 자동화 영역으로 이전시킨 것일 뿐 변호사 업무 영역의 외연은 오히려 확장시켰다고 자신하고 있죠."

– 대형 로펌 소속이다가 헬프미 구성원으로 바뀌면서 겪게 된 가장 큰 변화를 꼽으신다면?

"아무래도 월급쟁이의 지위에서 고용주의 포지션을 갖게 된 거니까요. '예전에 우리 대표 변호사님이 이런 심정이셨구나'라는 걸 절절히 느껴요. 직원들이 토요일에도 나와 줬으면 좋겠고, 열심히 일하느라 퇴근 늦게 해 주면 고맙고, 그런 점들이랄까요?(웃음) 농담이고요.
소속 변호사일 때는 몰랐는데 고용주가 되니 신경쓸 점들이 참 많아요. 사업의 리스크도 감수해야 하고 세세한 것들, 가령 세금 문제나 인사 평가, 시스템 개발까지 챙기거든요. 또 지금 구성원이 13명인데 이 인원이 한 마음으로 함께 잘 해 나가는 것도 녹록지가 않더라고요. '기업하시는 분들이 참 대단하구나, 어려운 일들을 하는구나'라는 생각을 지금 그 입장이 되어 보니 하게 되네요."

– 나라 분위기가 청년들의 창업을 장려하고 있는데요. 먼저 창업에 뛰어든 선배로서 후배들에게, 특히 법률분야 창업을 생각하는 청년 법조인이나 예비 법률가들에게 조언을 해 주신다면.

"조심스럽게, 솔직한 말씀을 드린다면 무조건 권하고 싶지는 않아요. 제가 창업에 뛰어들 수 있었던 건 중요한 요소들이 다 갖춰졌기 때문이에요. 대형 로펌에서 근무하며 업무를 배워 일에 대한 자신감이 있었고, 모아놓은 자금도 충분했어요. 또 가정을 부양하는 부담감이 전적으로 저에게만 있는 것도 아니었고요. 즉 '우리라면 법조시장의 변화를 이끌어낼 수 있겠다'

라는 합리적인 확신이 있었죠.
어르신들이 쉽게 말씀하시는 것처럼 '맨 땅에 헤딩'하는 식으로 창업에 뛰어들라는 말을 저는 못하겠네요. 그건 '가서 죽어라'는 말과 다를 바 없다는 생각이 들고요. 예비 법조인이라면 먼저 맡겨진 일을 열심히 해서 업무 경험을 충분히 쌓으셔야 해요. 실력이 갖춰지지 않으면 어떤 모험도 무모할 뿐이거든요. 또 자금이 뒷받침되지 않은 상태에서 뛰어드는 것도 만류하고 싶어요. 다른 것은 다르다고 이야기하는 게 도움이 될 텐데요, 저는 아무것도 없는 상태에서 뛰어들지 않았다는 점을 말씀드리고 싶네요."

– 이색 경험으로도 유명해요. '쇼미더머니2'에 참여한 경험이 있으시고, 영화에 단역으로도 출연하시고, 현재는 라디오에도 고정 출연하십니다. 방송 진출은 어떻게 하신 건가요?

"그런 경험들로 '방송 진출했다'고 말하기는 조금 그렇고요(웃음). 일단 '쇼미더머니2'부터 말씀드리면 당시 '쇼미더머니2'를 런칭한 CJ E&M이 저희 고객 회사였어요. 새로이 시즌 투를 런칭하는 과정에서 언론의 관심을 유도할 필요가 있던 CJ는 화제성 있는 출연자를 섭외하던 중이었죠. 마침 고등학교, 대학교 시절 음악을 하며 힙합에 심취하던 제가 섭외대상이 된 거예요. 그때 제작진이 2인치 카메라를 들고 와서 영상을 찍어갔는데 '힙합하는 변호사'란 설정이었어요.
오전까지 열심히, 바쁘게 업무를 처리하는 제 모습이 나가고 곧 점심시간이 되어요. 다른 변호사들은 삼삼오오 식사를 하러 빠져 나가지만 저만 옷을 갈아입어요. 정장을 입고 있다가 힙합에 맞는 옷으로 갈아입고는 회사 옥상에 올라가죠. 눈빛부터 변한 저는 헤드셋을 끼고 랩을 하다가 점심 시간이 끝나면 유유히 내려와요(웃음). 근데 정작 오디션 날에 제 아내가 양수가 터지고 출산을 하는 바람에 출연을 못하고 통편집 되는 아픔을 겪었죠. 영화에 단역으로 출연한 건 가까운 친구가 대학 시절 진로를 전향해 영화 감독이 되었거든요. 손현주 주연의 '숨바꼭질'을 만든 친군데요. 당시 저를 비롯한 많은 친구들이 그 친구의 영화에 끌려(?)갔어요. 그런 저희들의 노고 덕분인지(웃음) 그 친구의 영화는 미장센 영화제에서 수상도 하고 좋은 결과를 얻었죠. 친구가 2016년에도 '장산곶'이라고 공포 영화를 찍었는데, 제가 또 불려가서 주연 배우인 염정아 씨 옆에서 얼쩡거립니다(웃음). 2016년에는 배급사 측 사정으로 개봉을 못 했고 2017년 개봉할 예정에 있어요.

그리고 라디오는 현재 SBS 뉴미디어국이 제작한 팟캐스트 '골라듣는 뉴스룸 : 최종의견'에 출연하고 있어요. 1년 2개월째 고정을 맡고 있는데, 이것도 함께 출연하는 기자와 이전부터 알던 사이라 도움을 달라는 요청에 '몇 달만 해야지' 하고 참여했다가 지금까지 하고 있네요."

– 최근 변호사 단체 새 집행부가 출범했습니다. 청년 변호사 입장에서 이들에게 당부하고 싶은 점이 있다면.

"청년 변호사들이 겪고 있는 박탈감은 시니어 변호사들이 예상하는 것보다 훨씬 심각해요. 당장 2017년 4월에도 변호사시험 결과 발표와 동시에 새내기 변호사들이 쏟아져 나올 텐데요, 이들 중에는 재력이 뒷받침되는 사람도 있겠지만 대다수가 몇천 빚을 안은 상태에서 사회에 나와요. 차차 벌면서 갚아 나가면 된다? 아뇨, 이들은 6개월 동안 인턴십 과정을 거쳐야 하는데요. 서초동 법률사무소 중 이들에게 합당한 근로자 대우를 해 주는 곳이 몇 곳이나 될까요? 한 달에 50만 원 주면 잘 주는 것이고 무급 인턴도 수두룩해요. 법을 하는 사람들이 근로기준법을 제일 안 지키죠. 심지어 근로계약서도 안 쓴다고 하더라고요.
집행부, 즉 위에서 청년들을 내려다 보아서는 이들의 고충과 상처를 공감할 수 없고요. 그렇게 내놓는 해결책과 대안은 청년들에게 크게 와닿지 못하는 상황이에요. 적어도 사회에 막 나온 변호사들이 최소한 '나도 근로자다'라고 생각할 수 있는 환경을 조성해 주시길 바랍니다. 3,40년 전과는 전혀 다른 환경의 법조 시장에서 치열한 생존 경쟁에 내몰려 있는 청년 변호사들의 입장을 더 깊이 헤아려 주셨으면 해요."

(2017년 3월 1일자)

이일 변호사 / 난민 인권, 그를 빼고는 말할 수 없다

"편견 버려야…난민은 우리 곁의 이웃, 형제"
"어필(APIL), 무거운 일 즐겁게 해나가는 곳"

이일 변호사를 만나기 위해 안국동의 어필 사무실로 찾아갔다. 사무실엔 가벼운 재즈풍의 음악이 흘렀고 한쪽 벽에는 강렬한 색감의 이국적인 벽화가 서너 점 걸려 있었다. 넓은 창이 햇살을 그대로 통과시켜 실내는 환했고, 따뜻했다. 안내된 곳으로 자리를 잡고 앉았더니 유리 화병에 꽂힌 목화 몇 줄기가 시야에 들어왔다. 벽에 걸린 벽화도, 화병에 꽂힌 목화도 이곳 어필 사무실을 찾았던 이주민들이 선물한 '마음'이라고 그는 설명했다. '난민의 아버지'라 불리는 변호사가 있다고 해 수소문 끝에 알아낸 주인공, 이일 변호사는 30대의 젊은 변호사다. 중장년은 되어야 얻을 법한 '난민의 아버지'란 별명을 일찍부터 자기 것으로 만든 점이 놀라웠다. 헌데 그 자신도 놀라는 눈치였다. "두 딸의 아버지인 건 맞는데, 난민의 아버지라니요(웃음)." 굵은 음색을 가진 그는 차분한 느낌과 밝은 분위기를 함께 지니고 있었다.

어필을 택해 난민 이슈 주력하기까지

사법연수원 39기인 그는 군법무관 복무를 마친 후 첫 직장으로 어필을 택했다. "공익변호사가 되겠다는 마음은 확고했어요. 당시 공익변호사 단체가 몇 곳 있었는데 그중 저와 가장 잘 맞다고 여겨지는 곳이 어필이었죠." 그가 꼽은 어필의 특장점이란 서로를 격히 칭찬하는 훈훈한 동료 관계, 밝고 자유로운 업무 분위기 등이다.

"하루 이틀 일하다 말 게 아니니까 신중했죠. 고려할 수 있는 모든 곳이 다 좋았지만, 무거운 업무를 다루면서도 최대한 즐기면서 하고 싶었기에 단체가 갖는 분위기를 가장 크게 고려했어요. 지금도 그 선택이 옳았다고 확신해요."

그도 처음부터 난민변호사가 되려고 생각한 것은 아니었다. 공익 변호를 전업으로 하려는 결단은 있었으나 구체적인 분야를 한정하진 않았다. 직접 사건을 접하기 전까진 '난민 이슈'가 가진 무게감을 짐작도 못했다고. 오히려 '난민 이외의 더 중요한 이슈들을 다뤄볼까'라는 생각도 했다고 말했다. 그는 "그 생각이 얼마나 큰 오산이었는지 깨닫는 데에는 그리 오랜 시간이 걸리지 않았다"고 회고했다. 사건을 맡아 일을 하면 할수록 '난민 이슈란 돕는 사람이 없으면 절대 해결되지 않을 문제'라는 걸 절감하게 됐다는 설명이다.

"그래서 더 일반 대중들을 이해해요. 직접 접해볼 기회가 적으니 난민 문제에 대한 관심이 저조할 수밖에 없고, 매스컴이 주는 한정된 정보로 오히려 편견을 형성하는 것도 어쩌면 당연해 보여요. 안타까운 일이지만요."

대중들이 은연 중에 품고있는 난민에 대한 경계감 등을 대할 때면 그는 가슴이 아프다고 했다. 그와 그가 소속한 단체 어필이 소송 및 신청 외에 홍보와 교육, 입법운동이나 연대 활동에도 많은 힘을 쏟는 이유가 여기에 있다.

"이전에는 난민에 대해 잘 모르는 대중들에게 다가가 우리 곁에 존재하고 있는 난민들을 인식하게 하고, 이들에게 공감할 수 있도록 설명하는 정도였다면 요즘은 그에 더하여 난민에 대한 편견을 깨트리는 작업까지 하고 있어요"라고 그가 전했다.

우리가 난민을 포용해야 하는 이유

우리 사회의 약자인 장애인·성소수자·여성·아동 등과 비교할 때 '박해(나 박해의 위험)를 피해 나온 타국민'이라는 표지까지 하나 더 짊어진 난민이야말로 '약자 중의 약자'라는 게 그의 인식이다. 이러한 '약자 중의 약자'가 우리와 같은 공간에 살고 있다는 점 하나만으로도 우리가 그들을 도와야 할 이유는 충분하지 않느냐고 이일 변호사는 반문했다.

대한민국이 처음 난민 정책을 시행한 이래로 지난 20여 년간 받은 난민 신청자의 숫자는 도합 2만 3천여 명에 이른다. 최근 몇 년간 매해 꾸준히 3천~5천 명의 난민이 '자국으로 돌아가면 위험하다'는 이유로 대한민국에 보호를 요청하는데, 이는 상당히 많은 숫자다. 하지만 이를 보는 시선이 곱지만은 않다. 반론이 만만찮은 것. 국내에도 도움을 필요로 하는 많은 약자들이 있고, 이들이 우선이라는 주장이다.

이일 변호사는 차분한 어조로 반박했다. "썩 좋아하진 않는 비유고 적합한지는 의문이지만 이런 경우라고 생각해요. 우리 해상에 침몰하는 커다란 배가 있어 거기에 탄 사람들이 구조요청을 하는데요. 가장 좋은 건 배가 침몰하지 않도록 하는 거예요. 그러나 현실적으로 그게 가능하지 않다면 구조 요청을 하는 탑승객들을 구해서 육지로 데리고 오는 정도는 다 해야 한다고 생각하지 않을까요? 그것은 사람의 기본 도리 차원이죠. 구조되는 것으로 끝이 아니에요. 살아있는 게 인간 삶의 전부는 아니잖아요. 훨씬 많은 과제가 남아있습니다. 그런데 배가 침몰하는 급박한 상황에서 '육지에도 도울 사람이 있으니 침몰하는 배는 일단 눈을 감고 모른 척하자'고 이야기할 수 있을까요?"

침몰하는 배의 탑승객이 난민이고 육지가 대한민국이라는 설정이다. 이일 변호사는 이에 덧붙여 "약자들에 대한 도움의 손길은 '그가 도움을 필요로 하는 한' 다 이루어져야 하지, 우선순위를 가려 택일해야 할 문제인 것처럼 '난민을 도우면 국내의 약자를 못 돕는다'는 식의 구도 형성은 옳지 않다"고 주장했다.

한편 우리 사회 곳곳에서, 난민들을 같은 인간으로 존중한다면 결코 보일 수 없는 현상이 많이 목격된다고 그는 말했다.

"한국이 고도의 경쟁 사회로 접어들면서 유독 강해진 특성이 있는데요. 나보다 강한 사람, 갑의 지위에 있는 사람에게는 한껏 굽신거리면서, 나보다

약한 사람이다 싶으면 마음껏 착취하고 괴롭히는 경향, 자신도 을이면서 더 취약한 을에게 가혹하게 대하는 경향이 생겨났어요. 이런 사람들에게 난민은 너무 쉽게 괴롭힘의 타깃이 되죠." 이는 그가 주장하는 '난민을 사회 안전망 안으로 하루빨리 편입시켜야 하는 이유'이기도 하다.

난민소송, 얼마나 그리고 어떻게 하고 있나

그에 따르면 난민소송은 품이 많이 든다. 이는 소송의 구조에서 오는 문제라고 이일 변호사는 진단했다. 일단 모든 입증의 책임이 난민에게 지워져 있고, 난민의 주장을 다 담기 위한 어마어마한 분량의 인터뷰가 필수다. 난민이 위협을 느끼고 도망쳐 나온 해당 국가가 지닌 문제를 조사해 제시해야 하고, 그 국가로부터 받은 자료들을 통번역해서 다시 법원에 제출해야 한다. 상대방 측의 주장에 대한 반박 역시 치밀하게 해야 함은 당연하다. 이런 현실적인 한계로 인해 이일 변호사와 어필은 모든 난민 사건을 무한정 받지는 못한다. 어쩔 수 없이 사건을 고르지만, 그래도 상시적으로 돌아가는 사건이 월 평균 50여 건은 된다고 그는 말했다.

난민이 한국에 오는 경로는 다양하다. 어쩌면 그들이 무작정 자국을 빠져나와 '우연히' 오게 된 곳이 한국인 경우가 더 많다. 또 인천 공항이 동북아의 허브 공항을 표방하고 있다 보니 난민들이 환승하는 과정에서 여권이나 비자 문제로 붙들린 경우도 상당하다. 상대적으로 대한민국은 난민에게 문턱이 낮은 국가인 것도 사실이다. 아시아권에서 난민협약에 가입한 국가는 거의 없는데다가, 가까운 일본만 해도 난민 인정률이 우리의 100분의 1 수준일 정도로 엄격한 이민 정책을 펴고 있다. 스포츠·한류문화의 열풍으로 아프리카나 중동지역에서 대한민국은 이미지까지 좋다. 난민들의 유럽행·미국행이 막히고 있는 현재로서는 아시아행을 택한 난민들로부터 한

국이 선호되는 측면이 분명히 있다.
각국에서 온 사람들을 맞이하고 이야기를 나누는 데 있어 늘 맞닥뜨리는 장애는 역시 언어 장벽일 것이다. 언어가 다름에서 오는 소통의 어려움은 어느 정도인지를 물었더니 이 변호사는 환히 웃으며 "통역하는 분들의 도움을 받지만, 급하면 그땐 서로 안 되는 영어로 되든 안 되든 마구 말해요. 모국어가 영어이면 그래도 괜찮은데, 아닌 난민들도 많죠. 소통은 영혼의 교감으로 이루어지더군요(웃음)."라고 답했다.
특별히 난민을 도우면서 되레 그들로부터 상처받은 경험은 없는지 물어봤다. 잠시 생각한 끝에 그가 말했다.
"저와 의지할 데 없이 타국에 나와 도와달라고 요청하는 난민들 사이에는, 아무리 없애려고 노력해 본들 없어지지 않는 분명한 지위의 격차가 존재해요. 제가 그들로부터 상처를 받는다고 말하는 게 조금은 어색하게 들리는

데요. 피해의식이나 두려움, 불신 등의 감정을 갖고 있는 난민들이 변호사에게 전적으로 모든 걸 털어놓고 진실만을 말하기를 기대하지는 않아요. 때로는 '이 사람이 내게 거짓말을 했구나'란 생각이 들 때도 있죠."

한 번 더 생각한 후 그가 말을 이었다. "우리가 '약자를 도와야 한다'는 어떤 도덕적인 당위를 이야기할 때 분명히 할 것은 '약자는 선하니까 도와야 한다'는 명제가 언제나 참은 아니라는 점이에요. 약자에게도 거짓과 악함이 존재할 수 있어요. 난민들의 경우 취약성, 그리고 사회 문화적 차이와 두려움 때문에 더 그렇게 보일 수 있죠. 그런데 저는 정부나 강자의 실수에는 우리들이 관대하고 약자의 실수에 유독 가혹한 게 아닌가 생각해요. 즉 그들이 설령 상처가 될만한 일을 내게 한다 하더라도 그럴 수 있다고 예상하는 부분이라 상처 받지 않을 것 같네요."

난민과 어우러지는 사회 되려면

난민을 '이웃'이자 '형제'라고 표현하는 이일 변호사에게, 우리 사회가 난민과 잘 어우러지려면 정부와 법률가들, 사회 인식이 각각 어떻게 개선되어야 할지에 대해 의견을 청해 봤다.

그가 먼저 정부에 대해 쓴소리를 했다. "우리 정부는 미국처럼 대놓고 난민들을 못 들어오게 하지는 않아요. 하지만 아닌 척하면서 뒤로는 막고 있는데, 이게 사실은 돌려 보내지도 않고 들여 보내지도 않는 형태죠. 상당히 무책임하면서 실망스러운 부분인데요. 지난해 어필 변호사님과 여러 프로보노 변호사님들이 함께 대리하여 승소한 사건도 바로 정부의 이런 태도 때문에 만들어진 일이에요. 시리아 난민 28명이 인천 공항에 갇혀 오도가도 못했죠." 정부가 난민보호에 더 적극적인 의지를 가져야 한다고 그는 주장했다.

그가 보는 현 정부의 난민에 대한 입장은 '난민 협약을 비준했고 국제사회 압력도 있으니 보호는 해야겠는데 적극적으로 할 필요는 없고 하는 모양만 취하자'에 가깝다. 정부의 난민에 대한 인식 자체가 근본적으로 폐쇄적이라는 지적도 보탰다. 난민 인정률을 높이라는 요구들에 대하여 정부가 내놓은 답변을 보면 '난민 신청 제도가 상당히 남용되고 있는데, 난민 신청자 중 거의 대부분이 단순히 체류 자격만 얻으려는 목적'이라고 답한 바 있다. 이는 잘못된 분석을 전제로 한 답변이라는 게 그의 설명이다.

쉽게 말해 "저 난민입니다"라는 말에 대하여 "그렇군요"라는 긍정의 입장도, "근거는요?"라는 중립의 입장도 아닌 "아닌 것으로 알고 있어요"라는 부정적인 입장으로 응대하는 격이라는 것. 동시에 정부는 난민신청 숫자 줄이기에만 몰두하고 있는 상황이라고.

정부가 이렇다 보니 법원 역시 난민 사건을 단순한 업무부담으로만 여기며, 난민을 신중히 찾아내지 않고 사건을 신속히 종료하는 데에만 중점을 두는 것처럼 보일 때도 있다고 한다. 이러니 난민들이 느끼는 벽은 더 견고할 수밖에 없다.

한편 이일 변호사는 동료 법률가들에게 "난민 사건을 맡을 때 더 정성을 쏟아달라"는 당부의 말을 전했다. 그가 말했다. "난민 소송은 선례도 없고 승소하기 어려운 반면 일은 간단치 않아서 변호사들이 형식적으로 '대리만 해준다'는 느낌으로 하시는 경우도 있어요. 소송 단계에서 변호사는 난민들이 최후로 기대는 희망이란 걸 잘 고려해 주시면 좋겠어요. 법원에서도 더 신중하게 적극적인 의지를 갖고 사건을 살펴 봤으면 좋겠구요."

사회 인식의 측면에서는 난민 이슈를 '사람과 사람의 문제'로 여겨 주길 바란다는 생각을 전했다. "대중의 인식은 언론에 많이 좌우되는데요, 얼마 전 언론이 시리아 난민 쿠르디의 죽음을 보도하자 한때 난민 이슈가 크게 주목받았죠. 하지만 IS 테러 같은 게 한 번 보도되면 또 무게 중심이 난민

거부 정서로 확 쏠려 버려요. 난민 이슈가 보기에 따라 달라지는 것이 아니라 '난민은 보호해야 할 우리 이웃이자 존엄성을 존중받아야 할 나와 같은 인간'이라는 확고한 신념을 사회가 가져 주면 좋겠어요."

(2017년 4월 5일자)

김종민 변호사 / 검찰개혁과 법조인 선발 "이렇게 하자"

"바람직한 검찰개혁, 공수처 설치 신중해야"
"꾸준한 작은 차이로 자신만의 경쟁력 갖길"

20년을 몸담고 있던 검찰을 떠나 변호사로 새 출발 한지 2년째가 되는 김종민 변호사를 만났다. '검사 시절 변호사 업무에 대해 가졌던 막연한 염려와는 달리, 변호사의 역할이 생각했던 것 이상으로 중요해 최선을 다해 열심히 일하고 있다'고 말하는 그는, 기억에 남는 사건으로 차은택 감독 변호를 언급하기도 했으나 현재 진행 중인 사건이라 말을 아꼈다.
김종민 변호사는 검사의 신분으로 법무부에서 세 번을 근무하고, 프랑스 대사관에서도 외교관으로 근무한 경험이 있다. 이러한 경험에서 얻은 통찰을 바탕으로, 검찰 개혁에 대한 견해, 사법제도 전반에 대한 시각, 바람직한 법조인 양성제도의 방안까지 다양한 생각을 깊이 있게 개진해 나갔다.
다음은 김종민 변호사와의 일문일답.

- 검찰에 계시다가 변호사 업무를 하게 되면서 느낀 소감과 그동안 담당하신 사건 중 기억에 남는 사건을 소개해 주세요.

"검찰과의 인연이 다 해 떠날 때가 되었다는 생각이 들었을 때 가장 고민이었던 점은 '과연 변호사로서도 공직에 있을 때와 마찬가지로 보람 있게 일하면서 제대로 역할을 할 수 있을까'란 점이었습니다. 의뢰인의 입장을 가장 중요하게 생각하여야 하고 그 과정에서 여러 갈등이 있지 않을까 하는 염려를 했죠. 그런데 생각한 것 이상으로 변호사의 역할이 중요해서 지금은 그 걱정이 기우임을 깨닫고 열심히 일하고 있습니다. 변호인의 열정과 역량에 따라 막혔던 수사에 물꼬를 터주는 경우도 있고 의뢰인의 억울함을 풀어줄 수도 있음을 여러 차례 경험했습니다.
2년간의 변호사 생활 동안 제가 맡은 사건 중 기억에 남는 일은 가습기 살균제 사건에서 서울대 교수님을 변호한 것과 현재 재판 진행 중인 차은택 감독 사건입니다. 옥시 연구보고서 조작 혐의로 구속되어 1심에서 실형이 선고된 서울대 교수님은 최근 항소심에서 연구보고서 조작과 뇌물수수 혐의에 대해 무죄 판결이 선고되었습니다. 대법원의 상고심 결과가 나와 봐야 하겠지만 수사 과정에서 검찰의 역할과 책임에 관해 많은 것을 느꼈던 사건입니다. 차은택 감독 사건은 현재 재판 진행중이어서 언급이 적절치 않으나, 수사와는 별도로 최순실 국정농단 사건의 실체를 밝히는데 있어 차은택 본인과 변호인들이 최선을 다했다는 점만 말씀드리고 싶습니다."

– 20여 년을 검찰에 계셨는데요, 당초 어떤 비전을 갖고 검사의 길을 선택하셨는지. 검사 생활을 돌아봤을 때 처음에 가졌던 포부를 충분히 실현했다고 보시는지.

"저는 85학번으로 전두환의 5공 정권 때 대학을 다녔습니다. 3학년 때인 1987년에 6·29 선언을 거쳐 민주화를 성취한 역사의 현장을 지켜보면서, 국가와 사회의 발전을 위해 기여할 수 있는 일을 해야겠다고 결심했습니다. 1989년에 사법시험을 합격하고 사법연수원을 수료할 때까지 구체적인 진로를 정하지 못하다가 군법무관 근무를 하면서 검사를 하기로 결정했습니다. 우리나라가 정의로운 일류국가가 되는데 작은 벽돌 하나 얹겠다는 소박한 포부를 갖고 시작했죠. 특히 법무부에서 제도와 정책전문가로서 기여하고 싶었습니다. 다행히 프랑스 유학을 다녀온 뒤 법무부 법무심의관실 검사, 인권정책과장, 형사사법공통시스템 운영단장으로 법무부에서 세 번 근무했고 주프랑스 한국대사관에 법무협력관으로 파견근무를 하면서 OECD 부패방지회의 정부대표로 2년간 참여할 기회를 가졌습니다. 특히 프랑스에서 근무할 때 유럽평의회의 유럽범죄인인도조약과 유럽형사사법공조조약 가입 교섭을 했는데, 고생한 덕분에 조약에 가입하고 국회 비준까지 마쳐 큰 보람으로 생각하고 있습니다. 아쉬움이 없진 않지만 처음 검

사를 시작할 때 꿈을 상당 부분 이루었다고 생각하며 감사하고 있습니다."

– 검찰 구성원으로서 몸소 느꼈던, 검찰의 가장 큰 문제점이자 폐해는 무엇인가요?

"검찰의 가장 큰 문제는 검찰의 정치적 중립 및 수사의 공정성과 관련하여 국민들로부터 신뢰를 얻지 못한다는 점입니다. 실제 공정한 수사만큼 중요한 것은 '수사가 공정하게 이뤄지는 것으로 보여야 한다'는 점입니다. 불신의 대상이 된 검찰은 스스로 깊은 반성과 함께 뼈를 깎는 노력으로 신뢰회복을 위해 노력해야 한다고 봅니다. 그런데 검찰의 위기나 문제가 상당 부분 제도적이고 구조적인 측면에서 온다는 점을 간과해서는 안됩니다. 이 점이 가장 극명하게 드러난 경우가 최순실 국정농단사태와 우병우 민정수석 사건입니다.

특히 우리는 검찰의 독립성이 매우 취약합니다. 살아 있는 권력에 대한 수사에 소극적이라고 하지만 인사권을 갖고 있는 청와대의 의중을 거스르는 수사를 할 경우 바로 다음 인사에서 배제되는 구조적인 문제가 해결되지 않는 한 한계가 있을 수밖에 없습니다. 제대로 된 검찰개혁을 위해서는 검찰 스스로의 노력 못지않게 제도적 측면에서 오는 근본적인 문제가 해결되어야 합니다."

- 그렇다면 검찰 개혁의 방안은 무엇이 될까요? 현재 제기되고 있는 공수처 설치나 검경 수사권 조정에 대한 견해는 어떠신지.

"검찰 개혁의 바람직한 방향은 검찰의 독립성 강화와 준사법기관으로서의 역할 회복이라고 생각합니다. 검찰의 독립성 문제는 대륙법계 국가에서 예외 없이 고민하고 있는 문제입니다. 프랑스와 이탈리아는 2차 대전 당시 나치와 파시스트 정권하에서 심각한 폐해를 경험했던 검찰의 정치도구화 문제를 극복하기 위해 종전 이후 헌법을 개정해 최고사법평의회 제도를 도입했습니다. 헌법기구인 최고사법평의회에서 법관과 검사의 인사와 징계를 담당하도록 하면서 사법권 독립을 강화하고자 한 것입니다. 프랑스는 법무부에서 검사인사를 담당하지만 최고사법평의회가 검사 인사기록을 별도로 보관하며 인사에 대한 권고적 의견을 내기 때문에 정치 권력이 검사 인사에 개입하기 쉽지 않습니다.

검찰 내부의 독립성 강화도 중요합니다. 검찰 수사에 부당한 외부 영향력이 미치지 못하도록 수사의 객관성과 투명성을 보완해야 합니다. 그리고 과거보다 검찰의 직접 수사가 많이 늘었는데 검찰은 원래 경찰의 수사를 지휘하고 감독하기 위한 준사법기관으로 탄생했기 때문에 본연의 역할을 다할 수 있도록 직접 수사는 반드시 검찰이 수사해야만 하는 최소한의 범위로 자제하는 것이 바람직하다고 생각합니다.

검찰 개혁 방안으로 제기되고 있는 공수처 설치는 바람직하지 않습니다. 대륙법계 국가에서 공수처 같은 제2의 검찰을 만든 사례가 전무하고, 수사의 권한과 범위를 둘러싼 많은 문제가 생길 수 있습니다. 현재 검찰도 독립성이 취약하여 여러 문제가 발생하고 있는데 공수처 역시 독립성이 제대로 확보되지 않으면 검찰과 동일한 문제가 반복될 수밖에 없습니다.

검경 수사권 조정의 경우 더 큰 문제가 초래될 수 있습니다. 우리 경찰은 외국과 달리 단일한 국가경찰 체제로서 경찰청장이 전국 경찰에 대한 인사권과 예산권을 독점하고 있습니다. 경찰이 독자적인 수사권을 가질 때 발생할 수 있는 가장 큰 문제는 정보와 수사의 결합 문제입니다. 경찰청 정보국을 비롯해 전국의 정보경찰들이 수집한 정보를 토대로 수사할 경우 부작용의 소지가 큽니다. 또한 박근혜 정부의 강신명, 이철성 경찰청장은 모두 청와대 정무수석실 사회안전 비서관 출신인데 청와대 비서관이 경찰청장으로 임명되는 인사 관행이 정착될 경우 경찰의 정치적 중립성이 의심받을 수 있고, 정치권력의 부당한 경찰수사 개입이나 사법 통제를 받지 않는 경찰 권력의 거대화 문제가 심각해질 수 있습니다. 5공 때 박종철 고문치사 사건과 부천서 성고문 사건은 통제받지 않는 경찰 권력의 문제점이 적나라하게 드러난 경우로서, 역사의 교훈을 잊어서는 안됩니다.

검찰 개혁이나 검경 수사권 조정 문제는 이미 글로벌 스탠더드가 확립되어 있는 사항입니다. 유럽평의회는 2000년 '형사사법제도에서의 검찰의 역할'이라는 권고를 통해 검찰의 독립을 강화해야 하고 경찰 수사는 검사의 사법통제하에 있어야 한다는 점을 명확히 했습니다. 제가 2011년 공저로 집필한 ≪검찰제도론≫(법문사)에 검찰제도의 본질, 기능, 검경수사권 조정 문제 등에 대해 주요 국가의 사례를 상세히 소개했으니 향후 검찰 개혁

과정에 많은 참고가 되길 바랍니다."

– 우리 사법구조 전반의 개혁은 어떤 방향으로 나아가야 할까요?

"국가의 사법제도는 국가의 핵심 인프라입니다. 선진국들은 예외없이 효율적이고 효과적인 사법제도를 갖고 있고 그것이 국가경쟁력의 원천이 됩니다. 그런데 우리 사법구조는 사회규모와 환경이 과거와는 비교도 할 수 없이 커졌는데도 일제를 비롯한 과거의 잔재가 적지 않게 남아 있고, 법원·검찰·경찰 모두 권력이 집중된 중앙집권적 구조를 갖고 있음이 문제입니다. 바람직한 사법구조 개혁의 방향은, 시대 변화에 맞춰 효과적이고 현대화된 사법시스템을 만들어 나가는 것입니다. 또한 중앙집권적인 조직과 권한은 적절히 분산하고 분권화해야 합니다.

나아가 법무부의 정책역량을 강화할 있도록 구조조정이 필요합니다. 경제정책은 재정경제부, 국방정책은 국방부의 소관이듯 형사정책은 법무부의 소관입니다. 그런데 법무부와 검찰이 수사에 관심을 집중하다 보니 사회안전확보, 재범방지를 위한 형사정책이 매우 취약합니다. 성폭력, 가정폭력의 경우 여성부가 과도하게 관여하고 있어 조직적이고 체계적인 정책 추진에 난맥상이 벌어지고 있습니다. 검찰 개혁은 사법 개혁·경찰 개혁과 맞물려 함께 추진해야 하기 때문에 차기 정부에서 기왕에 검찰 개혁을 추진한다면 이를 모두 아우르는 근본적인 개혁을 도모하는 게 좋다고 봅니다."

– 프랑스에서 근무한 경험에 대해 듣고 싶습니다. 우리와 비교했을 때 특별히 느끼신 바가 있다면?

"가장 인상적인 점은 프랑스 판사와 검사들의 전문성과 직무윤리, 투철한 사명감이었습니다. 특히 제가 관심을 가졌던 프랑스 법무부는 검사들이 형사법 개정을 위해 보고서를 작성하는데, 탁월한 분석능력을 바탕으로 대안을 제시하는 모습을 보고 감탄을 많이 했습니다. 우리는 중요한 제도개혁도 졸속으로 처리하는 경우가 많은데 프랑스를 비롯한 선진국 사례를 많이 배워야 합니다.

OECD 부패방지회의 정부대표로 참석하면서는 '많은 부패방지 제도가 이미 OECD 차원에서 권고되고 있으나 우리가 이를 효과적으로 흡수하지 못하고 있다'는 생각을 했습니다. 김영란법 때문에 논란이 많은데, 더욱 효과적이면서 사회적 파장이 적은 제도가 얼마든지 있습니다. 예를 들어 뇌물에 대한 입증책임 전환 규정 등이 있습니다. 본인 스스로 특정 재산이 정당한 수입으로 인한 소유라는 점을 입증하지 못하면 그 자체로 처벌되는 규정입니다. 검사가 어렵게 대가성 있는 뇌물이라는 사실을 입증할 필요 없이 효과적으로 부패 범죄를 수사할 수 있지요. 효과적인 형사사법이라는 정책목표를 가지고 첨단 범죄에 적절히 대응할 수 있도록 수사권을 강화한 점도 우리가 배워야 합니다. 우리는 법무부나 검찰의 수사권 강화 노력을 수사편의주의라고 폄하하는 경우가 많지만 금융범죄 등 첨단화된 범죄에 효과적으로 대응하지 못하면 많은 문제가 생길 수 있습니다. 앞서 제가 법무부의 형사정책 역량 강화를 강조한 것도 같은 차원입니다."

– 법조인 선발제도에 대한 견해는 어떠신가요?

"사시존치 여부 논란이 계속되고 있어 안타깝습니다. 로스쿨 제도 도입 이후 긍정적인 효과도 많지만 부작용을 우려하는 목소리가 높습니다. 법조인 선발제도에 있어 중요한 것은 실력 있는 우수한 법조인을 선발해 양성한다는 점과 법조인의 다양성이 확보되어야 한다는 점입니다. 과거 사시

시절에는 비록 소수일지라도 전국의 많은 대학에서 다양한 계층 출신들이 사시를 통해 법조인이 됐습니다. 그런데 로스쿨 도입 이후 이러한 다양성이 오히려 줄어들었고, 대학 4년과 로스쿨 3년 동안 경제적으로 뒷받침되는 가정 출신이 아니면 법조인이 되기 어렵다는 구조적 문제가 심화되지는 않을지 염려됩니다. 실무능력 측면에서도 과거에는 법대 4년에 최소 2~3년간의 사시공부, 연수원 2년까지 총 7~8년 이상 이론과 실무를 공부하고 법조인이 되었는데, 로스쿨 체제하에선 이런 기능이 상당히 약화되었다는 평가도 많습니다.

저는 로스쿨 체제의 대안으로 프랑스의 법조인 선발방식을 참고할 필요가 있다고 생각합니다. 프랑스는 판검사 선발과 변호사 선발이 분리되어 있습니다. 판검사는 국립사법관학교 입학 시험을 거쳐 2년간의 연수 후 법원과 검찰로 진출합니다. 변호사는 각 고등법원 관할 지방변호사회에서 시행하는 변호사시험을 치른 뒤 일정기간 연수를 거쳐 변호사 자격을 얻습니다. 우리의 경우 판검사는 응시자격의 제한을 두지 말고 과거 사시와 같이 사법연수원 입학시험을 통해 선발하고, 로스쿨은 변호사 자격 취득을 위한 제도로 하면 병행이 가능하지 않을까 생각합니다. 특히 프랑스는 판검사 선발의 다양성 확보를 위해 국립사법관학교 입학 정원의 70%는 일반경쟁으로 선발하고 나머지 30%는 공무원·교수·변호사 등 중에서 제한경쟁시험을 거쳐 선발하는데, 순혈주의로 비판받는 우리도 적극적으로 도입을 검토할 필요가 있습니다."

– 본지 독자층인 청년들에게 인생의 선배로서 조언 부탁드리겠습니다.

"3포 시대, 헬조선이라는 말이 상징하듯 청년들이 힘든 환경에서 하루하루 지내고 있는 현실이 너무 안타깝습니다. 그런데 본인이 컨트롤 할 수 없는 상황에 너무 집착하면 변하는 건 없고 상처만 받게 됩니다. 저도 지금까지 살아 오면서 마음먹은 대로 되지 않은 순간이 훨씬 많았고 앞으로의 일도 보장된 것이 없습니다. 그저 제가 할 수 있는 일에 최선을 다하고 열정을 다해 하루하루 열심히 살아가려고 생각하고 있습니다. 진부한 말로 들릴 수 있지만 어떤 경우에도 꿈과 희망을 잃지 말고 끊임없이 도전하며 노력하라는 말을 하고 싶습니다. 특히 꿈과 희망은 중요합니다.

저는 고등학교 때 독일어를 했고 사시는 영어로 시험을 봤는데 군법무관 근무 때 불어를 처음 시작했습니다. 대학 시절 꿈이 배낭여행가였기 때문에 프랑스로 유학 가 파리에 살면서 유럽을 돌아다니겠다고 생각했지요. 열심히 공부하다 보니 결국 그 꿈이 실현되어 유학도 갔고 외교관으로 근무하는 행운도 얻었습니다.

자신이 좋아하는 것과 잘하는 것에 집중하십시오. 사자도 바다에 빠뜨려 놓으면 힘을 쓰지 못하는 법입니다. 자신을 믿고 누가 무어라 하든지 꾸준히 자신의 길을 가면 반드시 보답을 받습니다. 봄에 장미나 벚꽃이 만발할 때 '왜 남들처럼 나는 꽃 피우지 못할까' 라고 실망하거나 좌절하지 마십시오. 당신은 모든 꽃이 지고 난 뒤 고고한 자태를 자랑하며 피어나는 가을 국화일지 모릅니다. '작은 차이가 명품을 만듭니다'라는 광고처럼 매일 작은 차이를 만들어 나가는 것이 중요합니다. 그 작은 차이가 1년 쌓이고 10년 쌓이면 누구도 넘볼 수 없는 당신만의 경쟁력이 되기 때문입니다."

(2017년 5월 11일자)

정창호 재판관 / 국제형사재판소(ICC)의 역대 최연소 재판관

"한국 법조경력 10년, 어떤 국제기구에서도 통할 것"
"우리뿐 아닌 국제사회 생각해야 지속 발전 가능해"

2015년 3월 11일부터 9년의 임기를 시작한 정창호 ICC 재판관. 그는 냉철함과 차분함의 상징인 파란색 법복이 유독 잘 어울렸다. 광주지방법원 부장판사였던 정창호 재판관은 2014년 12월에 열린 ICC 재판관 선거에서 유일하게 1차 투표로 당선된 현직 법관이다. 뿐만 아니라 ICC 역사상 최연소 재판관이기도 하다. 선출 당시 "한국법관으로서의 경험은 물론 유엔재판관으로서의 경험을 살려 독립적이고, 효율적이며, 투명한 재판을 통해 ICC 발전에 이바지하겠다"며 포부를 밝힌 그는, 2년 남짓 밖에 지나지 않은 지금 시점에 이미 당초의 포부를 상당 부분 현실로 만들었다. 한 치 앞을 예측할 수 없는 국제사회 정세 변화 속에서, 우리 사회는 점점 더 높은 국제 감각과 통찰을 지닐 것이 요구되고 있다. 이에 법률저널은 여러 번의 시도 끝에 네덜란드 헤이그에 있는 정창호 국제재판관과 서면 인터뷰를 성사, 국제사회의 한 가운데서 활약하고 있는 그의 국제적인 시각과 통찰을 소개한다. 그는 청년 법률가들의 국제기구 진출을 위한 조언 및 북한인권문제, 국제사회에서 한국법률가들의 역할과 우리 사법부의 발전 방향에 대한 견해까지 상세한 이야기를 전해 왔다. 다음은 정창호 재판관과의 일문일답.

- 현재 ICC 재판관으로서 어떤 역할들을 하고 계신지, 또 한국의 법률가로서 특별히 기여한 바가 있다면 어떤 부분인지 소개 부탁드립니다.

"국제형사재판소 재판관 18명은 원활한 사건배당을 위하여 전심이나 1심, 또는 상소심의 재판부에 배치됩니다. 저는 전심을 선택했는데, 그 이유는 전심소속 재판관은 전심사건뿐만 아니라 1심이나 상소심에 진행 중인 다른 사건까지 동시에 담당하는 것이 가능하기 때문입니다. 제 기대대로 현재 저는 전심, 1심, 상소심과 피해자에 대한 형사보상까지 모든 심급 단계

별로 진행 중인 중요 사건들의 재판을 동시에 수행하고 있습니다.

저는 사건 처리뿐만 아니라 재판실무의 발전과 통합을 위해서도 국내재판소와 유엔재판소의 경험을 바탕으로 많은 기여를 했고, 그러한 내용을 재판실무책자로 발간할 것을 제안하기도 했습니다. 제가 제안한 재판실무책자가 실질적으로 재판절차의 효율성을 증가시키고 있다는 평가를 받고 있어 매우 기쁩니다.

한편 앞서가고 있는 대한민국 법원과 법무부의 전자법정 모델을 소개해 전자법정개선에도 주도적인 기여를 했습니다. 이러한 저의 노력과 초대 재판관이셨던 송상현 재판관님의 헌신, 그리고 대한민국의 국제형사재판소에 대한 지원 등을 인정받아 2017년 4월 초에는 국제형사재판소 고위급 세미나가 아태지역 최초로 대한민국에서 열렸습니다."

– 이전보다는 국제형사재판소(ICC)가 대중에게 많이 알려졌지만, 아직도 많은 사람들이 ICC에 대해 정확히 모르는 경향이 있습니다. ICC에 대해 설명해 주신다면.

"국제사회는 유엔을 중심으로 하여 정치·경제·사회·문화 등 많은 부분에서 협력하고 있습니다. 그러나 재판 업무 중 특히 형사재판 업무는 가장 중요한 주권에 관한 부분이라 국제협조가 불가능한 분야라는 인식이 있었습니다. 하지만 2차대전 이후에도 전쟁범죄, 인도에 반하는 죄, 집단살해죄 등이 계속 범해졌고, 그 책임자들을 해당 국가의 사법제도가 재판하지 못하는 상황이 발생하자 유엔에서는 그러한 특정 사건만을 한시적으로 담당하는 유엔특별재판소를 설립했습니다. 우리나라 최초의 유엔재판관이신 권오곤 재판관님께서 근무하신 구 유고 유엔특별재판소(ICTY)나, 제가 국제형사재판소 재판관으로 당선되기 전에 근무했던 캄보디아 크메르루주 유엔특별재판소(ECCC) 등이 여기에 해당합니다.
이러한 유엔특별재판소들이 국제형사재판 업무를 실질적으로 의미있게 수행한다는 것을 국제사회에 입증하자, 지구상의 많은 지역에서 발생하는 국제형사범죄들에 대한 재판을 효율적으로 수행하기 위한 상설 국제형사재판소 설립의 논의가 시작됐고, 그 결과 2003년 국제형사재판소(ICC)가 설립됐습니다. 현재 ICC는 전세계적으로 자행된 많은 국제형사범죄에 대하여 해당 국가를 대신해 수사와 재판을 진행하고 있습니다. 국제적인 협조가 불가능하리라 여겨진 형사재판이지만 현재는 ICC를 중심으로 국제적 협조를 얻어 잘 이루어지고 있습니다."

- 유엔 총회는 2014년부터 3년 연속 북한 인권 상황을 국제형사재판소(ICC)에 회부하는 권고 결의안을 채택했습니다. 현재 북한 문제는 ICC에서 어떻게 다뤄지고 있는지.

"유엔 북한인권보고서에서는 북한의 인권상황과 관련, 국제형사범죄인 '인도에 반하는 죄'에 해당한다고 판단하여 우선 상설재판소인 국제형사재판소에의 회부를 권고했습니다. 그리고 국제형사재판소에의 회부가 어려울 경우 유엔특별형사재판소를 설립하라고 권고했습니다. 북한과 같은 비회원국을 국제형사재판소에 회부하기 위해서는 유엔안전보장이사회의 결의가 필요하고, 유엔특별형사재판소의 설립을 위해서도 안보리의 결의나 유엔과 북한 간 합의가 필요합니다. 어느 쪽이든 현재로서는 쉽지 않은 상황이죠.
그러나 이러한 사정을 유엔 조사위원회가 몰랐을 리는 없습니다. 국제재판 회부가 어렵다는 사정을 알면서도 이런 권고를 한 것은 북한의 인권문제를 이제는 국제 사회에서, 국제법에 입각한 국제재판절차를 통해 풀어야 한다는 중요한 메시지를 전하려는 의도라고 생각됩니다.
안보리 결의 자체도 쉽지 않지만 만약 결의가 이루어진다 하더라도 수단의 예에서 볼 수 있듯 해당국가의 협조가 없으면 실질적인 수사나 재판이 이루어지기 어렵습니다. 그러나 안보리 검토의 대상이 된 국가들은 그 자체만으로 큰 부담을 느끼면서 자국의 입장을 방어하고 자국 정책을 수립하는 데 있어 많은 고려를 하게 되는데요. 북한인권결의안의 안보리 검토도 같은 맥락에서 이해가 가능합니다."

– 국제적인 재판관으로서 그간 오스트리아, 캄보디아, 헤이그 등지를 거치셨는데, 그 동안 맡으셨던 사건 중 특히 생각해 볼 만한 사건을 소개해 주신다면.

"제가 맡은 사건들은 대부분 진행 중이어서 소개해 드리기 어렵고, 대신 우리나라 형사재판 절차의 발전을 위해 고려해 볼 만한 점들을 말씀드리려고 합니다. 국제형사재판소의 형사재판 절차에서는 피의자도 체포되는 순간부터 모든 검찰 측 증거를 열람하도록 하고 있습니다. 또한 법정에서 이루어지는 모든 진술은 속기록으로 작성되어 당일 저녁 바로 일반 공중에까지 공개하는 등 절차의 투명성을 높이면서 공정성과 신뢰를 확보하기 위해 많은 시간과 비용을 투입하고 있습니다.
법조에 대한 국민의 기대가 높은 이유는 법률가들의 사건처리가 국민의 권리를 구제하고 인권을 보장하는 가장 중요한 국가작용이기 때문인데요. 인권 보장이라고 하면 보통 인권 단체나 인권위원회의 활동만을 떠올리기 쉽지만, 법률가들이 처리하는 사건 하나하나도 국민의 인권을 제도적으로 보장하는 중요한 인권 보장 작용입니다. 따라서 법정에서의 효율적인 소통과 절차적 투명성 증대를 통해 재판 절차의 공정성과 신뢰를 쌓아

간다면, 법조 전체의 인권 보장 역할에 대한 국민의 신뢰도도 함께 높아지리라 생각합니다."

- 국제재판소 재판관으로 진출하게 된 특별한 계기가 있으신지.

"처음부터 국제재판관 진출을 생각한 건 전혀 아니었습니다. 그러나 대학에서 국제법을 전공한 덕분에 국제 법률 문제와 국제기구에 관심을 가졌고, 그러한 관심 덕분에 판사로서 갖게 되는 국제 경험의 기회를 적극 활용할 수 있었습니다. 그러다 보니 자연스럽게 국제사회에 이름이 알려지면서 더 여러 가지 기회가 주어진 것 같습니다. 전세계적으로 가장 중요하다고 하는 국제 형사사건들의 재판업무를 수행하는 일이 쉬운 것은 아니지만, 대한민국과 대한민국 사법부를 대표해서 우리나라의 국제적 위상을 높이고 국제사회에 기여한다는 점에서 자부심을 느끼고 있습니다."

– 세계 무대에서 우리 사법 시스템과 법조인의 위상은 어느 정도인가요?

"우리 사법 시스템에 아직 부족한 부분이 있다는 것은 부인할 수 없습니다. 그 부족한 부분을 국민의 기대에 부응하도록 개선해 나가야 함은 우리나라 법률가들의 피할 수 없는 과제입니다. 그렇지만 우리 사법 시스템의 전반적인 수준은 아시아는 물론 전세계적으로도 상위권에 있다는 점을 알려 드리고 싶습니다. 많은 국제기구의 통계자료들이 이를 실증하고 있습니다. 국제 사회와 국제기구들은 대한민국 사법부가 더 적극적으로 사법정의에 관한 논의와 실무를 이끌어가는 국제적 리더 역할을 해 주길 기대하고 있습니다. 지속적인 국제재판소에의 기여와 국제규범 제정 참여를 통해 앞으로 대한민국 사법부가 범지구적인 법치주의 확립을 선도해야 합니다. 현재 아시아를 제외한 유럽, 미주, 아프리카에는 해당국의 주권을 존중하면서도 인권을 지역적으로 공동 보장하기 위해 국제인권재판소들이 설립되어 있습니다. 아직 아시아만 이러한 국제인권재판소가 존재하지 않는데, 우리나라 법조와 법률가들이 이 아시아 인권재판소 설립 논의까지 주도해야 합니다."

– 법조계에도 세계화의 바람이 본격적으로 불면서 많은 청년 변호사들과 예비 법률가들이 역량을 갖추고 국제기구로 진출하려는 상황인데요, 이들이 어디에 주안점을 두고 어떤 기회를 노리며 어떤 역량을 길러야 할지 조언해 주신다면.

"20세기 중반, 광복과 함께 우리나라 발전에 장애가 된 신분제가 없어지면서 모든 사람이 무엇이든 할 수 있고 무엇이든 될 수 있는 민주적인 공평한 기회를 얻었습니다. 이러한 기회는 우리나라 발전의 큰 원동력이 되었고,

그 결과 우리는 불과 70년 만에 많은 분야에서 세계 10위권 안에 드는 국가로 발전했습니다. 이러한 발전은 앞으로도 계속되어야 하고, 국제경쟁력 강화를 통한 지속적인 발전이 있어야만 젊은 세대가 일자리를 갖고 인생의 꿈과 희망을 실현할 수 있습니다.

그러나 우리나라의 위상이 이미 높아진 만큼, 이제는 우리의 발전만 생각해서는 더 이상 발전할 수 없는 상황이 되었습니다. 이제는 우리보다 발전이 늦은 나라들을 도와주고, 전체 국제 사회 발전에 기여하는 역할까지 해야만 지속적인 발전이 가능합니다. 최근 우리 정부가 국제 사회와 국제기구에 대한 기여를 점차 늘려가고 있는 것도 이러한 이유 때문이라고 여겨집니다.

앞으로는 대한민국의 많은 젊은 법률가들이 국내에서 획득한 경험과 전문성을 바탕으로 국제기구에 진출하고, 국제 사회 발전을 위해 역할을 해야 합니다. 한국에서 10년 정도의 법조 경험이라면 어떠한 국제기구에서도 통할 수 있는 훌륭한 경력이 된다는 점을 강조하고 싶습니다. 과거와 같이 국제기구에 대한 막연한 환상이 아니라, 국제 사회 발전에 기여하겠다는 뚜렷한 신념과 사명감을 바탕으로 국제기구에 관심 갖고 도전하는 젊은 법률가들이 더욱 많아지기를 기대합니다."

– 로스쿨과 사법시험의 대립으로 대변되는 '바람직한 법조인 양성 방안'에 대한 견해는 어떠신지.

"법조인을 교육하고 선발하는 방법은 나라마다 다르고, 각 나라가 여러 방안을 모색하면서 계속 발전을 추구하고 있는 만큼 정답이 없는 문제라고 생각됩니다. 다만 '사법을 통한 국민의 권리보장'이라는 가장 기본적이면서도 중요한 역할을 수행할 자격을 갖춘 법률가가 되도록 교육하고, 그러한 자격을 갖추었는지 여부를 객관적으로 검증할 수 있는 제도가 되어야 합니다. 교육과 선발과정 자체만으로 바로 최고의 법조인이나 세계적인 법조인이 양성될 것이라는 섣부른 기대는 의미가 없습니다. 교육과 선발을 통해서는 기본적인 자격을 갖추었는지 여부만 검증하면 족하고, 그 이후에는 각자가 사건처리 경험과 법조시장에서의 경쟁을 통해 지속적으로 발전해야 합니다.
한편 우리나라는 아직 '법조인'을 변호사라는 좁은 의미로만 보고 있습니다. 앞으로는 그 역할이 더욱 중요해질 법무사, 변리사, 세무사 등과 같은 직역도 포괄하는 개념의 법조인 교육과 선발이 이루어지도록 검토해야 합니다."

– 법조계가 많이 어렵습니다. 늘어나는 변호사 수에 비해 일자리가 턱없이 부족해 청년 변호사들의 활로 찾기에 온 변호사 업계가 사활을 걸고 있습니다. 이런 상황에 있는 후배 법률가나 법조인을 꿈꾸는 청년들에게 조언을 해 주신다면.

"전세계적으로 경제가 어렵다 보니 대한민국만 분위기가 어두운 건 아니고 대부분의 국가들이 분위기가 어둡습니다. 강한 예산 삭감 요청을 받고 있는 국제기구들도 분위기가 어둡기는 마찬가지죠. 또한 우리나라 역사상 어느 때도 어렵지 않은 경우는 없었습니다. 즉, 현재의 우리만 어렵다는 생각은 잘못된 것입니다. 오히려 국제 사회는 국제 경쟁력 있는 우리 기업들의 세계 최고 수준 활약을 부러워하고 있는 실정입니다. 긍정의 자세가 국가와 국민 모두에게 필요합니다.
젊은 법조인들은 어려움 앞에 당당할 수 있도록 많은 준비를 하고 자신 있게 어려움에 직면해야 합니다. 나아가 이 세상 어디에도 대한민국을 위해

대가 없이 도와주거나 희생해 줄 국가는 전혀 없습니다. 자국의 힘을 늘리거나, 아니면 동료국가 숫자를 늘려서라도 국제적 영향력을 높이려는 게 국제 사회의 현실입니다. 국내적인 시각만으로 모든 것을 보려 하지 말고 국제적인 관점에서 다시 한 번 생각해 보는 관점의 확장이 필요합니다."

(2017년 5월 17일자)

임수희 판사 / 따뜻한 그 법관은 의류학을 전공했다

패션 디자이너 꿈 접고 법조인의 길로
미성년 자녀 보호, 회복적 사법에 관심

그녀는 서울대 의류학과 87학번이다. 6월 항쟁의 해로 불리는 1987년, 대학가는 흑백 영화와 같은 잿빛으로 무겁게 가라앉아 있었다. 대학생들의 수업 거부, 시험 거부가 연일 계속되었고 사회 전반의 관심사도 민주화였다. 그녀도 입학 이후 제대로 수업을 못 받는 날이 많았다.

그러던 어느 날 모처럼 대강당에서 전공 수업을 받는데, 대형 화면에서 파리의 화려한 패션쇼 영상이 현란하게 춤추었다. 그녀가 흥미를 갖고 선택한 의류학이기에 그녀의 눈에 아름답고 멋지게만 보여야 했다. 하지만 무거운 대학 분위기 속에서 파리의 패션쇼가 뿜어내는 화려함과 자유로움은 그녀의 마음에 왠지 모를 이질감으로 다가왔다. 좋아하고 재미있게 여긴 전공이었지만, 당시 사회 분위기에서는 알 수 없는 괴리감을 느꼈고 자연스레 마음이 전공으로부터 멀어져 갔다.

원래 꿈은 변호사, 그러나 여성의 현실이 법원의 길로

서울남부지방법원 임수희 판사는 1994년 대학을 졸업하고 꼬박 6년을 공부해 2000년 사법시험에 합격했다. 어머니 혼자 가족의 생계를 책임져 집안 형편이 좋지 않던 그녀는 틈틈이 아르바이트로 생활비를 직접 벌며 공부했다. 신림동에서 공부하다가 만난 남편과는 사법연수원 입소 후 결혼식을 올렸다. 하지만 여성 연수생들이 아이를 유산하기도 할 정도라는 악명 높은 연수원 공부량에 짓눌렸다. 그녀도 일단은 출산을 미루고 공부에만 매진했다.

연수원을 수료하고 진로를 선택할 즈음 임신과 출산의 부담을 앞에 둔 그녀는 법원을 선택했다. "지금도 마찬가지지만 그때도 여성 신입 변호사가 로펌에 들어가 곧장 임신, 출산을 병행하며 업무를 하기란 어려웠죠. 검찰도 사정이 좋진 않았어요. 그래도 법원은 여성에게 기본적인 배려를 해 주지 않을까 기대했죠."

2003년 법관이 된 이후로 이어진 판사 생활이 2017년 현재 15년 째다. 그러나 전공으로부터 관심이 멀어진 그녀가 원래 하려던 일은 변호사였다.

"그런 시절이 아니었다면 전공 공부를 열심히 해서 패션 디자이너가 됐을 텐데 하는 아쉬움은 있어요. 그땐 전공 외에 다른 데 관심이 갔죠. 그래서 다양한 독서와 경험을 했어요. 지역사회에서 시민사회운동 하시는 분들도 만나고 자원봉사 활동도 했습니다. 그때 처음 '변호사'라는 직업을 접했어요. '변호사' 자격증을 가지고 사회에 나오면 할 수 있는 일이 많다는 걸 알게 되었죠."

안 그래도 규범의 의미와 역할이 중요한 시대 분위기에서 규범과는 정반대 성격을 가진 의류학을 전공으로 한 터라, 규범적인 것에 더욱 끌렸다고 한다.

"자기가 원하는 다양한 일을 할 수 있고 그게 사회적으로 의미와 기여가 될 수 있다는 생각에 '변호사란 운신의 폭이 참 넓구나' 싶었죠. '그래서 나도 사법시험을 봐서 변호사가 되어 볼까' 생각하게 되었어요."

비록 당초의 꿈이던 변호사가 아닌 판사의 길을 택했지만, 사회를 위해 다양한 활동을 하며 개인에게 의미 있고 사회에도 기여하려던 그녀의 바람은 전혀 지장받지 않고 실현되고 있다. 지난 3월 대한민국가족지킴이(이사장 오서진)가 주최하고 더불어민주당 전현희 국회의원, 미래가족포럼 등이 주관한 '제6회 올해의 사회공헌대상'에 임수희 판사가 선정된 것. 법조인으로서는 그녀가 유일하다.

수상에 대해 물으니 임 판사는 멋쩍어 했다. "가사재판 당시의 일들 때문에 주최 측 성격상 저를 선정하신 것 같은데, 사회공헌이라니 많이 쑥스럽죠. 정말 크게 사회공헌하시는 법조인들이 많이 계시잖아요. 저는 국가의 공무원으로서 할 만한 일들과 내게 맡겨진 일을 잘 해내려 한 것밖에 없습니다."

아파하는 미성년 자녀들을 지키려 분주했던 가사재판 시절

법원의 인사 주기는 보통 2년이다. 임 판사가 2010년 가사재판을 맡았을 때, 그녀의 관심은 재판 당사자들의 미성년 자녀에게로 향했다.

"소송 결과에 미성년 자녀의 운명이 달려있는 경우가 있어요. 대표적으로 이혼 소송이 그렇죠. 부부가 모두 자녀를 사랑하지만 소송에서 서로 싸울 때에는 자녀가 눈에 안 보여요. 자녀가 어떤 마음인지, 무엇을 원하는지, 부모들은 자기 고통과 어려움에만 휩싸여서 자녀들을 제대로 보지 못합니다. 이혼은 성년인 부모들에게도 상당히 고통스러운 과정인데, 미성년 아이들은 얼마나 더 힘들고 아플까요? 저는 보호받고 사랑받아야 할 미성년 자녀들의 목소리가 들려지는 절차와 시스템이 필요하다고 봤어요."

부모들의 이혼 과정에서 아이들을 안전하게 지켜주고, 그들이 방치되거나 폭력적 갈등에 노출되지 않도록 적절한 프로그램을 도입하고 싶었다는 것이다. 생각이 그에 미치자 그녀는 분주해졌다.

"다른 판사님들과 가사조사관들, 조정위원들, 상담위원들과 함께 의논하면서 절차나 제도 개선 노력을 많이 했습니다. 상담 등 전문 영역은 제가 모르니까 많이 배웠죠."

그러한 노력의 결과물로 고(高)갈등 가정을 위한 상담과 캠프 등 다양한 프로그램을 마련했다. 법원 내 '부모교육공동연구회'의 초창기 설립 멤버로 참여해 간사를 맡아 본격 활동에 나서기도 했다. 그녀는 특히, 자녀를 사랑하지만 어떻게 해야 할지 잘 모르는 이혼부모들에게 도움이 될 만한 마땅한 부모교육 교재가 없는 점이 마음에 걸렸다고 한다.

"법원에서 내는 홍보물이나 안내 책자를 보면 대개 불친절하고 무심하잖아요. 참 재미없게 써 놔서 손이 잘 안 가고, 막상 집어 들고 읽으려 해도 단순히 정보와 전문 용어들을 늘어 놓아 이해하기 어렵고 읽기가 싫어지죠."

그런 그녀가 디렉팅한 팸플릿은 확실히 달랐다. 자그마치 7년 전에 만들어진 팸플릿인데 지금 봐도 신선한 느낌이다. 심플하게 '부모' 단 두 글자만 박혀 있는 표지에, 어느 곳을 펼쳐도 눈에 확 들어오는 문구. 어디서든 남의 시선을 의식하지 않고 펴서 볼 수 있도록 '이혼'이란 글자를 빼고, 글이 눈에 들어오도록 하기 위해 워딩 작가까지 따로 섭외했다고 그녀는 귀띔했다.

"팸플릿은 읽히라고 만드는 거니까요. 일러스트 작가 따로, 워딩 작가 따로 모시고, 총괄적으로 디렉팅 하는 편집 디자이너가 별도로 있었죠. 그분은 전문적으로 정치 홍보물을 만드는 분이어서 '읽히는 팸플릿'을 만들기 위한 전략과 노하우를 제공해 주셨어요."

'제대로' 만든 교육용 팸플릿을 2010년~2011년 사이 10만 부 이상 찍어 전국 법원에 배포했고 아직까지도 계속 인쇄, 배포 중이다. 그녀는 이에 그치지 않고 부모교육 동영상 제작까지 관여했다. 이혼 소송에서 부모교육은 전국 법원마다 편차가 있다는 게 그녀의 설명이다.

"가정법원이 있는 곳은 좀 나은데 그렇지 못한 법원은 인적·물적 자원이 부족해서 부모교육이 잘 이뤄지지 않아요. 특히 지방은 지역사회 내 역량도 열악해서 지원을 받기 어렵거든요. 팸플릿보다 더 효과적으로 법원 간 편차를 메꾸고 싶었어요."

동영상 역시 법원이 만들면 자칫 지루하고 예비군 안보 동영상처럼 취급될 수 있다고 생각, 그녀는 특별히 'EBS'나 'SBS 스페셜' 수준의 부모교육 동영상을 만들어야 한다고 목표치를 잡았다.

"한 시간 분량으로 2012년에 완성이 됐는데, 그게 지금까지도 전국적으로 부모교육 교재로 사용되고 있어요. 일단 보기 시작하면 끝까지 봐지도록 감동적이면서 재미가 있고 교육적 효과도 큽니다. 이혼 부모들이 도움이 많이 된다고들 합니다."

그녀는 또한 '부모교육공동연구회'의 노력으로 이 동영상의 심화 버전이 올해 법원에서 나온다고 전하면서, "이번 디렉팅은 제가 하지 않지만 참 뿌듯하네요"라는 말을 전했다.

한편, 미성년의 자녀를 둔 부부가 이혼하려면 보통 부모교육을 받는다. 하지만 민법 조문 상으로는 '이혼에 관한 안내'만 필수 절차로 명기할 뿐 '부모교육'은 필수로 하고 있지 않다. 법원은 이 '부모교육'도 필수적으로 필요하다는 인식하에, 이것이 '이혼에 관한 안내'에 포섭되어 필수 절차가 되도록 현재 부모교육을 '자녀양육 안내'라는 이름으로 운영하고 있다.

임 판사는 "(부모교육을 필수 절차로 명시하는) 법안이 국회에 상정된 적이 있는데 결국 통과가 좌절됐어요. 미성년의 자녀들을 위해 부모교육은 필수 절차가 되어야 하고, 법이 이를 명시해 줘야 합니다"라며 법 개정 필요성을 강조했다.

사법패러다임, '응보' 한 축에서 '응보·회복' 양 축으로

임수희 판사는 원래부터 회복적 사법(Restorative Justice, RJ)에 관심이 높았다. 회복적 사법이란 범죄로 인한 피해의 실질적 회복과 진정한 책임을 기초로 하여 손상된 관계를 회복하기 위해 피고인과 피해자 등 이해관계자가 대화를 통해 합의를 도출하고, 그로써 지역 공동체의 평화도 추구하는 이론이다. 회복적 사법에 대한 그녀의 관심은 행동으로 옮겨져, 2013년에 그녀가 속해 있던 부천지원에서 국내 최초로 '형사재판 회복적 사법 시범실시'를 하는 결과로 이어졌다.

일이 진행된 과정을 물었더니 그녀는 "운이 좋았던 것"이라고 말했다. 2012년부터 형사재판을 맡고 있었는데, 마침 평소 회복적 사법에 관심이 높으신 정준영 현재 서울회생법원 수석부장판사가 2013년 지원장으로 오게 된 것. 임 판사는 그 소식을 듣고 나름의 계획을 세웠다고 전했다.

"회복적 사법을 위한 어떤 사업 구상이 있으신지 (지원장님께) 묻거나 아니면 제 쪽에서 사업이나 프로그램 실시를 제안할 계획이었어요."

정준영 지원장의 적극적인 추진과 지원이 있어, 시범실시 사업이 일사천리로 이루어졌다. 포럼을 열고 지역 사회, 법원, 검찰, 교육청, 시민단체 등까지 참여시켜 논의의 저변이 크게 확대됐다. 세 달 간 12개의 케이스를 진행했는데, 일부 합의가 이루어지지 못한 사건도 있었지만 임 판사는 "사건을 회복적 사법의 프로세스로 진행한 자체가 성공"이라고 평가했다.

"법원의 전통적 역할은 적법한 절차에 따라 과거의 사실관계를 확정하고 그에 따른 법률효과를 선언하는 것이었죠. 하지만 이제는 사회가 다원화되고, 분쟁과 갈등이 다층적·복합적으로 되어 가면서 사회가 법원에 대해 요구하는 기능과 역할도 넓어지고 있어요. 법원이 단순히 개개의 송사를 판결로 종결하는 것을 넘어 이제는 개개 송사의 근원이 된 갈등을 해결하고, 그러한 갈등의 근본적인 문제를 해결하는 데까지 나아가는게 필요해진 시점이라고 생각합니다."

회복적 사법은 소위 문제해결법원의 기능과도 맞닿는다고 한다. 한 재판이 끝났는데도 똑같은 갈등에서 야기된 다른 분쟁들로 인하여 민사, 형사, 가사 등 다양한 쟁송이 이어지는 것만 봐도 그 필요성이 이해된다. 임 판사에 따르면 회복적 사법 절차를 거친 당사자들은 절차에 대한 만족도가 상당히 높다.

"사법신뢰란 당사자들이 판결에 승복할 때 나옵니다. 이겼든 졌든 내가 받은 판결에 만족해야 하는 거죠. 회복적 사법 절차를 잘 마친 당사자들 거의가 '만족한다'는 반응을 보이고 있어요. 즉 사법신뢰의 회복 내지 구축에도 회복적 사법이 큰 역할을 할 수 있죠."

기존의 소송 절차에서는 판사의 주재 및 검사와 피고인을 당사자로 하였으나, 회복적 사법 절차에서는 피고인과 피해자가 중심으로 떠오르는 점도 특징이다. 또 피해자가 단지 증인 같은 객체의 지위에서 벗어나 피해를 회복해 가는 과정에서 주체적인 지위로 존중받는다. 회복적 사법 프로세스는 대화가 중심이 되기 때문에 피고인이든 피해자든 상대방으로부터 이해받는 한편 자신도 상대방을 이해할 기회를 가진다. 이러한 과정에서 얻게 되는 치유와 진지한 책임 및 실질적 피해 회복이 절차에 대한 만족감으로 표출되는 것.

그녀가 말했다. "기존의 사법 패러다임은 응보를 한 축으로 했어요. 회복적 사법에서는 응보의 한 축에 더하여 회복이라는 축이 있습니다. 회복적 사법으로 기존의 응보 사법을 넘어서거나 대체하려는게 아닙니다. 함께 가야죠. 종래의 사법시스템 안에서도 양형 심리절차를 통해 회복적 사법의 결과를 반영할 수 있습니다만, 형사재판에 회복적 사법을 도입하기 위해서는 입법 레벨에서 논의가 될 것이 많습니다."

"사법신뢰 제고, 사법부만이 아닌 모두의 과제"

판사란 어떤 직업인지 구체적인 설명을 요청했다. '정적이고 일이 많으며 인간 관계도 좁게 형성하는 직업'이라는 세간의 인식이 맞는지 물어 봤다. 돌아온 대답은 "YES"다.

"다른 직업에 비해 일과나 일상이 굉장히 규칙적이고 안정적이죠. 늘 비슷해서 지루할 수도 있어요. 그러나 생각보다 다양한 재판 영역이 있어서 각 특성에 따라 판사들이 고민하는 영역과 범위, 쟁점이 굉장히 다르고 경험이나 업무가 다양합니다. 재판을 크게 민사·형사·가사·행정·파산/회생으로 나누지만 사실 삶의 영역만큼 재판은 다양하거든요."

같은 판사라고 해도 그 안에 다양한 업무 영역과 종류가 있다는 설명이다. 일반 법관은 주로 소송 절차에 현출된 증거를 기초로 과거의 사실관계를 확정하고 그에 맞는 법리를 적용해 판단을 내리는 전형적인 업무를 한다. 이것을 '정적'이라고 이야기 한다면, 가사재판처럼 당사자들의 미래를 함께 코디네이팅하거나 소년재판처럼 형사정책적 고려들을 다각적으로 참작하는 등 더 미래지향적이면서 동적인 색채를 갖는 업무도 있다.

"법관들이 하루 종일 책상에 앉아 기록을 보며 일 한다는데 사실이냐"고 묻자 그녀는 당연하다는 듯 말했다. "판사들은 다 그런 걸 좋아하는 사람"이라고. 독서실에 있는 마냥 혼자 앉아 글 읽고 생각하면서 시간 보내는 걸 좋아하지 않고서야 판사 일을 하긴 어렵다는 것이다.

그녀가 부연했다. "그렇다고 언제나 혼자만 있는 건 아니고, 판사들끼리는 참 이야기를 많이 해요. 사건에 대한 토론도 끊임없이 하죠. 법원 내 연구회도 많이 결성돼 있고요. 단독판사라고 해서 독단판사는 아니어야 하고, 늘 서로 판단을 검증해 보죠."

한편 외부와의 인간 관계는 의도적으로라도 좁히는 경향을 갖고 있다고 말했다. 임 판사 또한 친인척 관계나 친구 관계가 많이 소원해진 상태다.

"판사라는 직업을 가지면서 감수해야 할 가장 큰 부분입니다. 주변에서 판사에게 기대하는 부분이란 다 비슷할 거예요. 자신들의 법률 문제에 대해 물어보죠. 하지만 판사들은 원론적인 답변밖에 할 수 없어요. 더 들어가서 구체적인 조언이라도 했다가는, '타인의 법적 분쟁에 관여하는 것'으로서 법관윤리강령 5조 2항 위반이 됩니다. 도움 받으려고 접근한 지인들을 냉정하게 대하다 보니 사람 관계가 다 끊어지더군요."

임수희 판사는 재판과 법원의 생명이 국민의 신뢰에 있다고 말했다. "법원의 한 구성원으로서 사법부의 신뢰 회복은 무척 중요하게 생각하는 부분이고, 그것을 위해 할 수 있는 노력들을 하려고 늘 신경 쓴다"고 전했다. 다만 그녀는 국민들의 아낌없는 질책과 관심 또한 사법신뢰 제고에 있어 상당히 중요한 요소라고 강조했다.

"사법부는 기업은 아니지만 분쟁 해결이라는 서비스를 국가만 독점해서 제공하는 일종의 독점 기업 같은 면이 있습니다. 서비스가 마음에 안 들어도 다른 가게에 갈 수 없죠. 국민이라면 누구나 언젠가는 이 사법부의 재판을 받아야 할 상황을 만날 수 있어요. 그때를 생각해서라도 내가 신뢰하고 이용할 수 있을 만한 사법부를 만드는 일에 동참해야 해요. 내가 원하고 신뢰할 만한 사법부와 법원·재판의 모습이 무엇인지, 그것을 위해 우리가 어떻게 해 나가야 할지 생각해 보고 그 의견을 다양하게 나눠 주시면 좋겠습니다. 사법부 혼자서는 사법 신뢰를 제고할 수 없어요. 사법서비스를 제공받는 국민이 함께할 때 가능합니다."

(2017년 6월 8일자)

최우영 변호사 / 세금 폭탄 사건 승소, '충정' 대표 변호사

"주식 기부 법적 불합리 걷어내고 기준 세운 판결"
"심급 간 판결 널뛰기, 재판 장기화는 개선돼야"

'선의로 한 주식 기부로 인해 세금 폭탄 맞은 사연'으로 세간의 뜨거운 관심을 받았던 '수원교차로' 설립자 황필상 씨. 당초 그는 180억 상당의 주식을 기부했지만 최종적으로 225억의 세금을 내게 돼 뭇 사람들의 탄식을 자아냈다. 법무법인 충정의 최우영 대표 변호사(56·사법연수원 15기)는 이러한 황 씨의 사건에 1심부터 관여해 급기야 2017년 4월, 대법원으로부터 승소 판결을 받아냈다. 7년 넘는 시간을 매달려 일구어 낸 이번 결실에 대해 이야기를 듣고자 본지가 최우영 변호사를 만나 봤다.

2017년 6월 14일, 서울 중구에 위치한 법무법인 충정에서 만난 최우영 변호사는 이번 황필상 씨 사건 이외에도 역대 최대 규모인 '5조 원대 고엽제 손해배상소송'을 수행한 경험에 대해서도 입을 열었다. 그밖에 예비 법조인들에게 주는 조언과 그의 경쟁력에 대한 부분, 나아가 집단소송법 도입에 대한 견해까지 들어볼 수 있었다. 다음은 그와의 일문일답.

– 황필상 씨 사건에 대한 감회가 남다를 것 같다. 7년 넘는 소송의 과정을 개략적으로 듣고 싶다.

"2009년에 공익인권법재단 공감에서 공익소송을 담당하시는 분이 이 사건을 우리에게 의뢰했다. 사회적으로 상당히 의미 있는 소송이라 생각하고 뜻 깊게 시작했다. 2009년 12월 수원세무서장을 상대로 소를 제기한 후 7개월 만에 1심 판결에서 원고 전부 승소 판결을 받았다. 그러나 서울고법 판결에선 패소했고, 끝까지 해 보자는 생각으로 대법원에 상고한 지 5년 만인 2017년 4월, 전원합의체에서 승소 취지 파기환송을 받았다. 아직 파기환송심에서 두어번 재판이 더 예정되어 있지만, 최종적으로는 대법원이 파기환송한 취지대로 승소 판결이 나오리라 확신하고 있다."

– 구체적으로 무엇이 문제됐나.

“우리 법이 대체적으로 그런 경향이 있다. 무슨 문제가 있다고 하면 법으로 원천 차단하려 한다. 사건에서 문제가 된 상속세법 및 증여세법(이하 상증세법)도 마찬가지다. 상증세법 제48조 1항은 공익법인이 출연받은 재산에 대하여는 증여세를 부과하지 않는다고 규정하고 있다. 다만 그 단서에서 증여의 대상이 주식인 경우에는 증여세를 부과하도록 했다. 이는 예컨대 기업 오너 등이 공익법인에 대한 주식 출연 방법으로 공익법인을 내국법인에 대한 지배수단으로 이용하면서, 상속세 또는 증여세를 회피하고 경영권을 승계하는 경우들을 막고자 한 규정이다.

그러나 문제는 황필상 씨가 부의 세습, 경영권 세습과는 전혀 무관하게 장학사업을 위해 선의로 장학재단에 출연했다는 점이다. ‘수원교차로’ 창업주인 황필상 씨는 수원교차로 주식의 거의 전부인 180억 원 상당 주식을 모교인 B대학에 기부하려 했으나 대학에 법인격이 없어 별도의 비영리 재단법인(구원장학재단)에서 주식을 인수하도록 했다. 이에 대해 수원 세무서장은 기계적으로 상증세법을 적용해 140억 4100여만 원의 증여세를 부과했고, 대법원 계류 중에는 재단의 연대책임자로서 미납된 증여세에 대한 가산금 100억 원을 더해 총 225억의 세금을 부과했다. 180억을 기부한 사람에게 세금을 225억 내라고 했으니 ‘세금 폭탄’을 때린 것이다.

대법원의 이번 결정은 이러한 선의의 기부행위를 보호하기 위하여 어려운 판결을 내린 것이다. 판결문을 보면 알겠지만, 세법 조문의 해석은 여러 가지로 가능한데, 대법원 전원합의체 판결은 선의의 기부행위를 구제하는데 초점을 맞춰 법 해석을 하였기에 정말 의미 있고 중요하다.”

– 이에 대한 판결이 1심부터 대법원까지 손바닥 뒤집듯 뒤집혔다. 대법원

에서도 3명이 반대의견을 냈다. 이 점에 대해서는 어떻게 보는가.

"세법 조문의 해석은 조세법률주의에 기하여 문리 해석을 해야 하지만, 실질과세의 원칙도 고려해 구체적 타당성을 기하여야 한다. 구체적 타당성과 법적 안정성 사이에서 조화로운 해석을 하는 것은 쉬운 일이 아니다. 조세정의도 실현해야 하지만 억울한 납세자도 구제되어야 한다. 그렇기 때문에 이번 전원합의체 판결에서도 서로 다른 관점의 반대의견이 나온 것이다.
판결이 널뛰기인 것은 변호사 입장에서 '드라마틱하게 승소했다'는 등의 말로 미화되곤 한다. 그러나 법적 안정성 측면에서 바람직하지 않다. 정의와 진실이 이랬다 저랬다 하는 것으로 보일 수가 있다. 미국 법원에서는 비율로 보면 1심의 비중이 거의 80% 이상이고, 항소심이 20% 정도에 불과하며, 대법원은 상고가 제한되어 사회적으로 중요한 사건만이 상고허가되는 것으로 알고 있다. 1심 재판에서 사건이 충실하게 심리되어 판결이 나고, 항소심은 1심 판결에 큰 문제가 있는지 없는지만을 사후적으로 살핀다. 우리처럼 1심 법원이 재판하고, 항소심에서 사실심리를 다시 하여 결론을 번복하고, 대법원이 재차 판단하는 식의 구조는 비합리적이며 당사자의 권리 구제에도 도움이 되지 않는다.
이것은 재판 장기화 문제로도 연결된다. 28년 변호사 경력을 가진 나조차 이 사건으로 소송을 7년 하면서 '법원은 이제 웬만해선 안 가고 싶다'는 생각을 했다. 당사자는 오죽하겠는가. 판사들은 1,2년마다 보직이 변경된다. 소송 기간이 길어지면 내 사건을 맡는 판사도 계속 바뀐다. 누군가 하다 넘긴 판결, 내가 하다 넘길 판결이면 아무래도 의미가 다르지 않겠는가. 그런 판결을 받는 입장도 썩 만족스럽지 않을 것이다. 우리 법원은 그래도 개개 사건에서는 비교적 신속하게 판결을 하는 편이나 전체적으로 보면 이렇게 장기적인 판결이 나오는 문제점이 있다."

– 이번 승소 판결의 의미를 정리해 준다면.

"이번 판결은 현금이 아니라 주식을 공익법인에 기부한 경우의 증여세 부과에 관하여 여러 기준을 제시한 의미 있는 판결이다. 이전과 달리 요즘은 주식이 기부 대상으로 활발히 이용되고 있다. 기업에 대한 지배력까지 담고 있는 주식 기부에 대한 여러 쟁점을 짚었다는 점에서 의미가 깊다.

우리 법원은 대체적으로 목적론적 법해석보다는 법조문의 해석만 고집하여 기계적으로 법을 적용하는 경향이 짙다. 그러다 보니 이번 사례처럼 구체적 타당성 측면에서 불합리한 결과가 생긴다. 편법을 근절하려는 법이 선의로 기부하는 사람의 발목을 잡아서야 되겠는가. 이번 대법원 판결로 기부에 장애가 되는 요소가 걷히고 기부 문화가 한층 장려되기를 기대한다."

– 직접 맡은 대표적인 소송으로는 '5조 원 고엽제 소송'이 있다. 미국의 화학 회사를 대리했는데, 사건을 맡게 된 계기와 개략적인 소개를 해달라.

"베트남전에 참전한 한국 군인 1만 7천여 명이 1인당 3억 원씩 미국의 고엽제 제조사를 상대로 손해배상소송을 제기해, 전체 소가가 5조 원 규모였던 소송이다. 소송 규모만으로도 역대 최대이고, 17년간의 재판 끝에 승소하여 개인적으로 가장 보람된 소송으로 꼽고 있다. 소송을 맡게 된 계기는, 충정은 우리나라에서 가장 오래된 법무법인인 '김장리'에서 나를 비롯한 일부 구성원들이 나와 1993년도에 설립했는데, 설립 초반부터 외국 기업이 주 고객이었다. 소송의 피고인 미국 회사 역시 충정을 선택하여 고엽제 소송을 위임했다.

당시 정말 바빴다. 소송의 규모도 규모지만 수만 건의 문서를 검토하여 소

송 준비를 했다. 법률적인 쟁점으로 국제 법규 위반, 환경 침해, 제조물 책임 법리 검토 등 대응할 문제가 많았고, 전세계 각국에서 다이옥신 전문가, 화학자, 생물학자, 의사 등 각 분야 최고 전문가들을 초빙하여 회의를 했다. 1심에서는 원고들이 패소했으나 2심에서는 제조물 책임의 법리가 인정되어 원고들이 일부 승소했다. 그 다음 2013년 대법원에서 인과관계를 부정해 원고들이 최종 패소했다. 이 소송은 17년이 넘게 걸렸다."

– 미국과 비교했을 때 이 사건이 판결로 종결된 점은 다소 아쉬운 대목이다.

"집단소송법이 있는 미국에서는 원고 20만 명이 넘는 베트남 참전 군인들의 고엽제 피해 소송을 7년 만에 완전히 정리했다. 뉴욕주 동부지방법원의 와인슈타인 판사가 전국에 제기된 소송을 모두 병합시켜 소송 전에 양 측을 합의시켰다. 이렇게 미국, 호주, 뉴질랜드 참전 군인들이 미국 고엽제 회사를 상대로 제기한 손해배상소송은 큰 틀에서 조기 종결됐다. 1980년대 중반이었는데, 우리나라에는 당시 제대로 소개되지 않았다.

차이가 크지 않나. 우리는 17년이 걸리고도 원고들이 패소해서 아무 배상을 못 받았는데 미국에서는 7년 만에 1억 8천만 달러를 받기로 합의하고 사건이 종결됐다. 이 합의금은 법원의 감독 하에 기금으로 만들어져 2억 4천만 불로 늘어나 참전자들에 대한 손해배상금, 치료비 등으로 지출됐다.

고엽제 소송 진행 당시 우리나라는 집단소송법이 제정되지 않아 법원에서 미국 법원과 같은 정도의 광범위한 재량권을 행사하지 못했다. 회사들로서도 한국군 참전자들과 일괄적인 합의를 하기 어려웠다. 우리 법원은 회사의 배상책임을 인정하여 피해자들에게 충분히 손해배상을 하게 하는데 인색한 측면도 있다. 이러한 점에서 고엽제 소송과 같은 역사적인 사건이 일방적인 판결로 종결된 것은 원·피고의 입장을 떠나 아쉬운 감이 있다."

– 국제 소송과 중재, 기업 및 상사 분야에서 활발히 활동하고 있다. 소위 '국제통'이라고도 불리는데, 이 분야에서 어떻게 경쟁력을 쌓았는가.

"일단 맡겨진 일을 열심히 했다. 2000년이라는 비교적 이른 시기에 뉴욕주 변호사 자격을 가진 것도 원인이다. 그에 더하여 기회들이 많이 있었다. 일찍부터 법무법인 충정이 렉스먼디(Lex Mundi)의 회원사였던 점도 크게 영향을 미쳤다고 본다.

전세계에는 각국의 로펌 연합체들이 20여 개 있다. 그중 렉스먼디가 가장 규모가 크고 네트워크가 활발하다. 충정은 1993년부터 렉스먼디에 가입했고 나는 아태지역 부의장으로서 아시아 지역은 물론 미국, 유럽 등의 로펌 변호사들과 국제 소송·중재 분야에서 교류해 왔다. 텍사스 휴스턴에

본부가 있는 렉스먼디는 리더십 회의, 연례회의, 마케팅 회의, 실무그룹 회의 등 회원사들 간 다양한 미팅을 갖는 등 로펌 교류에 앞장서고 있다. 이러한 로펌간의 교류를 통해 국내외에서 발생하는 소송, 분쟁 처리, 자문 등의 업무를 맡아 처리할 수 있었다. 미국이나 유럽 등 선진국에서는 변호사에게 충분한 대가를 지급하고 양질의 법률 서비스를 받는다는 인식과 관례가 확립되어 있어서 상대적으로 외국 기업의 일을 많이 해 왔다."

- 예비 법조인들에게 힘이 될 조언을 해 준다면.

"충정은 오래 전부터 변호사를 채용함에 있어 외국어 능력을 중요하게 봤다. 최근에 들어온 신입 변호사를 보니 중국 북경대학을 나오고 한국 로스쿨을 졸업, 일본 와세다 대학을 나오고 한국 로스쿨을 졸업했다. 이런 친구들의 외적 경쟁력이라든가 외국어 능력은 정말 뛰어나다. 그러나 로스쿨 체제 이후 법률가들의 외적 경쟁력(소위 스펙)이 지나치게 상향 평준화된 건 아닌가 우려스럽기도 하다. 웬만해서는 나를 드러내기 힘들고, 또 웬만해서는 그 대열에 끼기도 어려워졌다.

법률가로서의 기본은 리걸 마인드다. 다양한 자기 영역의 능력을 특출나게 갖추었어도 법률가인 한 리걸 마인드가 바탕에 깔리지 않고서는 엉뚱한 방향으로 흐르기 쉽다. 법적 문제 해결과 법 해석을 위해서는 사안을 법적으로 정확히 분석해야 한다. 리걸 마인드가 없으면 사안 자체를 엉뚱하게 보고 시작하게 된다. 리걸 마인드를 기르기 위해서는 기본법에 대한 풍부하고 심도 있는 지식이 중요하다.

요즘 예비 법률가들을 만나 보면 '변호사로서 어느 분야로 나가야 전망 있을지'를 많이들 물어본다. 그러나 예비 법조인들은 그런 걸 따질 때는 아니다. 일단은 분야 상관없이 법 공부를 열심히 하고, 그다음 자기가 가장 잘 할 수 있고 좋아하는 분야를 자기 영역으로 연마해야 한다. 이 분야가 전망 좋다고 여기 기웃거리고, 저 분야가 좋다고 저기 기웃거리는 식의 태도는 바람직하지 않다. 자신의 실력을 갖춘 전문 분야는 능력 여하에 따라 충분히 사회에 쓰일 수 있고, 언젠가는 각광받는 때가 온다. 시류에 휩쓸리지 말고 실력을 연마하길 바란다."

(2017년 6월 20일자)

정재민 전 판사 / 판사가 방위사업청으로 이직을?

"'판사' 직함 떼고 내 이름 석자 무게로 살고 싶었다"
스케일 큰 행정부 일에 매력…"재미, 보람 커져"

직장을 옮긴 것이 언제나 특별히 주목받을 일은 아니다. 그러나 2017년 초, 한 판사가 방위사업청으로 이직한 소식은 거의 모든 주요 일간지가 실어 나를 정도로 화제가 됐다. 현재 방위사업청 원가검증팀에서 일하고 있는 정재민 팀장은 법조 경력 16년에 판사 생활만 11년을 한 전직 법관이다. 그의 이직도 독특하지만 판사 생활 동안 그가 쌓아 온 이력도 평범하지 않다. 독도와 국제사법재판을 소재로 하여 집필한 그의 역사추리소설로 인해 외교부 장관이 그를 직접 발탁, 외교부 영토법률자문관으로 보했던 것. 국제법을 전공한 그는 국제사법재판소가 있는 네덜란드 헤이그에서 1년 넘게 재판연구관으로 근무하기도 했다.

2017년 6월 20일, 법률저널이 과천에 위치한 방위사업청 대변인실에서 정재민 팀장을 만났다. 막 회의를 마치고 나와 반갑게 기자들을 맞이한 그의 표정에는 기분 좋은 생동감이 어려 있었다. 그가 법복을 벗고 새로운 직장에 들어선 이유, '판사'라는 직업에 대한 그의 생각과 법관으로서 경험한 업무들에 대한 소회, 활자들을 모아 소설이라는 양식으로 풀어내는 사연까지, 그는 이 풍성한 이야기들을 진솔하게 쏟아냈다.

– 2017년 2월 9일자로 16년 법관 생활을 마치시고 방위사업청 원가검증팀장으로서 행정관료 생활을 시작했습니다. 조금은 남다른 선택을 하셨는데요. 당시에도 그랬지만 지금도 그 연유를 궁금해 하는 분들이 많습니다. 법복을 벗기로 결심한 특별한 계기가 있으신가요?

"판사직이 싫어서 그만둔 건 아닙니다. 오히려 제게 너무 과분한 자리였어요. 판사라는 이유만으로 과한 대접을 받으면서 실제보다 더 반듯한 사람인 것처럼 신뢰받았죠. 판사직 자체만을 놓고 보면 많은 장점이 있어요. 그러나 단지 장점만 있는 것도 아니죠. 판사가 장점만 있더라도 한번 사는 인생을 판사로만 살아 보고 끝내면 아쉬울 거예요. 무엇보다 판사라는 직업 자체를 내가 스스로 결정하지 않고 부모님의 바람대로 결정했습니다. 그땐 나만의 길을 혼자 정할 정도로 심지가 여물지 못했거든요.

일본 근대 소설의 아버지 나쓰메 소세키는 영국유학을 마치고 귀국하면서 교토대 영문과 교수직을 거부하고 소설가가 되기로 결심합니다. 그러면서 친구에게 이 같은 편지를 쓰죠. 저는 네덜란드 헤이그에 재판연구관으로 있던 시절, 이 구절을 수십 번 고쳐 읽었습니다.

'유학에서 돌아오는 길에 결심했네. 다시는 지금까지처럼 살지 않겠다고. 내 스스로가 얼마나 위대한지 시험해 볼 기회가 없었네. 스스로를 신뢰한 적이 없었네. 이제는 내 혼자 힘으로 가는 데까지 가다가 막다른 골목을 만나면 거기서 쓰러지겠네.'

내가 그동안 남들이 좋다고 말하는 안전한 길만 좇은 것이 '내 스스로를 신뢰하지 못했기 때문은 아닐까'란 생각이 들었습니다. '스스로를 신뢰한 적이 없었네'라는 말이 정곡을 찔렀어요. 동시에 그동안 믿어 주지 못한 내 자신에게 미안해지더군요. 마침 나이 마흔을 맞이하는 남다른 각오로, 이제는 내 자신을 믿어 주는 결정을 내리기로 했습니다. 나도 헤이그에서 귀국하면 다시는 이전과 같은 삶을 살지 않겠다고, 남은 절반의 인생을 오로지 '나'로서 살아 보겠다고 결심했습니다. 그러기 위해 내 이름 석 자보다 비대한 꼬리표인 '판사'라는 직함부터 떼어 냈습니다. '정 판사'가 아닌 '정재민'으로 살아 보고 싶었습니다."

– 판사직에 장점도 있고 단점도 있다고 말씀하셨어요. 구체적으로 어떤 점들인가요?

"판사로서 무엇보다 좋은 점은 거짓말을 하지 않을 수 있다는 점입니다. 쌍

방으로부터 거짓말이 난무하는 법정이지만 판사만큼은 거짓말을 할 필요가 없죠. 일과 책임을 남에게 떠넘기려고 동료를 속인다거나, 직업을 잃는 게 두려워 윗사람에게 굽실거릴 필요가 없습니다. 또 나 자신을 속일 필요도 없죠. 법과 양심에 따른 판단이 헌법상 보장돼 있으므로 판결문에는 내가 실제 믿는 그대로를 적으면 됐습니다. 경력이 같은 다른 공무원보다 더 많은 보수를 받았고, 타인으로부터 괴롭힘이나 무시도 쉽게 당하지 않았습니다. 세계문학전집보다 더 생생한 당사자들의 삶의 모습과 비밀을 직접 들을 수도 있죠.

그러나 기쁜 일로 재판을 받으러 온 사람이 없습니다. 사람을 감옥에 보내고, 부부를 이혼시키고, 자식의 양육권을 어느 한 쪽에만 주고, 재산을 빼앗거나 회사를 파산시키는 일들을 내 손으로 해야 했어요. 일이 재밌을 수가 없었죠. 그렇게 손에 피를 묻힐 때마다 가슴에도 무수한 흠집이 남았습니다. 정답이 없는 문제가 많은데 어떻게든 답을 내려야 했고, 검은 법복 속에 나를 감춘 채 생각까지 평균인의 상식에 끼워 넣어야 했어요. 갈수록 여유가 없어지면서 늘 시간에 쫓겼죠."

– 특별히 방위사업청으로 이직하게 된 계기가 있나요? 새 직장에서의 포부가 있으시다면?

"행정부에서 일을 해 보고 싶다는 생각은 진즉부터 있었습니다. 법무관 때 국방부 정책실의 유일한 법무관으로 2년 근무하면서 용산기지 이전을 비롯한 굵직한 국가적 사업의 법무 검토나 국제 회의 참가 등을 한 경험이 있었고, 외교부에서도 2년을 근무했습니다. 도합 4년 동안 정부 중앙부처에서 근무하면서 '(행정부) 일의 스케일이 크고, 해결에 정답이 없어 다양한 접근을 할 수 있으므로 보람과 재미가 크겠다'는 생각을 했죠. 그러던 중 마침 방위사업청에서 팀장 직위를 계약직이 아닌 정규직으로 선발하는 것을 보게 됐고, 공고가 난 뒤에도 오랜 시간 고민은 했지만 결국 지원해서 시험 치고 면접 본 후 일을 시작했습니다.
방위사업청은 안보와 산업 모두에 영향을 미치고 연 14조 원의 예산을 쓰는 중요한 기관입니다. 우리 군이 필요한 무기나 장비를 자체적으로 개발하거나 국내외에서 구입하는 기관이죠. 또한 국내 업체가 만든 무기를 외국에 팔 수 있도록 활로를 개척하는 일도 합니다. 방위사업청은 정무적, 추상적 담론만 다루는 다른 부처와 달리 구체적 성과가 무기나 장비로 눈에 보인다는 점도 매력적입니다. 외교, 안보, 법률, 국제, 경제, 회계, 과학 등 평소 제가 관심을 가지던 분야가 모두 얽혀 있다는 점도 끌렸죠.
방위사업청 입장에서는 내 이력이 특이한 만큼 전문성과 공정성 측면의 기여를 기대할 수 있다고 봅니다. 방위사업청은 계약과 같이 매우 법률적인 일을 다루는 기관이므로 법률가가 팀장이 되면 일의 처리 속도와 합법성이 제고될 것입니다. 개인적으로는 진급과 평판에 인질 잡히지 않고, 옳지 않은 일은 하지 않으며 옳은 일은 실현되도록 최선을 다하려고 합니다. 책임지기를 회피하지 않는 그런 양심적인 공직생활을, 할 수 있는 데까지 한 번 시도해 보고 싶습니다."

- 업무적인 측면에서 비교 했을 때, 이전과 어떤 점들이 달라졌나요.

"관료가 되어 일하는 방식은 판사 때와 확연히 다릅니다. 판사는 정의를 위해 일하지만 관료는 국익을 위해 일하고, 판사는 과거에 일어난 사건에 초점을 맞추지만 관료는 앞으로 일구어 내야 하는 성과에 초점을 맞춥니다. 판사는 혼자 일하고 혼자 판단하지만 관료는 팀으로, 또 관련 부서와 함께 일하는 점도 다르죠. 판사 때는 시민 개개인의 개별적 사건을 다루었

다면 여기서는 수천억, 수조 원에 이르는 국가적 사업을 다루고 있습니다. 기존에 법조인으로서 16년 동안 일하고 생각해 왔던 방식을 최대한 많이 바꿔 보고 싶었는데 실제 그런 경험을 하게 되어 매우 만족하고 있습니다. 여기 일이 훨씬 더 재밌고 보람 있고 해결 방식도 다양해서, 제게는 더 잘 맞는다고 생각하고 있습니다. 판사 때보다 야근이 적어지면서 시간적 여유가 많이 생겨 퇴근하면 읽고 싶었던 책들도 읽고, 가족들과 시간도 더 보냅니다. 자전거로 출퇴근을 하기도 하고요."

- 문학상을 두 번 받으신 것도 눈에 띄는 이력입니다. ≪소설 이사부≫는 2010년 매일신문주최 포항국제동해문학상을 수상했고, ≪보헤미안 랩소디≫로는 제10회 세계문학상을 수상하셨어요. 이례적으로 현직 판사로서 외교부 독도법률자문관으로 스카웃 된 것은 소설 ≪독도 인더 헤이그≫가

결정적이었는데요. 팀장님의 소설에 대한 말씀도 듣고 싶습니다.

“문학상을 두 번 받았다고 하니 제가 소설만 쓰는 걸로 아는 사람도 있는데 판사생활 11년 동안 쓴 게 두 편이고, ≪소설 이사부≫는 넉 달, ≪보헤미안 랩소디≫는 반 년 정도 주말에만 틈틈이 썼습니다. 소설 세 권 낸 것 중 두 권은 장편문학상을 받았고, 한 권(≪독도 인더 헤이그≫)은 오페라로 만들어지고 드라마 판권이 팔리면서 외교부로 초청까지 받았으니 보람이나 결실이 분에 넘치게 컸지요.

이렇게 말하면 제게 문학적 재능이 있는 듯 들리겠지만 실은 전혀 그렇지 않습니다. 다른 작가들은 학창 시절부터 각종 백일장을 휩쓸면서 문명(文名)을 날렸다고 하던데 저는 글 써서 상 받은 적은 없습니다. 그럼에도 결실이 컸던 이유를 생각해 보니 첫째는 운이 좋아 작품 수준보다 큰 상을 받은 것 같고, 둘째는 전업 작가가 아니기에 정말 쓰고 싶을 때만 글을 쓸 수 있었기 때문이 아닌가 생각합니다. 꼭 쓰고 싶은 글감이 나타날 때까지, 또 그 글감에 대해 할 말이 많이 쌓일 때까지 기다릴 수 있으며, 기다릴 수밖에 없죠.

소설을 쓰고 싶다고 생각하기 시작한 건 헤세의 ≪유리알유희≫ 때문입니다. 학창 시절 독서광은 아니었어도 헤세의 책은 쭉 읽었는데, 그때는 이상하게 책 좀 안다는 학생들이 폼으로라도 헤세의 책을 읽던 분위기였습니다. ≪데미안≫, ≪싯다르타≫, ≪수레바퀴 아래서≫, ≪지와 사랑≫, ≪크눌프≫등. 이러한 헤세 시리즈의 종결자가 바로 ≪유리알유희≫였죠. 이 소설은 예술, 철학, 종교 등 모든 정신 문화가 ‘유리알유희’로 통합된 미래의 어느 세대에 주인공 요제프 크네히트라는 소년이 음악, 철학, 기호학, 종교 등에 대한 수련을 거치면서 전 세계 사람들의 정신적 향유를 위해 유리알유희 연기를 선보이는 연기자가 되는 일대기입니다.

저는 당시 대입을 앞두고서도 시간을 쪼개 그 어려운 책을 고생하며 읽었는데 '유리알유희'라는 제목의 뜻조차 모르겠더군요. 그게 억울해 오기로 일곱 번을 거듭 읽어 보았지만 여전히 알 수 없었습니다. 그러던 것을 대학교 3학년 때 독일어 수업시간에 교수님께 여쭤 보고서야 알았죠. "유리알유희가 무엇입니까"라고 여쭙자 교수님은 주저 없이 "'소설'이야. 헤세는 소설지상주의자였어. 소설이 모든 예술을, 예술뿐만 아니라 모든 가치를 아우를 수 있는 통합적인 양식이라 본 거지"라고 하시더군요. 듣고 보니 그럴 듯 했고, 나도 소설을 써 보고 싶다는 생각이 들었습니다.
그날로 큰 노트를 한 권 사서 소설 습작을 시작했습니다. 해 보니까 이게 어렵긴 해도 의외로, 또 은근히 재미가 있었습니다. 공부를 하다가 머리를 식힐 생각으로 시간 나면 끄적이던 것이 언젠가부턴 소설을 쓰다 머리를 식히려고 고시 공부를 하는 지경까지 이르렀습니다. 그렇게 고시 준비 기간에 썼던 단편소설을 사법연수생이 되고서 제1회 공무원 문예대전에 냈는데, 장려상을 받았습니다. 정말 기뻤어요. 내게 실리적으로 이득이 되지 않는데, 남들이 알아주는 것도 아닌데 내 시간을 쪼개어 내가 하고 싶은 일을 완성해 낸 경험이 '나의 삶을 살았다'는 환희의 기분을 안겨주었습니다. 그때의 '장려상'으로 장려된 것이 오늘 여기까지 왔네요."

– 외교부 영토법률자문관으로 계시던 2년 동안은 어떤 일들을 맡으셨나요?

"외교부 국제법률국에서 영토법률자문관으로서 독도 문제, 위안부 문제, 국제 소송 등에 관여했습니다. 일본 의원들이 독도를 방문하겠다면서 우리나라에 들어오려다 입국 금지를 당한 일, 헌법재판소가 위안부 문제를 해결하는 법적 의무를 정부에 부과하는 결정을 내려 외교부가 협상을 시도하던 일, 이명박 대통령이 독도를 방문하고 이에 일본 정부가 국제사법재판소행을 제안한 일, 대법원이 강제징용 피해자들의 개인청구권이 살아 있다는 취지로 판결한 일 등 한일 관계를 뒤흔든 일들이 제가 외교부에 있을 때 다 일어났습니다.

저는 당시 함께 일한 외교관들이 이런 일을 처리하면서 정말 고민과 고생을 많이 하는 것을 보았습니다. 외교란 상대국이 있는 일이라 우리가 원하는 대로만 할 수가 없어 국민들이 원하는 완벽하고 이상적인 수준에는 미치지 못할 수가 있습니다. 하지만 제가 외교부 안에서 목격한 다수의 외교관들은 그래도 상당히 높은 수준의 애국심과 책임감으로 일하고 있었습니다.

제가 외교부에 간 것은 법원에서도, 외교부에서도 전례 없던 시도고 그만큼 나라로부터 혜택을 입었다고 생각하고 있습니다. 그래서 외교부에 있는 동안 각국의 국제 소송을 연구해 대외비 책을 쓰고, 대한민국 역사박물관의 의뢰로 ≪국제법과 함께 읽는 독도현대사≫라는 책을 출간하기도 했습니다. 또 국제법 학회지에 독도 영유권이나 위안부 관련 논문도 발표했죠. 그러나 아직도 갚아야 할 빚이 더 남아 있다고 생각합니다. 그래서 앞으로 기회가 되면 그동안 틈틈이 해 놓은 역사적 권원과 같이 영유권에 관한 보다 근본적 법리에 대한 연구 결과를 논문으로 발표해 보고 싶습니다."

- 2014년 가을부터 1년 4개월 동안은 네덜란드 헤이그의 ICTY(구 유고 전범재판소)**에서 재판연구관으로 계셨습니다. 가게 된 계기와 그곳에서 특별히 느낀 점들이 있다면 무엇인가요.**

"법원에서 7년간 해마다 공모 절차를 통해 판사 한 명을 선발해서 네덜란드 헤이그에 있는 ICTY에 재판연구관으로 파견을 보냈는데, 제가 그에 해당하는 마지막 멤버였습니다. 한국 판사들에게 국제 재판을 경험할 수 있는 기회를 주고 미래의 국제 재판관이나 국제법 전문가로 키우고자 하는 취지였죠. 일찍부터 ICTY에 계셨던 권오곤 재판관님과 법원이 그렇게 아이디어를 내고 배려해 주셨기 때문에 가능했던 일입니다.

ICTY의 네 분의 재판관님들 밑에 세계 각국에서 온 열댓 명의 법률가로 구성된 법률팀이 있는데 저는 그중의 한 명으로서 일했습니다. 판결문 초안을 쓰거나 초안 작성에 필요한 자료를 정리, 분석하는 일을 했죠. 세계 각국의 유능한 법률가들과 생활하면서 법률적으로는 물론 판단력, 인품, 처신, 다양하고 기발한 생각들도 두루 배우는 좋은 시간이었습니다.

그곳에서 간접적이나마 전쟁의 참상을 목격한 것이 상당히 인상적이었습니다. 우아하고 품격 있는 ICTY 재판소 건물 안에 인간이 인간을 처참하게 도륙한 사건 기록들이 끝없이 쌓여 있습니다. 학교 교실만한 공간에 수백 명을 빽빽하게 밀어 넣고 식량도, 용변도 허용하지 않아 목이 마른 사람들이 차오른 오줌을 마신 사건들, 몇일 동안 때리거나 성폭행을 해 모조리 죽인 사건들, 포크레인으로 여러 개의 커다란 구덩이를 파 놓고 그 앞에 사람들을 세워 놓은 뒤 총을 쏘아대 구덩이 하나당 발견된 시체가 수백에서 수천 명이 넘는 사건들, 버스에 사람들을 몰아넣은 채 밖에서 기관총을 난사해 죽인 사건 등...

이러저러하게 구 유고 사람들이 자기들끼리 죽인 숫자가 20만 명이 넘습니다. 사망자가 24만 명이라는 한국전쟁의 참상도 그와 크게 다르지 않을 것입니다. 이런 일들이 미개한 시대도 아닌 불과 20년 전, 그것도 문명의 중심이라는 유럽에서 일어났다는 점은 충격입니다. 시체들을 분석한 보고서들을 읽으면서, 언덕에 가득 쌓인 해골들 사진을 보면서, 대여섯 살 어린이들의 시체를 보면서, 저는 '내 아이들이 살아 있는 동안 전쟁을 겪어 이런 일을 당하지나 않을까'라는 생각에 마음이 무거워지곤 했습니다. 나아가 우리 한반도가 어떻게 이런 참상이 재발하는 것을 막을 수 있을지에 대해 저도 모르게 계속 생각하게 됐습니다.

역설적이게도 전쟁을 사전에 실효적으로 예방할 수 있는 수단은 강력한 군사력이라는 생각이 들었습니다. 법 또한 야만적인 인간의 본성을 이성과 문명과 정의에 복종시키려는 시도들 중 하나지만, 국제 사회에서 법이란 한계가 있습니다. 집행력이 제한되고 사후적으로만 조치를 취할 수 있을 뿐이죠. 국제법을 전공한 판사가 국제재판소까지 가서 '국제사회에서는 법보다 군사력의 위력을 실감했다'고 하면 좀 민망하기도 하지만, 그게 저의 솔직한 느낌입니다. 그런 인상이 제가 방위사업청으로 이직하는 데 어느 정도 작용하기도 했습니다."

(2017년 7월 5일자)

「유재원 변호사 / 어린이 법 교육은 '어린이 로스쿨'로!

7만 부 이상 판매고 ≪어린이 로스쿨≫ 저자
인문학 조예 깊어.기고 모은 책 출간도

2017년 7월 3일 대한변호사협회는 전국 회원들로부터 추천을 받아 최초로 '우수변호사'를 선정하고 시상식을 개최했다. 6명의 수상자 중 한 사람인 유재원 변호사는 ≪어린이 로스쿨≫ 등의 책을 발간하고 그와 관련된 무료 법 교육을 해 오면서 어린이 법 교육 증진에 기여한 공을 인정받았다. ≪어린이 로스쿨≫ 시리즈는 2013년 처음 1권을 발간한 이래 2016년까지 총 8권이 출간됐다. 현재 7만부 이상 판매고를 올려 출판시장에서의 입지는 튼튼하다. 굳이 '어린이' 법 교육에 초점을 맞추게 된 특별한 이유가 있는지 묻자 그는 "어쩌면 우연이었다"고 말했다.

"이런저런 경로로 글을 많이 써왔기 때문에 출판관계자들과 교류가 많아요. 그때 누군가 집필 제안을 해 왔죠. 한국 출판 시장의 절반 이상은 중학교 이하 연령대가 차지하고 있다더군요. 독자층을 어린이로 겨냥하면 시장성이 높다는 점도 한 이유가 됐어요. 제가 그 제안을 받을 때는 막 결혼해서 아직 아이도 없는 때인데 '전문가 아빠가 들려주는 법 이야기' 와 같은 류의 책을 써달라고 제안이 왔어요(웃음)."

어린이 눈높이에 맞는 법 교육 중요하다

어린이 로스쿨 시리즈 8권 이외에도 그는 그간 많은 책을 출간했다. ≪인문학 두드림 콘서트≫, ≪로스쿨생들을 위한 리걸마인드≫, ≪공부불패≫ 등에 이어 지난 5월 초 출간한 ≪5월의 변호사 메이데이≫까지. 그러나 성인을 독자층으로 한 이 책들이 아무리 잘 되어 봐야 판매고 단위는 '몇 천'이었던 데 반해 어린이 로스쿨 시리즈가 잘 되자 판매고 단위는 '몇 만'이 되었다. 실로 중학교 이하 연령대는 출판 시장을 좌지우지하는 '큰 손'인 것이다.

하지만 그의 관심은 결코 어린이 독자층의 시장 장악력에만 있지 않았다.

그는 '시민 교육보다 초중고 교과 과정에 모든 교육이 집중되어 있는 대한민국 교육 체계상, 초등학교 때 법 교육을 받는 것이 무엇보다 중요하다'는 소신을 갖고 있었다. 그가 말했다.

"어린이를 위한 법 교육 책의 집필 제안을 받고 참조할 만한 서적이 있나 싶어 법률 선진국이라는 미국과 유럽 각국의 서적을 찾아봤어요. 하지만 어린이 법 교육을 정조준하여 집필된 책은 어디에도 없더라고요. 이 점에 크게 놀라는 한편 그래서 더 어린이 로스쿨 시리즈에 애착과 보람을 느끼고 있습니다."

그에 따르면 미국 등 법률 선진국은 지역 커뮤니티나 로스쿨 등에서 시민을 대상으로 하는 법 교육이 활성화되어 있어 그 저변이 상당히 넓다. 그러나 우리나라 교육의 중요도는 초중고 교육 과정에 크게 집중되어 있으면서 대학 이후부터는 전공이 아니면 법 교육을 받을 기회가 거의 없다. 그렇기에 더 초중고 교육 과정에서의 법 교육이 중요하다는 인식이다.

"우리 교육 과정 자체를 문제 삼으려는 게 아니고, 실제적으로 교육의 비중이 그렇게 되어 있는 것이 현실인 만큼 법 교육의 무게 중심도 따라가야 한다고 봅니다. 고등학교는 '법과 사회' 과목이 있지만 그것으로 충분치 않고, 무엇보다 어린이 눈높이에 맞는 법 교육이 미진해요. 저는 이 부분에 일역하고 있다는 사실을 뿌듯하게 생각합니다."

하버드 로스쿨 교육법인 '랭들 매소드' 따라 집필

유재원 변호사가 '출판사와 협업한 결과물'이라고 소개한 ≪어린이 로스쿨≫ 시리즈는 하버드 로스쿨에서 사용하는 법조인 교육법인 '랭들 매소드(Langdell method)'를 따랐다. 사례 중심의 생생한 법 이야기를 모의 재판 형식으로 풀어낸 것. 춘향전, 간디 이야기, 안중근 재판, 불량 급식 사건,

님비 현상, 연예인 악성 댓글 문제, 미세먼지 사건 등 우리 주변에서 쉽게 찾아지는 소재를 사용했다. 이러한 소재들을, 어린이들이 법적 관점에서 해결하고 사고할 수 있는 능력을 갖추도록 활용한 것이다.

"아무래도 법률가니까, 심청전 같은 동화를 보더라도 법적 논점이 눈에 걸리잖아요? 아이들 눈높이에 맞는 소재들에 이런 식으로 접근해 가면, 아이들이 쉽고 재밌게 이해할 수 있는 법 교육이 될 거라는 결론에 이르렀죠."

그가 첫 책을 집필할 때는 모든 것을 혼자 했다. 그러나 ≪어린이 로스쿨≫의 인지도나 책에 대한 기대감이 커지다 보니 동화 작가와 삽화가가 투입, 일의 스케일이 걷잡을 수 없이 커져 갔다. 그는 시리즈 전 권을 꺼내 와 한 권 한 권 펼쳐 보이며 말했다. "역시 사람이 혼자 일하는 것보다 힘을 합칠 때 그 결과가 다르더군요. 이 책들은 같은 열정을 가진 서로 다른 사람들이 모여 영감을 주고 받으면서 만들어낸 결과물입니다."

≪어린이 로스쿨≫은 공식적으로는 초등학교 4,5학년 대상의 서적으로 분류되지만, 내용상으로는 중학생들이 보아도 충분히 공부가 되는 수준이다. 법 개정 등으로 시간이 지나면 내용을 바꾸어야 하는 전문 서적과 달리 시간에 구애받지 않는 내용들로 구성한 것도 장점이다. 유재원 변호사는 ≪어린이 로스쿨≫의 저자로서, 구청이나 문화 센터 등에서 어린이 대상 법 교육을 요청할 경우 시간이 허락하는 한 적극적으로 응한다고 말했다. 빠른 시일 내 '중·고교생들을 위한 로스쿨' 시리즈도 출간할 계획에 있다고 전했다.

인간 소통 창구 인문학, 법조인에게 더 필요해

그는 일찍이 역사학자를 꿈꾸며 역사학과에 진학했다. 그러나 인문대를 졸업하고서는 다시 법대에 진학했다. 법대 진학 중이던 2003년에 사법시험을 합격했다.

"합격하자마자 고시계라는 잡지사에서 연락이 왔어요. 인문대를 졸업했으니 인문학 쪽이나, 인문학 및 법학이 버무려진 글을 정기적으로 써 줄 수 있는지 묻더라고요. 그때부터 시작해서 2013년까지 계속 썼으니까 10년 가까이 인문학 글을 썼네요."

변호사 자격을 얻은 이후부터는 대한변호사협회에서 발간하는 신문이나 서울지방변호사회의 회보에도 인문학적 글을 써 왔다. 글을 쓰는 게 유의미한 영리 활동 차원은 아니었다. 단지 '내가 알고 있는 것을 남에게 전하면서 살고 싶다'는 소박한 마음에서 시작한, 어쩌면 봉사 차원의 글쓰기가 여러 해 쌓여 어엿한 책들로 탄생한 것이다.

지난 5월 초에 나온 ≪5월의 변호사 메이데이≫ 역시 그가 서울지방변호사회 회보에 4년 간 쓴 인문학 글을 모아서 낸 책이다. 공익법무관, 입법조사관 등으로 14년간 공직에 있던 그는 공직을 떠나 변호사 개업을 하면서 공직 생활을 정리하는 의미를 겸하여 이 책을 출간했다고 말했다.

그는 '인문학'을 '사람과 예술에 관한 것'이라 했다. 우리네 생활과 무관해 보이지만, 결국은 서로가 어느 정도 고립되어 살고 있는 인간 사이를 관통하는 소통 창구이자 영감의 원천이라는 것이다.

"법조인에 대한 세간의 인식은 '차갑다'거나 '그들만의 세상에서 산다' 등이죠. 어느 정도 대중으로부터 유리되어 있어요. 이런 법조인들에게 더욱 필요한 것이 인문학입니다. 책에 담긴 글들은 회보에 실었을 때 호응도가 높고 다른 변호사 분들이 일부러 전화까지 주어 내용에 대한 의견과 생각을 이야기 하셨던 것들이에요."

유 변호사가 대학 시절과 청년변호사 시절의 많은 부분을 할애했던 인문학 탐방이 철저히 인(人)으로부터 시작했듯, 이 책 또한 인(人) 이 한 가운데 놓여 있다. 유 변호사는 두보의 시 '호우지시절 당춘내발생(好雨知時節 當春

乃發生, 좋은 비가 때를 알아 봄이 되어 내리고 있다)'을 인용하며 "이 책이 시절을 잘 맞춰 내리는 비처럼 의미 있게 간직되기를 바란다"는 뜻을 전했다.

'법률 사무소 메이데이' 그리고 '대한입법연구원'

국회의사당 앞에 위치한 그의 사무실 입구에는 '법률 사무소 메이데이'라는 간판 밑에 '대한입법연구원'이라는 간판이 하나 더 붙어 있다. 입법용역, 정책컨설팅, 입법제안서 등을 업무 영역으로 하고 있는데 이는 유재원 변호사가 새로 개척한 영역이라고 해도 무리가 없다.

"지금까지는 소위 입법로비라고, 입법을 위해 단체 차원에서 은근한 뒷거래를 하거나 국회의원을 따로 만나 대접하는 등으로 입법을 부탁하는 것이 관행이었죠. 이런 현상이 김영란법이 시행되면서 많이 사라졌어요. 앞으로 더 사라질 텐인데요. 이는 입법 제안의 루트가 보다 공식화·정상화된다는 의미이고, 바로 그 자리에 법률가들이 상당히 필요해질 거란 인식에서 연구원을 시작했습니다."

현재는 일부 로펌에서 법안 및 제안서를 써 주거나 입법연구용역을 맡고 있다. 아직까지는 입법 컨설팅이나 관련 자문 등에 대한 수요가 미미한 상태지만 앞으로 크게 확장될 것이라고 유 변호사는 내다봤다. "많은 법률가들이 이 분야에 관심을 가져 주어야 음성적인 입법 로비 근절이 앞당겨져 바람직한 입법 환경이 될 것"이라는 생각을 전하기도 했다.

그에 따르면 우리나라의 입법제안, 즉 입법 아이디어는 세계 최고 수준이다. 그가 입법조사관으로 있으면서 해외 각국을 다녀본 결과, 우리처럼 그때그때 불거진 사회 문제를 적절히 규율할 법령을 발 빠르게 만들어내는 국가는 없었다고.

그가 말했다. "다만 입법 아이디어는 꿰매어지지 않은 구슬이라고 볼 수 있어요. 구슬 한 알 한 알이 아무리 뛰어나봐야 그것을 꿰매어야 목걸이도 되고 보화가 되는 거니까요. 대한입법연구원에서는 그 구슬들을 꿰매어 전문성과 형식을 갖춘 좋은 입법으로 만드는 일을 할 것입니다."

변호사, 유사 직역과 협업·상생해야

유재원 변호사가 법률 사무소를 개업한 지는 이제 두 달이 됐다. 14년 넘는 공직 생활 중 10년 넘는 기간 동안 노동 관련 업무를 맡은 그는 변호사 개업을 하면서도 시선이 자연히 노동 쪽에 꽂혔다. '근로자의 날'이란 뜻을 가진 '메이데이'를 법률 사무소 명칭으로 삼은 것만 봐도, 그의 시선이 노동으로 향함을 어렵지 않게 알 수 있다. 그러나 그게 다는 아니었다.

"영화에서 항공기 사고가 났을 때 조종사가 무전으로 '메이데이!'를 외치는 걸 보셨을 거예요. 누구나 쉽게 위기 상황을 알리고 이해하도록 고안된 말이죠. 저희도 어려운 상황에 있는 사람들이 우리를 찾으면, 그들의 외침을 따라 가까이에서 충실히 돕겠다는 의지를 담아서 '메이데이'라고 이름을 정했어요."

그는 노무사 자격도 취득 했다. 법률 사무소 메이데이는 노무법인 동인과 협업 체계도 갖추고 있다. "요즘 들어 변호사 업계가 여러 전문 자격사들과 직역 다툼을 벌이고 있는데요. 노동 문제에 있어서는 단편적으로 '어느 쪽이 더 전문성 있다'고 말하기가 어렵습니다. '누가 더'가 아니라 '함께'를 생각해야 할 때인 것 같아요. 함께할 영역이 참 많습니다."

유 변호사는 나아가 변호사를 중심으로 유사 직역을 통폐합하려는 움직임도 달갑지만은 않다고 말했다. "변호사라는 이름으로 모든 걸 다하려는 주장 자체가 불편하게 여겨집니다. 각 자격사들은 다 상당한 난이도의 시험을 거쳐 그 자격에 걸맞는 전문성과 능력을 갖췄다고 확인받은 분들이에요. 자격사들의 영역을 존중하면서도 충분히 변호사들의 역할을 모색할 수 있다고 생각합니다."

'김밥천국' 수준의 제너럴리스트보단 스페셜리스트 돼야

1904년 우리나라 1호 변호사가 배출된 이후 만 번째 변호사가 나오기까지 딱 백 년이 걸렸다. 이 숫자가 2만 명이 되기까지는 불과 8년도 채 안 걸렸고, 2022년 즈음에는 변호사 3만 명 시대가 열린다. 이런 시대에서 변호사들은 "변호사 자격을 가지는 데서 만족할 게 아니라 그 이상을 위해 노력해야 한다"고 그는 말했다.

"가끔 후배들을 보면 마음이 급한 나머지 건설·부동산·상속·이혼·금융 등 모든 분야의 전문인 것처럼 하려는 경향을 봐요. '김밥천국'이 연상되는 거죠. 변호사들이 제너럴리스트여야 할 시대는 아니라고 생각합니다. 왜 요즘은 의사들도 '족부 전문'처럼 전문 분야가 세분화 되어 있잖아요? 그렇게 경쟁하는 것이거든요. 변호사도 제너럴리스트보다는 스페셜리스트가 되기를 노력해야 한다고 생각해요."

이어 그는 "로스쿨이 도입된 이후 사법시험 때에 비해 사회 각 분야 사람들이 법조계로 모여 다양한 전문 지식을 법 분야에 녹여내게 된 것은 큰 장점"이라고 평했다. 나아가 시민 단체나 언론계 등 기존의 법조인들이 쉽게 진출하려 하지 않던 다양한 사회 영역에 법률가들이 발을 들여 놓게 된 것도 바람직하다는 생각을 보였다. 다만 그는 "지금도 경쟁이 치열하지만 변호사시험 합격률 문제로 앞으로는 경쟁이 더 치열해질 텐데요. 법률 시장 역시 경쟁은 더욱 극심해질 것입니다. 이런 상황에서 젊은 변호사들의 허위·과장 광고가 빗발치고 있다는 소식을 자주 들어요. 변호사 업계 전체의 신뢰를 떨어트리는 일이어서 더 가슴 아프죠."라고 말하기도 했다.

실제로 최근 들어 대한변호사협회의 징계 사례 중에는 변호사업 광고 관련 사안이 우후죽순 생겨났다. 학벌이나 출신, 경력을 속이는 것은 물론 전문 분야에 대한 허위나 과장광고 사례가 눈에 띄게 증가했다. 그는 차분하게 말했다.

"큰 새는 바람을 타고 유유히 날아오릅니다. 절대 바둥거리며 날갯짓하지 않아요. 자화자찬으로, 그것도 실제보다 과장되게 자신을 포장하는 식으로는 언제까지나 동네 참새로만 남을 뿐 주변에서 인정하지 않습니다. 나 혼자 나를 추켜세우기보단, 남들이 직접 나를 인정해 줄 때까지 묵묵히 실력과 성실함으로 인내하며 승부하는 변호사들이 많아지면 좋겠습니다."

(2017년 7월 13일자)

김향훈 변호사 / 솔직·호탕한 그는 재개발·재건축 전문

14년 경력의 재개발·재건축 전문 변호사
법인 대표 입장, 변호사 비용 등 '화끈 설명'

훤칠한 키에 또렷한 인상, 전라도 억양이 다소 섞인 분명하고 큰 말소리를 가진 그였다. 제법 희끗해진 그의 머리칼은, 묘하게도 그의 이미지를 더욱 부각시키고 있었다. 7명의 변호사가 속한 법무법인 센트로를 이끌고 있는 김향훈 대표 변호사의 첫인상은, 화끈하고 거침이 없었다. 자신의 요구나 생각을 돌려 말하는 법이 없는 소위 '돌직구' 타입이었다. 그와 같이 군더더기 없이 태도가 명확한 사람은 솔직하게 마련이다. 본지가 인터뷰 통해 그에게서 들은 답변이 듣기 좋게 꾸며지지 않고 '적나라'한 이유도 거기에 있다.

매뉴얼 없는 사장 역할, '리스크' 늘 뒤따라

"한 로스쿨 재학생 커뮤니티에 저에 대한 이런 평가가 있다고 합니다. 말소리가 크고 사람을 닦달한다고요(웃음)." 예상치 못한 자진납세였다. "상처받았겠다"고 작은 위로를 건네 봤지만, 애당초 개의치 않았다는 표정이다.
"코뿔소를 잡아오는 게 편할까요, 잡아온 코뿔소를 요리하는 게 편할까요?" 그가 기자에게 물었다. 코뿔소를 잡아 와야 하는 사람, 그게 사장인 자신의 역할이라는 것이다. 거친 세파를 몸으로 맞아 가며 먹거리를 구해 오는 사람, 무에서도 유를 창조해야 하는 사람, 그 일을 완수해서 직원들에게 월급을 주는 사람. 이런 사장의 일에는 매뉴얼도 없다는 주장이다.
'스트레스의 강도가 다르겠다'는 데에 생각이 미쳤다. 잡아온 코뿔소를 요리하는 것은 매뉴얼이라도 있으니 말이다. 잡힐지 안 잡힐지 모르는 코뿔소를 잡는 일에는 늘 리스크가 따른다. 김향훈 변호사가 '말소리 크면서 사람을 닦달하는' 이유가 설명이 되는 듯 했다.
"철저히 직원 입장에서만 사장을 바라보니 이해를 못하는 겁니다. 일단 사장이 되어 보면 완전히 시각이 달라집니다. 직원들이 생각하는 이상적인 사장이요? 모호하고 색깔이 불분명해서 남한테 상처 안주고 욕 안 먹는 착한 사람요? 현실에서 그런 사장이란 무능한 사람일 뿐입니다." 그의 결론은 심플했다. "사장은 욕을 먹을 수밖에 없는 사람입니다."

한편 그는 사장 입장에서 냉철한 일침을 가하기도 했다. 직원 중에는 항상 상사나 사장을 비난하고, 그 도가 지나친 사람들이 있는데 그런 사람들의 견해는 무시해도 된다는 것.

"어디에나 자기 생각밖에 못하는 사람들이 있잖습니까. 자기 기준으로만 생각하니까 온통 다 비난의 대상이죠. 이런 사람들이 또 부정적입니다. 무슨 이야기를 해도 딴지부터 걸죠. 사람들이 나중에는 이야기 자체를 안 하려고 다 피합니다."

그가 덧붙였다. "이런 사람이 사장 되면 직원한테 잘 할 것 같나요? 전혀 아닙니다. 자기중심적인 사람은 어느 위치에 가든 자기 생각밖에 못하거든요. 이 사람들이 사장이 되면 그땐 직원을 욕하는 게 일이 되겠죠."

'한 땀 한 땀' 12년, 한 권의 책으로

김향훈 변호사는 14년 경력을 가진 재개발·재건축 등 건설 전문 변호사로서 그 입지가 튼튼하다. 지난 2월에는 ≪재개발 재건축 법대로 하는 법≫이라는 책을 출간해 시장에서 뜨거운 반응을 얻은 바 있다. 하지만 이는 단기간에 만들어진 책이 아니다. 한 땀 한 땀 정성을 들여 12년간 수놓아 엮은 책이다.

그가 말했다. "12년 전쯤, 남들은 영업을 위해 '술이다, 골프다' 했지만 제게는 시간낭비일 뿐이었어요. 저는 대신 상담 사례를 블로그에 상세히 정리하기 시작했죠. 그때도 맛집 블로그 같은 건 그래도 좀 있었어요. 지금처럼 흔하지 않아도, 변호사가 블로그로 영업하는 사례가 있기는 했죠."

어떻게 보면 일처리 노하우를 만천하에 노출하는 것이나 다름 없다. 하지만 그는 "그렇게 생각해서는 영업을 못 한다"며 손사래를 친다.

"의뢰인들이 원하는 건 그 변호사만의 '뭔가 독특한 것'이니까요. 의뢰인들이 보기 원하는 걸 저는 공개한 거죠. 그렇게 얻는 이득이 다른 변호사들에게 노하우를 노출함으로써 얻는 불이익보다 크다고 봤어요. 가끔 후배 변호사들이 '블로그에서 도움 많이 받았다'며 인사하더군요."

이렇듯 변호사들로부터도 인정을 받는 그의 노하우는 거저 얻은 게 아니었다. 그렇게 되기까지 그는 남다른 노력을 기울였다. 변호사 2년 차 때 '전문분야를 찾아야겠다'는 결심을 한 후 각종 강의 수강을 위해 쓴 돈만 한 해 1천만 원이다. 그러던 중 한 멘토를 만나 재개발·재건축 분야에 들어서게 됐고, 그를 통해 여러 기회와 배움을 얻을 수 있었다. 하지만 그를 성장시킨 건 비단 배움과 도움 뿐만은 아니었다. 그의 그루터기를 더 크고 단단하게 만들어준 것은 다름 아닌 '패배의 경험'이다.

"조합 설립 무효 판결을 받고 3년을 고생해 기어이 조합을 회생시킨 경험은 정말 기억에 많이 남습니다. 당시 제가 변호사로서 어떤 실수를 해서 졌다기보다는, 판례가 그 부분에 아직 법리를 세워 놓지 않은 것이 패인입니다. 하지만 결과가 무효로 나버리니 저는 전쟁에서 패한 패장 취급을 받았어요. 수임료도 못 받은 채 3년을 악전고투했죠. 앙심을 품은 조합원들로부터 민사소송을 당해 2,500만 원을 배상하기도 했습니다. 결과적으로는 행정 소송으로 겨우 다 되살렸지만, 정말 고생하면서 많이 배운 사건입니다."

물론 승소만 하는 변호사는 없다. 변호사라면 누구나가 경험하는 패소다. 하지만 그것이 변호사들에게는 쓰리지만 약이 되는 소중한 경험이다. 김 변호사에 따르면 보통 변호사들의 비율은 승소가 30%, 패소가 30%, 나머지를 조정 등으로 해결한다. 다만 뛰어난 변호사라면 승소 비율이 이보다 좀 더 높게 나타나거나, 중요도 높은 소송 혹은 진검승부에서 기량을 펼쳐 보인다는 설명이다.

아이디어 넘치고 생각 깊은 변호사가 '두각'

김향훈 변호사는 7년 차 되던 때 처음 고용변호사를 들이기 시작했다. 로스쿨 1기부터 뽑았는데 대부분 정식으로 채용했다.

"저희는 2016년에 법무법인을 설립했습니다. 강압적으로 파트너로 등재한 것이 아니라 진정한 의사를 묻고 회사를 공유하는 동업자 관계를 형성했죠. 어차피 세상은 혼자서 살 수 없고 일도 같이 어울려야 이뤄집니다. 변호사 업계도 고용 변호사를 데리고 있는 형태보다는 진정한 동업체 관계가 점점 생겨나고 있습니다."

신참 변호사들을 고용하는 입장에 있으면서 많은 변호사들을 보아 온 그는, 발전과 성공이 뒤따를 '진국 변호사'에 대한 확고한 기준이 있다고 했다. 그에 따르면 진국 변호사란 '아이디어가 넘치고 생각이 깊은' 타입이다. 공부만 한 사람보다는 사회와 조직을 경험하면서 나름 쓴 맛과 단 맛, 성공과 실패를 맛본 사람이라야 적응도 잘하고 대화도 통한다는 것이다. 이러한 아이디어, 즉 생각이 없으면 그저 '시키는 것만' 하고 말기에 큰 성공도, 발전도, 조직에의 기여도 기대할 수가 없다고 그는 말했다.

"우리가 일을 할 때는 목적이 있죠. 직원에게 일을 시킬 때는 어떤 목적을 위한 수단을 시켜요. 스스로 자기 일에 대해 생각해 보지 않는 사람은 상황이 변하든, 목적이 변하든 그냥 시킨 것만 합니다. 예를 들어 볼게요. 재판은 이기기 위해서 합니다. 사장이 변호사에게 어떤 판례와 법령을 찾으라고 시켰어요. 그걸 왜 시켰을까요? 재판에서 이기기 위한 수단으로 쓰려고 그런 거죠. 근데 재판은 상황이 수시로 변합니다. 일이 돌아가는 걸 빠르

게, 제대로 파악해야 대응이 되고 치열한 공방에 임할 수 있어요. 근데 상황 다 변하고 나서 이전에 시켰던 판례와 법령을 찾아서 옵니다. '이걸 지금 왜 들고 와?' 라는 생각이 들죠."

즉, 주변 상황을 빠르게 파악해서 자신의 행동과 취할 수단을 적절히 바꿀 줄 알아야 한단 설명이다.

"변호사들은 물건을 만들어 파는 일반 회사의 직원과 달리 생각으로 일하는 사람입니다. 아이디어가 모일수록 좋은 결과가 나오죠. 사장이 혼자 다 할 것 같으면 고용 변호사를 왜 들입니까. 함께 고민하고 생각을 모아서 일하기 위해 변호사를 고용합니다. 깊이 생각하지 않고 일하는 변호사들이 많습니다. 그렇기에 더 능동적으로 일하는 사람들이 인정을 받습니다."

상담료는 칼같이..."변호사 비용 과도하지 않아"

김향훈 변호사와 대화를 나눈 탁자에 '상담료는 30분에 15만 원입니다'라는 안내문이 붙어 있었다. 안내문에 눈길을 둔 채 "서민에게 변호사 비용이 부담이긴 할 것"이라는 혼잣말 아닌 혼잣말을 던져 봤다. 그러자 김 변호사가 차근차근 설명을 시작했다.

"보통 착수금 500만 원을 받으면 한 사건 처리하는데 8개월 정도 걸립니다. 한 달에 60만 원 꼴이죠. 거기서 세금 제하고 직원 월급 빼면 남는게 20만 원이나 될까요? 그래서 성공보수가 있는 건데, 요즘은 성공보수도 심급별로 못 받고 최종 승소가 확정되어야 받거든요, 3심까지 기다릴 걸 생각하면 그리 큰 돈도 아닙니다. 8개월 분을 한 번에 주는 입장에선 커 보일 수 있겠네요. 하지만 공인중개사만 봐도 10억 짜리 건물 중개하면 한 번에 900만 원을 받아요. 그런데도 전 재산이 걸린 소송을 위해 몇 백을 쓰기 어렵다고 말할 때는 변호사 입장에서 허탈하기까지 합니다."

그가 말을 이었다. "상담하시고서 어떤 의뢰인들은 '제가 너무 어려워서요', '없는 사람 좀 생각해 달라'는 식으로 말합니다. 그런 분들께 저도 그러죠. '제가 어려워요', '저 좀 도와주세요'라고요." 진지한 표정으로 상황을 재현하는 그를 보니 마냥 웃을 대목은 아닌 것 같았다. "상담료는 칼같이 받는다"고, 여전히 진지한 표정을 한 채 그가 덧붙였다.

변호사 매력 있는 직업, 소형로펌도 장점 많아

그는 32세에 고시 공부를 시작했다. 법조계에 발을 들인 것은 상대적으로 늦은 편이다. 서울대 법대에는 10위권 안에 드는 성적으로 입학했지만 학부 시절 방황을 많이 했다고 한다. 그러던 중 부친이 돌아가시고 경제 형편이 악화돼 졸업 후 바로 취업하여 sk계열 무역 회사에서 첫 직장 생활을 했다. 이후 은행과 학원에서도 근무했다. 하지만 자유로운 영혼이자 저녁

형 인간인 그는 회식자리도 맞지 않았고 이른 근무시간도 힘에 부쳤다. 결혼하고 아이까지 생긴 직장 생활 5년 차에, 결국 그는 사법시험 준비를 결심하고 퇴직했다.

"여러 직장에 있어본 결과 의뢰인으로부터 받는, 사람 간 갈등으로 인한 스트레스는 변호사가 가장 극심합니다. 하지만 독립적이고 시간 활용이 자유롭다는 점은 변호사 직업의 큰 매력이죠. 또 조직에 얽매여 자신의 삶을 주도적으로 운영하기 힘든 직장인에 비하면 비교적 자유롭게 연차나 휴가 등을 사용하면서 자기발전의 기회를 가질 수 있어요. 사람마다 차이는 있겠지만 변호사는 만족도가 높은 직업입니다."

대형 로펌 근무와 소형 로펌 근무는 어떤 점에서 차이가 있는지 물어봤다. 그는 "저라면 대형로펌에는 안 갑니다"고 운을 뗐다.

"연봉을 단순 비교하면 대형 로펌이 훨씬 많지만 야간 근무나 휴일 근무 등까지 따져 시간당으로 계산해 보면 서초동의 조그만 사무실 임금이 오히려 조금 더 높은 수준"이라고 그는 말했다. 직접 계산해 봤다는 것. 또 소형 로펌은 구조가 간소해서 대표 변호사의 간단한 허락만으로도 휴가와 연차의 탄력적 사용이 가능하고, 몸이 아플 때 늦게 출근하는 것도 자유로워 삶의 질이 높다고 말했다.

그가 말을 이었다. "잘만 골라서 간다면 변호사 5~6명의 소형 로펌에서는 주인 의식을 가지면서 자기 주도적인 업무를 할 수 있습니다. 업무를 더 광범위하게 배울 수도 있고요. 다만 소형 로펌은 대표 변호사의 인격과 성향에 결정적으로 좌우되므로 자신과 맞는 대표를 잘 골라서 가야 합니다. '어디가 됐든 일단 합격이 답이다'라고만 생각하면 안 되겠죠."

(2017년 7월 26일자)

최혁용 변호사 / 함소아 한의원 설립자, 변호사로 변신

보건의료정책에 뜻, 보건정책학 석사에 로스쿨까지
"한의학과는 다른 법학의 매력에 즐겁게 공부했다"

최혁용 법무법인 태평양 변호사는 아직 변호사라는 호칭보다 '대표' 혹은 '한의사'란 직함이 더 익숙하다. 그는 1999년, 우리나라 최초의 소아 전문 한의원 '함소아 한의원'을 설립한 한의사이자 수완 좋은 사업가다. 함소아는 현재 전국에 70여개 지점, 미국과 중국에도 지점을 낸 상태며 '함소아 제약'도 그가 설립하여 운영했다.

1980년대 호황을 누리던 한의사 업계는 2000년대 들어 하향길에 진입, 2004년 한의사들의 초봉이 월 500만 원 수준으로 떨어진 데 이어 2009년에는 월 300만 원으로까지 떨어졌다는 언론보도가 나왔다. 최혁용 변호사는 당시 일선에서 활발하게 활동하던 한 명의 한의사로서, 저물어 가는 한의사 업계와 한의학의 미래에 대해 누구보다 진중하고 치열하게 고민한 사람 중 하나다. 사업을 위해 해외를 다니다 보니 우리나라 특유의 문제점이 더 눈에 들어 왔고 아울러 자연스레 해법이 그려졌다. 급기야 그는 지난 2013년, 제41대 대한한의사협회장 선거에 출사표를 던졌다.

출마 당시 그는 기존 한의사들의 한약과 침 시장 독점 주장에 반대하면서 주치의(1차 의료 통합의사)제도 추진을 비롯한 공공의료 편입 시도 등으로 한의사들의 역할 확대를 이루어 내겠다고 선언했다. 최혁용 변호사는 이 같은 구체적 로드맵 구상을 위해 2010년에는 서울대 보건대학원에 입학했고, 만학도의 열정으로 보건정책학 석사를 취득했다. 그러나 그는 곧 '정책의 근간이 법'임에 착안, 이내 법을 공부해야겠다고 마음먹고는 2014년에 로스쿨에 진학했다. 그때가 그의 나이 45세다.

로스쿨 입시 어떻게 준비했나…'나이 차별' 느끼기도

"(로스쿨 입시를 위해) 준비한 게 없어요"라며 해맑게 웃는 그였다. 한 치의 과장이 없는, 있는 사실 그대로였다. 그가 로스쿨 원서를 낸 해는, 비록 완주하지는 못했지만, 대한한의사협회장 후보자로 나선 때다. 한의사 업계 현안을 두고 치열하게 논쟁하며 동분서주하느라 여념이 없던 것. 최 변호사는 선거가 끝난 후에도 업계의 미래를 위한 그의 주장이 큰 반향과 공감을 일으키지 못한 데 대한 아쉬움과 속상함이 컸다고 고백했다. 그러던 차 다시 한번 논쟁에 불이 붙자, 그는 반대 주장에 대한 항의의 뜻으로 일주일 단식에 들어갔다. 하필 그 단식 기간이 끝난 바로 다음날이 리트 시험일이었다.

"일단 접수를 했으니 시험을 치러는 갔어요. 모의고사 한 번 안 치고 문제 유형도 모른 채 들어가려니 큰 기대를 할 수는 없었고, 그냥 마음을 가볍게 가졌죠. 당시 '이번은 연습이고, 제대로 준비해서 내년에 들어가자'라고 생각했던 것 같아요."

뚜껑을 열어 보니 그는 생래적인 '리트형 인간'이었다. 그렇게 친 시험의 결과가 백분위로 10% 이내에 든 것이다. 내심 내년으로 입시를 미루고 있던 그는 부랴부랴 그해 원서 접수를 준비했다. 리트 시험 이후 원서 접수일까지 한 번 남은 토익 시험에 응시해 그때 나온 930점대 성적을 제출했다. 최 변호사는 그 점이 아쉬운 듯 했다. "영어 성적은 저보다 낮은 점수를 낸 사람이 별로 없을 거예요."

최 변호사의 동년배들이 학부 때 학점을 크게 신경쓰지 않던 것을 생각하면, 그는 드물게 학점까지도 좋은 케이스다. "제가 경희대 한의학과에 장학생으로 입학했는데요. 장학금을 계속 지급받기 위한 조건을 채우려면 학점을 관리해야 했어요."

이렇듯 모든 조건이 갖춰진 상태였지만 단 한 가지, '나이'가 걸렸다는 그다. 로스쿨 입시를 위한 커뮤니티에는 '나이 많으면 절대 뽑지 않는 로스쿨' 리스트가 암암리에 공유됐고, 그것을 본 최 변호사는 리스트에 들어 있지 않은 로스쿨에 원서를 접수했다. 하지만 최 변호사가 무턱대고 그 리스

트만 신뢰한 건 아니었다. 그는 원서를 내기 전 모교 법학과의 어느 교수와 면담도 거쳤다.

"로스쿨 진학에 뜻이 있다고 말씀 드렸더니 '로스쿨은 직업 준비학교다. 직업이 있고 나이가 있는 자네가 왜 오려 하느냐'고 말씀하시더군요. '나이를 본다'란 소문이 단순한 의구심이 아닌 '진짜'라는 생각을 그때부터 가졌네요."

그는 실제 면접에서도 나이 차별을 느꼈다. 지원한 두 로스쿨 중 한 곳의 면접에서 "그 나이 먹고 여기 왜 왔습니까?"라는 질문을 받은 것. 기자가 들어도 모욕적이라 한두 마디 거드는 데 대하여 최 변호사가 분명하게 선을 그었다. "구성원에 따라 그렇게 운영되는 로스쿨이 있는 거죠. 이것이 로스쿨 제도 자체의 문제라고는 생각하지 않습니다. 로스쿨이 나이를 차별하는 곳으로 설계된 건 아니지 않나요? 운영의 문제는 끊임없이 개선해야 합니다."

로스쿨 나와 대형로펌 신입으로

로스쿨에서 처음 접한 법학은 어땠는지 물었더니 바로 "너무 재밌었어요"라는 답변이 돌아왔다. 그에 따르면 엄청난 분량의 암기 사항들로 채워진 한의학은 '외우고, 비우고'를 반복하는 특성을 갖고 있다. 반면 법학은 실생활과 직결된 데다가 밑바탕에 이해와 철학이 깔려 있고, 한 번 공부한 것에다 깊이를 더해 가는 성질이라 '공부하면 할수록 더 재밌어지더라'는 설명이다.

이렇듯 로스쿨 과정을 수월하고 재밌게 잘 마쳤다면, 그가 몸담고 있는 대형 로펌 업무 역시 큰 어려움 없이 잘 소화해 내지 않을까 짐작해 봤지만, 그의 말은 달랐다. "저는 이 로펌 사람들이 왜 이러시는지 잘 이해가 안 가요(웃음)."라고, 약간의 괴로움이 섞인 듯한 웃음을 지으며 그가 말했다.

"제가 속한 팀의 팀장님께서 그러시더군요. '우리 로펌 얼마나 좋으냐, 아무리 일찍 와도 누가 뭐라 안 하고, 일하느라 집에 안 들어가도 누가 뭐라 안 한다'며 자랑스럽게 말씀하셨어요(웃음). 주말에 왜 다 나오시나요. 웃어야 돼요, 울어야 돼요? 하하"

그에 따르면 악명 높은 대형 로펌의 업무량이란, 로펌 소속 구성원들의 자발적 성실함과 타의 추종을 불허하는 역량 위에 만들어진 것이다.

"좋게 이야기하면 바로 그게 작게는 우리 법인의 자산이고 크게는 우리 법조계의 자산이죠. 이분들이 살면서 일등 한 번 못해 봐서 이렇게 악착같이 일하시는 게 아니거든요. 다 중·고등학교 때 전교에서 다섯 손가락 안에 들고, 이분은 무슨 수석, 저분은 무슨 수석 그렇더라고요. 저는 여기 와서 '수석이 발에 차이는 곳도 있구나'란 걸 깨달았어요(웃음). 일만 하게끔 시스템으로 강제하지도 않아요. 이분들은 정말 단지 '잘 하려고' 일을 열심히, 또 치밀하게 하십니다. 제가 많이 배우고 있지만, 동시에 괴로움도 느끼죠."

다만 그는 "대형 로펌 업무량과 업무 강도의 '악명'이란 의사들의 인턴 레지던트 생활 '악명'에 비하면 훨씬 나은 수준"이라고 말했다. 그렇기에 현재의 괴로움이 그럭저럭 견딜만 하고, 또 금방 적응이 되리라 생각한다는 것.

"인턴 레지던트 시절엔 잠을 잘 새가 없어 틈틈이 화장실 가서 변기통을 끌어안고 겨우 잤어요. 선배들로부터 듣는 꾸중은 사람 대접이 빠진 꾸중이죠. 하지만 여기는 신입 변호사에게 방도 따로 주고 혼내더라도 기본적으로 존중을 하면서 혼내니까, 나이 먹고 혼나도 기분이 상하거나 그렇진 않아요. 더 잘 배워야겠다 생각하고 있어요."

2017년 6월 13일, 그는 100일간의 신입 교육을 마쳤다. 교육은 입사 동기 30여 명과 매일 8시 50분까지 출근해 정해진 자리에 앉아, 짜여진 커리큘럼에 따라 선배 변호사들로부터 강의를 듣는 형식이다. 과제도 주어졌는데, 이 과제란 것이 실로 '따끈'하면서 '묵직'하다. 실제 태평양이 수임한 사건 기록이 신입 변호사들에게 주어지고 이들이 스스로 소장, 자문 의견서, 상고이유서 등을 써내야 한다. 때로는 반대 편의 입장에서 작성하도록 했다. 선배 변호사들은 신입들이 제출한 과제를 일일이 검토한 후 첨삭해서 돌려준다.

"이게 상당히 스트레스였죠. 케이스 자체도 수준이 상당하고요. 신입이 뭘 알겠습니까. 내가 논점을 잡았는지 못 잡았는지, 변호사님들이 다 알고 계신다는 자체에 엄청난 부담을 느껴요."

최 변호사는 말했다. "로스쿨에서의 교육이 당연히 의미도 있고 도움도 됩니다. 하지만 그것만으로 변호사가 되기에는 역부족이고요. 선배 변호사들의 가르침이 아니면 스스로 변호사 역할을 하기 어렵다는 건 분명한 사실인 것 같습니다."

보건의료 개혁에 기여하는 정책 전문가의 길로

최혁용 변호사의 업무 부서는 2017년 8월에 확정된다. '보건의료제도 개혁'이라는 큰 그림을 그리고 있는 그는, 정책 전문가로서 장차 입법부와 행정부를 상대로 일할 것을 대비해 태평양 내 'GR 솔루션 그룹'에 들어가려는 구상을 갖고 있다. 2017년 2월 출범한 태평양의 'GR 솔루션 그룹'은 최근 기업의 영업 활동이 복수의 다양한 중앙행정기관 및 지자체 등과 관련되는데 반해 김영란법의 시행으로 기존의 대관 업무 체계와 관행에는 상당한 변화가 생긴 것에 발맞춰 구성된 그룹이다. 행정부·국회·언론과 일상적인 접촉과 소통을 하면서 국가 정책 및 규제에 대해 종합적·전략적·합법적 대응을 하도록 여러 개의 팀으로 짜여져 있다.

최혁용 변호사는 그 중 법제행정팀에 들어가고 싶다고 말했다. "1차 의료 영역 정립이나 의료일원화 등을 달성해 나가려면 입법부와 행정부를 아울러 정책 전반에 대한 그림을 볼 수 있어야 합니다. GR 솔루션 그룹의 법제행정팀은 그 일을 배우기에 안성맞춤인 팀이죠."

그에 따르면 전세계적으로 의사가 침을 쓰면 불법이고 의사가 한약을 쓰면 불법인 나라는 한국밖에 없다. 의사로 일원화된 일본의 경우 한의사들이 하던 한약 처방 등의 의료 영역을 의사가 그대로 가져가서 하고 있고, 오히려 한약만 처방하는 의사들도 많다. 우리나라 양의 격인 '서의사'와 우리나라 한의사인 '중의사'로 이원화된 중국의 경우, 상호 간 학교와 시험은 다르지만 면허 범위가 동일하다. 즉, 서의사 자격이든 중의사 자격이든 진단과 처방은 똑같이 할 수 있다는 것. 당연히 사용하는 도구도 같다. 미국 역시 의사가 M.D.와 D.O.로 나뉘는데 그 중 D.O.가 이른바 '정골 의사'로, 우리나라 한의학과 같이 형이상학적 의학을 하는 정골 의대가 따로 있다. MD와 DO의 의료행위는 실질적으로 동일하여 MD도 침을 놓을 수 있고, 실제 침의 기전은 상당수가 미국의 MD들이 밝혀 냈을 정도로 연구 수준이 높다는 설명이다.

최 변호사가 말했다. "우리만 한의사와 의사가 분리된 채로 오랜 기간 싸움만 하고 있어요. 우리 역시 의사와 한의사가 진단 기준표는 똑같이 쓰면서 사용하는 도구와 처방만 다르거든요. 의료 도구 하나를 두고서도 '한의사는 쓰면 안 된다' 혹은 '의사는 쓰면 안 된다'느니, 어떤 약을 두고 '한약이다 아니다' 등으로, 앞으로도 싸울 거리는 계속 생겨나겠죠. 얼마나 낭비입니까."

의료 일원화를 달성하고 한의학을 공공의료 영역으로 대폭 포섭해 주면, 한의사의 의료 행위에 대한 국민의 접근성은 더욱 높아지고 한의사도 기본적으로 '의사'라는 포지셔닝이 가능해진다는 게 그의 생각이다. 또 특수 부위만 사후적으로 진료·치료하는 의료 체계를 뛰어넘어 한 개인의 전 영역을 사전에 케어해 주는 1차 의료 영역(외국의 주치의제도 개념)이 자리 잡을 경우, 그런 형태의 의료 서비스에 적합한 한의사들이 설 자리는 더욱 확대된다고 그는 전망했다.

스스로의 기준에 걸맞는 정책 전문가로서의 전문성을 쌓기 위해 학교에서든 회사에서든 '신입'이라는 꼬리표를 다는 것을 마다하지 않은 그의 열정이, 언젠간 보건의료 개혁이라는 열매를 기필코 키워내지 않을까.

(2017년 8월 3일자)

김태훈 변호사 / 남다른 열정으로 북한 인권 수호 '앞장'

법관 20년, 인권위 북한인권 특별위원장
"모든 인권 중요하나 북한 인권 우선해야"

10년 넘게 국회를 표류하던 북한인권법이 2016년 3월, 국회를 통과했다. 한반도 인권과 통일을 위한 변호사모임(이하 '한변')의 상임대표 김태훈 변호사는 이 북한인권법을 '북한 인권의 마그나카르트타'라고 지칭했다. 의원 시절 북한인권법을 최초로 발의했던 김문수 전 경기지사는 김태훈 변호사에 대해 "정치인도 아닌 변호사가 '북한 인권 수호'라는 순수한 일념으로 매주 북한인권법 제정 촉구 집회에 참석하는 것을 보고 많이 놀랐다. (그가) 최초로 북한 인권을 위한 변호사 단체까지 결성해 본격적으로 활동하는 걸 보면서 존경하지 않을 수 없었다"고 언급한 바 있다.

김태훈 변호사가 주축이 되어 2013년 9월 설립한 한변은 북한 인권 개선을 주목적으로 하여 출범했지만, '북한 인권 수호도 대한민국에 먼저 자유민주주의와 법치주의가 견고히 뿌리내린 그 토양 위에서만이 가능하다'는 생각으로 점차 그 활동 영역을 확대해 왔다. 이 모임에는 현재 권성 前 헌법재판관, 이용우 前 대법관, 김종빈 前 검찰총장, 천기흥 前 대한변협회장 등이 회원으로 있다.

북한에 대한 관심, 북한인권특별위원장 시절 '본격 발아(發芽)'

북한 인권에 대한 김태훈 변호사의 애정과 관심은 누가 보아도 각별했다. 이러한 관심의 시작은 그가 국가인권위원회의 북한인권특별위원장을 역임한 때로 거슬러 올라간다. 20여 년을 법관으로 재직한 그는 법복을 벗은 후 2006년부터 6년 간 국가인권위원회 인권위원을 지냈다. 그러던 중 그즈음 생겨난 인권위 내 북한인권특별위원회의 제2대 위원장을 맡게 됐다.

"그러기 전까지는 나도 (북한에 대해) 깊이 있게 알진 못했어요. 위원장을 맡고 이런저런 연구와 활동을 하다 보니 참혹한 북한 인권 문제의 실상에 눈이 떠졌죠. '이거 나라도 무언가 해야겠구나'라는 생각을 그때 하게 됐습니다."

그가 북한인권 특위 위원장을 맡던 2010년, 국가인권위원회는 최초로 북한 주민의 알 권리 신장을 위한 정보 접근권 부여 결의안을 만들었다. 김 변호사는 그에 기여한 것이 지금까지도 뿌듯함으로 남아 있다고 말했다. 뿐만 아니라 위원장 시절 그는 북한인권침해 신고센터를 발족했는데, 북한에서 일어난 인권 침해 기록을 낱낱이 파악해서 기록으로 남기기 위함이었다.

"통일 이후를 생각한 거죠. 이런 비인간적인 만행을 저지른 북한 지도층을 통일 이후에 단죄해야 하니까, 그때를 생각하면 증거가 있어야 하는 겁니다. 관련자들의 진술을 확보하고, 그 진술들을 우리가 또 꼼꼼히 파헤쳐서 확인하고. 이런 작업이 북한에도 하나의 경각심을 줄 수 있다고 생각해요. '남한에서 이것을 기록으로 남긴다더라'면서 말이죠."

지금은 북한인권법이 통과되어 통일부에 북한인권기록센터가 있다. 김정은을 포함한 북한 지배 계층의 인권 탄압 현황을 통일부가 세세히 조사·기록하고, 3개월마다 이 자료를 법무부에 보낸다.

김 변호사는 "북한인권법의 핵심은 이 북한인권기록센터"라고 말하는 한편 "법에 의거한 인권 탄압 현황 수사가 제대로 이루어지려면 통일부보단 법무부에다 북한인권기록센터를 두는 게 맞다. 통일부 본연의 역할은 '북한과 교류·협력'이기에 인권 침해 조사와 썩 어울리는 부처는 아니다"란 견해를 보이기도 했다.

중국도 규탄, "살인방조다"

2017년 7월 15일, 탈북한 조선지방노동당 간부 일가족 다섯 명이 중국 공안 당국에 붙잡혀 북송되던 중 집단으로 음독 자살했다. 이 화두를 꺼냈더니 김태훈 변호사는 착잡한 얼굴빛을 감추지 못했다.

"초유의 사태죠. 한 명도 아니고 가족이 그냥 다 자살해 버렸어요. '죽는 게 낫다' 이겁니다. 도대체 북한이란 어떤 곳인가. 그걸 보여주는 일례라고 봅니다."

그는 이 사태를 그냥 넘기지 못했다. 사건이 알려지자 곧바로 중국 규탄 성명을 낸 데 이어 2017년 8월 7일에는 주한 중국 대사관에 면담을 요청, 그에 대하여도 중국이 묵묵부답의 태도로 일관하자 9일에는 급기야 직접 나섰다. 서울 중구의 주한 중국 대사관을 찾아가 그 앞에서 "현재 중국에 구금돼 있는 탈북자들을 모두 석방하라"고 기자회견을 한 것.

"국제 사회가 다 똑똑히 보았지 않습니까. 2017년 2월에는 자신(김정은)의 이복 형제인 김정남을 화학 무기용 독극물로 암살했어요. 6월에는 북한에 억류됐던 미국인 오토 웜비어가 식물 인간이 되어 풀려났다가 본국으로 송환된 지 엿새 만에 사망했죠. 사람이 종잇장처럼 맥없이 죽어 나가도 이상할 게 없는 곳입니다. 중국은 그걸 모르냐는 말예요. 탈북한 사람들 잡아다가 다시 북송하면 그들이 어떻게 되는지 다 알면서 보내는 건 살인 방조가 아니고 무엇입니까? 중국은 유엔 안보리 상임이사국이면서 인권 이사회 이사국이에요. 인도주의적으로 어떻게 행동해야 할지 뻔히 알고 있단 말입니다."

차분하고 조근조근 했던 그의 언성이 어느덧 분명하게 높아져 있었다. 답답함을 조금이라도 덜고자 함인지, 이 대목에선 그의 제스처도 눈에 띄게 커져 있었다. 그가 말을 이었다.

"탈북민들이 국경을 넘어오면 중국 입장에선 '불법 월경자'라고, 이런 말을 해요. 자신들은 국제법과 국내법에 의거해서 처리를 하고 있다는 겁니다. 하지만 유엔 북한인권 조사위원회에서 2014년에 발표한 COI 보고서에 보면 잘 나타나 있어요. 중국 공안부는 북한 지도부와 협력을 하고 있습니다. 북한 지도부의 인권 탄압과 살인에 중국은 협조를 하고 있어요."

중국이 만일 인도주의적 관점에서 북한을 탈출해 나온 사람들을 프리패스(free-pass) 해 준다면 북한 사회의 붕괴는 시간 문제라고 김태훈 변호사는 내다봤다. '북한 국경만 넘으면 된다'는 소문은 극심한 가난과 억압에 짓눌려 있는 북한 주민들 사이에 '탈북 러시'를 일으키고, 삽시간에 자유화의 바람이 북한 전역을 휩쓸게 될 거라는 분석이다.

"중국도 공산당이 지배하는 사회주의 정권 아닙니까. 노벨평화상까지 수상한 민주화 운동의 상징인 류샤오보를 죽게 내버려 둔 사회입니다. 그를 살리려는 국제 사회의 요구를 철저히 묵살하고, 언론을 검열하고, 그의 가족까지 감시하는 등 그런 모든 국가의 행위가 정당화되는 사회가 중국입니다. 중국으로선 북한에 자유화의 바람이 불면 자칫 그 영향이 중국으로까지 넘어올 수 있어 틈을 내주지 않으려 하죠."

주변에서는 간혹 김태훈 변호사를 향해 "그러다 역효과 난다"며 우려를 표하기도 한다. "우리가 아는 중국이라는 나라가 항의하고 규탄하면 순순히 행동을 바꾸는 나라냐. 오히려 더 삐딱하게 나오면 어쩌려고 그러냐. 몸을 낮추고 살살하라"는 취지다. 그러나 김태훈 변호사는 뜻을 굽힐 의향이 없어 보였다. 도리어 "그런 패배주의적 관점으로는 아무 변화도 일으킬 수 없다"며, "중국이 하루아침에 태도를 바꾸기를 기대하는 게 아니라 그런 나라에도 류사오보 같은 인물이 존재한 것처럼, 인류의 평균적 양심에 기대어 희망을 갖는다"고 그는 단호하게 말했다. 그가 덧붙였다. "인권은 조용히 말하는 게 아닙니다. 공개적으로, 큰 목소리로 말하는 겁니다. 도둑질도 아니고 사람 인권을 말하는데 왜 목소리를 낮춥니까?"

끔찍한 인권 탄압 현장 '어느 정도인가'

북한의 전체주의를 지탱하는 핵심적 요소로 지목되고 있는 북한 정치범 수용소에는 현재 12만 명 가량의 정치범이 수용되어 있다. 독일 아우슈비츠 수용소의 12배 정도 되는 규모다. 더구나 이 인원의 90%는 연좌제로 끌려왔다. 갓난 아이 때 끌려가 스물두 살이 될 때까지 수용소에 갇혀 있다가 탈출한 한 탈북민은 "나와 같이 아무것도 모르고 끌려와 평생을 사는 경우가 비일비재하다"고 말해 김 변호사를 비탄에 잠기게 했다.

탈북민 인권단체 NK워치의 안명철 대표는 2017년 3월 한 언론 인터뷰에서 "북한 정권에 위기가 닥쳤을 때는 증거 인멸 차원에서 이 수용소에 수용된 사람들부터 전면 사살하는 것이 (북한)군의 중요한 방침"이라며 자신의 정치범 수용소 군 복무 경험에 비추어 증언한 바 있다.

한편 우리나라 교도소와 같이 노동교화형을 받은 수감자들이 복역하는 북한의 '교화소'에서도 인권 유린의 참상은 여실히 드러난다. 김 변호사에 따르면 몇십 명을 빽빽히 들이밀어 놓은 굉장히 좁은 수용 공간 안에 화장실이 같이 있는데, 당연히 차폐 시설은 되어 있지 않다. 냄새 나고 구더기가 들끓는 그곳에서 사람들은 주먹만한 밥을 받아먹으며 연명한다.

"위생 관리가 전혀 되질 않으니, 더운 여름에 전염병이 한 번 돌면 사람들이 그냥 싹 죽어 나갑니다. 발진, 장티푸스, 콜레라 같은 후진국병, 우리가 옛날에나 앓던 그런 병으로 사람들이 죽어요. 그 시체들을 시체 보관소로 쓰는 공간에다 아무렇게나 던져 놓으니까 쥐들이 달려들어 눈알이며 코며 귀며, 사람 형체를 알아볼 수 없게 다 파먹습니다. 교화소에 수용된 사람들은 영양실조로 피골이 상접해 가는데, 거기 사는 쥐들은 얼마나 잘 먹고 사는지 토끼마냥 살이 토실토실하고 크기도 아주 크답니다. 지상에 존재하는 지옥이라고밖에 말할 수가 없습니다."

김태훈 변호사는 무자비하고 잔혹한 북한 지도층에 대하여는 정의로운 분노를 여과없이 표출했고, 가련한 북한 주민들에 대하여는 연민과 사랑을 분명히 드러냈다.

"인권위에 있을 때도 북한인권 특별위원장을 맡기 전까진 여러 분과에 두루 관심을 갖고 있었어요. 여성, 아동, 난민, 장애 등 모든 인권의 영역들이 중요하고 시급합니다. 그러나 저는 그중에서도 특히, 적어도 대한민국에서만큼은 북한 인권이 가장 우선이어야 한다고 생각합니다."

그에 따르면 기본 생계유지 차원의 인권도 보장받지 못하고 있는 북한 주민 숫자가 2,500만에 달한다. 이들은 교육이나 표현의 자유, 복지 등을 누릴 권리 같은 고 차원적 인권은 상상도 못한다는 게 김 변호사의 설명이다.

"남한에 있는 우리들도 대부분 조금만 윗대로 올라가 보면 다 북한 어딘가에 연결고리가 있어요. 우리가 한민족이고, 혈연이기 때문에 당연합니다. 휴전선이 가로막고 있어도 북한은 대한민국 영토입니다. 한 영토 안에서 형제가 굶어 죽고, 사람답게 살지를 못하는데 왜 관심을 갖지 않습니까."

얼핏 듣기에 담담한 것 같던 그의 호소는 곱씹을수록 절절했다. 그의 내면에 침잠해 있는 북한을 향한 긍휼의 마음이 그가 꺼낸 말의 마디마다 촘촘

하게 스며있었다.

통일, 그날을 생각하며...

남북 분단 상태가 70년에 가까워지면서 '분단이 고착화되어 간다'는 위기감도 고개를 쳐들고 있다. 김태훈 변호사 역시 같은 생각이다.

"청년 세대나 그 아래 청소년 세대는 통일의 필요성을 잘 못 느낍니다. 그들은 원래 떨어져 있는 남북의 모습만 경험했어요. 가족이 합치려는데 이유를 따지지 않는 것과 같이 통일을 당연하다고만 여기던 세대가 이제는 다 나이가 들었어요. 청년층과 청소년들을 대상으로 한 통일 공감대 확산의 노력에 한변이 공을 들이는 이유도 여기에 있습니다. 이렇게 분단 상태에서 시간이 가면 갈수록 남북 간 격차와 통일 비용은 더 커집니다. 통일을 경솔하고 무리하게 추진하는 것도 지양해야 하지만, 안일하게 먼 산 쳐다보듯 바라보고만 있어서도 안 됩니다."

한편 통일을 준비하며 북한 인권을 생각하는 최초의 법률가 단체인 만큼, 한변은 법 전문가라는 전문 역량을 바탕으로 법적 측면에서의 준비 활동에도 주력하고 있다. 통일 이후 남북이 맞게 될 법 체계적 혼란을 미리 내다보고 그에 맞는 법제 정비의 밑그림을 그리는 작업, 토지 등에 대한 사유 개념이 없는 북한의 재산 관계 기타 가족 관계 문제 등, 법률가들이 머리를 맞대고 지금부터 논의할 영역이 상당하다는 설명이다.

"10만 평방 킬로미터에 불과한 이 반 쪽짜리 한반도에서 5천만 명이 여기까지 살아온 것도 기적입니다. 휴전선 위쪽이 막혀 버리는 바람에 우리는 섬나라만도 못한 상황에 처했어요. 휴전선만 걷히면 북한-만주-유라시아 대륙으로까지 이어지는 사통팔달의 입지 조건을 가진 한반도입니다. 실리적으로 따져 봐도 단기적으로 발생하는 비용 문제를 감수하고서라도 통일은 대한민국이 결국엔 가야할 길이라고 나는 생각합니다. 요즘 남한이 마주하고 있는 사회적, 경제적 한계들도 북한과 합하는 동시에 시원하게 활로가 뚫릴 겁니다."

그날을 미리 바라보는 듯 김태훈 변호사가 환하게 미소 지었다. "젊은 변호사들의 참여가 더 활발하면 좋겠는데..."라는 말도 나지막이 들렸다.

(2017년 8월 17일자)

구본진 변호사 / 검사 출신 필적학자 "글씨로 사람을 안다"

지자체장, 대선 후보 등 필적 분석 매번 '화제'
'법률가의 글쓰기와 말하기' 기법·전략 강의도

20여 년 검사 경력을 가진 구본진 로플렉스 대표 변호사는 글씨도 '수사하듯' 치밀하게 살펴 본다. 그는 글씨로 사람을 파악하는 필적학(graphology) 연구자로, 국내 첫 필적학자다. 그의 필적학은 어떻게 시작된 걸까. 예술법으로 석박사 학위를 받을 정도로 예술에 관심과 조예가 깊은 그는 오래 전부터 미술품을 수집해 왔다고 한다.

"미국에 살 때 뮤지엄이나 갤러리를 자주 방문했는데 컬렉션을 기증하는 문화가 꽤 활성화된 모습에 깊은 인상을 받았습니다. 그때 저도 '테마를 정해서 수집하여 언젠간 기증하고 싶다'는 생각을 했어요. 마침 대구의 한 고문서(古文書) 판매상이 우리 조상의 글씨를 보유하고 있다고 연락을 줘 구매를 위해 몇 번 왕래를 했습니다. 그러던 중에 그분이 독립운동가 곽종석의 글씨를 선물하더군요. 그때부터 본격적으로 글씨를 전문적으로 수집했습니다."

명실공히 글씨 전문 컬렉터가 된 구본진 변호사의 글씨 컬렉션은 크게 세 그룹으로 나뉜다. 독립 운동가의 글씨와 친일파 글씨, 그리고 일제 침략자들의 글씨다. 그가 현재 보유하고 있는 글씨는 총 1,500여 점으로, 독립운동가 600여 명, 친일파 250여 명, 일체 침략자 20여 명의 것이다.

"한민족 역사에서 일제 강점기 35년은 상당히 중요도가 높고, 그 시기에 목숨과 가족까지 희생하며 독립 운동을 한 분들의 글씨는 수집 가치가 크다고 생각했습니다. 독립 운동가의 글씨를 모으다가, '당대의 지식인들이란 독립운동을 하지 않았으면 친일을 했다'는 사실에 착안하게 됐어요. 둘 중 하나인 거죠. 그렇게 볼 때 친일파들의 글씨와 일제 침략자들의 글씨를 함께 모으면 더 의미가 크다고 생각해 같이 수집하기 시작했습니다."

필적학, 사람의 정신·정서 수양으로까지 연결될 것

글씨를 수집할 때 필수적으로 진위 여부를 면밀히 따져보아야 한다. 그렇게 글씨를 유심히 살펴 보던 그는 수집한 글씨들 사이에서 특이점을 발견했다. 독립운동을 한 그룹과 친일행위를 한 그룹, 또 침략자 그룹의 필적에서 유의미한 차이를 보이는 특징들을 추려낼 수 있었던 것.

“글씨가 그 사람을 나타낸다는 생각을 갖게 됐어요. 그래서 관련 서적을 찾고 연구해 보니 서양에는 필적학이라는 게 이미 있었습니다. 동양에서는 인간의 본성을 탐구하는 철학을 바탕으로 글씨를 연구하는 서론(書論)이 발달했다면, 서양에서는 합리적 사고를 바탕으로 글씨의 크기·모양·간격·기울기 등으로 분석하는 필적학이 발달했어요.”

구본진 변호사는 그러한 연구를 기반으로 자신이 수집한 글씨들을 분석, 국내 첫 필적학 서적인 ≪필적은 말한다≫를 2009년 출간해 화제를 모았다. 지방자치단체장들의 연하장 글씨, 대선후보들의 글씨를 비롯해 박근혜 전 대통령의 사저 담벼락에 남겨진 지지자들의 글씨까지 분석해 달라는 요청이 쇄도했다. 이 같은 언론의 러브콜로 인해 그의 필적학은 비교적 자주 조명되고 있다.

국내 첫 주자라는 부담감 때문일까, 전문 연구가답게 그는 필적학의 방향성을 고심했다. “요즘 사람들이 친필 글씨를 잘 안 써요. 글씨라는게 그렇게 경시될 것은 아닙니다. 우리 사회에서 서예는 대표적인 인격수양의 수단이지 않습니까? 서양도 마찬가지입니다. 링컨 대통령은 어릴 때 벤자민 프랭클린과 조지 워싱턴의 글씨를 똑같이 따라쓰는 연습을 했다고 알려져 있죠. 실제로 글씨가 아주 유사합니다. 독일의 필적학자 빌헬름 프레이어는 그의 저서 ≪필적 심리≫에서 ‘글씨는 뇌의 흔적’이라고 말했어요. 글씨란 사람 내면의 반영입니다. 그렇기에 글씨를 연습하고 훈련하면 정신과 내면이 다듬어질 수 있어요.”

구본진 변호사는 필적학이 이렇듯 인격수양, 나아가서는 정신적 · 정서적 치료까지 활용될 수 있다고 말했다. 따라서 필적학의 체계는 자연스럽게 그 방향으로 연결될 것이라고 전망했다.

예술 분야, 법적 분쟁 비중 커진다

구본진 변호사는 서울대학교에서 저작인격권 연구로 법학 박사 학위를 받았다. 그의 박사 학위 논문인 '미술가의 저작인격권'은 법학연구총서로 발간, 문화체육관광부 우수학술도서로 선정되기도 했다. 흔치 않은 예술법 전공 법률가이다보니, 이 분야에 관심 있는 로스쿨생들이나 로스쿨 진학을 고민하는 미대생들로부터 종종 상담요청이 들어오곤 한다.

"통칭해서 예술법이라고 말하지만 구체적으로는 미술품 거래에서 생겨나는 계약 해석이나 위작 · 도난 등 미술품 저작권과 관련한 분쟁이 많습니다. 예술법이라고 해서 따로 분리된 건 아니고, 민사적 책임이나 형사적 책임 등 기본법의 토대를 기반으로 하여 다루어지는 법 영역입니다."

구본진 변호사는 예술 분야 분쟁의 빈도가 앞으로 더욱 커질 것으로 내다봤다. 그 규모는 짐작할 수 없지만, 커질 수밖에 없는 징표는 뚜렷하다는 것.

"현재 김환기의 작품 중 가장 비싼게 60억 원에 거래됐어요. 이우환, 정상화 등 다른 작가의 작품들도 50억을 넘길 날이 그리 먼 일은 아니라고 생각됩니다. 이제 예술품들의 가격이 100억을 향해 가고 있습니다. 이렇게 예술품이 비싸고 중요한 재화로 취급되는 추세에서 법적 분쟁 역시 점차 많아질 거라고 보는 것이 자연스럽습니다."

법률가의 말하기와 글쓰기, 어때야 하나

대검찰청에서 공판송무과장을 지낼 당시 그는 전체 검찰의 공판을 기획하고 교육하는 등의 업무를 했다. 그때는 배심제가 아직 들어오기 전이었으나 그는 '앞으로 10년 안에 배심재판이 들어온다'고 확신, 그때를 위한 대비책을 강구해야겠다는 생각을 품었다. 그 과정에서 ≪배심재판을 위한 연극 기법과 전략≫이라는 책을 번역해 출간하기도 했다. 효과적인 말하기에 대한 고민과 연구는 그때부터 본격화됐다고.

한편 구본진 변호사는 솔직한 일화도 털어놨다. 번역서 · 대중서까지 합쳐 지금까지 총 아홉 권의 책을 발간한 그는, 첫 저서 출판 때 출판사 관계자로부터 "도저히 못 읽겠다"는 평가를 받았다.그때 그는 말할 수 없는 충격을 받았다고 전했다.

"공무원 생활을 하면서 결정문이나 기획문서를 잘 쓴다는 칭찬을 종종 받았기 때문에 글쓰기에 대해 나름의 자부심을 가지고 있었죠. 그래서 더 충격이 컸습니다. 원고를 일일이 고쳐 주는 개인 지도를 받으면서 나의 글쓰기, 즉 법률가의 글쓰기를 비판적으로 볼 수 있게 됐습니다."

그는 기본적으로 법률가들의 말하기와 글쓰기가 대중과의 커뮤니케이션을 목적으로 하지 않기 때문에 이 같은 문제점을 지니게 됐다고 설명했다.

"비단 한국 뿐 아니라 세계적으로 그렇습니다. 법률가들의 말과 글이 박한 평가를 받아요. 말과 글은 소통을 위한 것인데 법률가들은 내가 하고 싶은 말, 내가 해야할 말만 하거나 쓰려고 합니다. 이런 사고의 전환이 필요합니다. 전문가들끼리의 소통만 주목적으로 하던 이전과는 달라질 필요가 있어요. 법률가들만의 말하기와 글쓰기 방식에서 벗어나 일반적 말과 글의 기법 · 전략을 적극적으로 수용해야 합니다." 상대방이 이해하기 쉬운 말과 상대방이 읽기 쉬운 글을 쓰려면 상대방에 대한 배려가 선행돼야 한다. 구본진 변호사는 "법률가들이 이 같은 '배려와 소통'에 방점을 둘 때 한결 좋은 글쓰기와 말하기를 하게 될 것"이라는 생각을 전했다.

검찰을 개혁하려면 인사권을 국민에게 돌려야

검찰 개혁에 박차를 가하는 이번 정권의 움직임에 대해 구본진 변호사는 "검찰 개혁이 필요하다는 큰 틀에서는 동의하지만 공수처(고위공직자비리수사처) 설치라는 처방은 적절치 않다"고 말했다. 다른 필요나 의도 때문이라면 몰라도, 적어도 검찰 개혁에 대한 답은 공수처가 될 수 없다는 의견이다. 공수처와 같은 기관은 세계적으로도 입법례가 없다는 점 또한 강조했다.

"검찰의 정치적 중립을 위한 연구는 세계적으로도 많이 나와 있고, 검찰 개혁의 핵심은 인사권이라는 점을 많은 사람들이 알고 있습니다. 그런데 청와대를 중심으로 행사되는 검찰 인사권이나 업무 프로세스는 그대로 둔 채 고위 공직자를 수사한다는 공수처라는 기관을 하나 더 만든다는 게, 검찰개혁과 무슨 상관인지 저는 잘 모르겠습니다."

구본진 변호사에 따르면 검사가 정치적으로 중립을 지키지 못하는 이유는 명백히 인사에 있다. 대한민국 검사는 평검사의 경우 2년에 한 번, 부장 검사 이상은 1년에 한 번씩 인사 이동을 한다. 다음 인사에서 어떤 보직을 맡게 되어 가족과 얼마나 떨어져 지내야 하는지 예상조차 할 수가 없는데, 이를 청와대가 법무부를 통해 직접 관장하고 있다. 이런 인사 시스템하에서는 검사들이 정권의 눈치를 보지 않기를 기대하는 게 오히려 더 어렵다고 그는 말했다. 구 변호사는 "검사장 직선제밖에 답이 없다"는 의견이었다. 인사권을 정부 권력으로부터 국민이 얼마나 더 가져가는가에 개혁의 성패가 달렸다는 것.

그가 말했다. "검찰이 정권을 위해서가 아니라 국민을 위해 일하게 하려면 인사권을 국민에게 돌려야 합니다. 검사장을 국민이 선출하고 선출된 그 사람에게 지역의 검찰 인사를 맡기는 방안이 현재 한국의 상황에서 생각할 수 있는 검찰 개혁의 유일한 길입니다."

다만 구 변호사는 "공수처 설치를 국민이 필요하다고 여기면 당연히 설치해야 된다"고 첨언했다. 하지만 그것이 '검찰 개혁의 방안'으로 이야기되는 것은 맞지 않다는 취지라고 선을 그었다.

주어진 시간과 자유로 다양한 형태의 사회 기여 생각할 것

2015년에 검찰을 나온 구본진 변호사는 현재 3년 차 변호사의 길을 걷고 있다. 틀이 짜여져 있는 공무원 생활을 벗어나니 시간과 활동에 제약이 없어져, 지금은 훨씬 자유롭다고 그는 말했다. 다만 "검사든 변호사든 기본적으로 공익을 수호하고 진실과 정의를 세우는 역할을 하는 직업이기에 업무적 측면에서 큰 변화가 생기지는 않았다"고 덧붙였다.

앞으로의 활동 계획을 묻자 그가 말했다. "공직에 있을 때는 공무원이라는 신분 때문에 하지 못한 일들이 있습니다. 지금은 이전에 비해 시간과 자유가 좀 더 주어진 만큼 더 다양한 형태로 사회에 기여해 보고자 합니다."

(2017년 8월 31일자)